스토아 철학자의 편지

일러두기

1. 이 책은《Epistulae Morales ad Lucilium (Moral Letters to Lucilius)》(Harvard University Press, Loeb Classical Library)를 토대로 하여 우리말로 옮긴 것이다.

2. 이 책은 루키우스 안나이우스 세네카가 루킬리우스에게 보낸 124통의 편지 중 47통을 옮긴이가 선별한 것이다.

3. 본문 내용은 Fantham(2010)과 Gummere(1918~1925)의 번역을 중심으로 하고, 부분적으로는 Grave and Long(2005)과 Campbell(1969)의 번역을 참고했다.

스토아 철학자의 편지

루키우스 안나이우스 세네카 | 유원기 옮김

Lucius Annaeus Seneca

BOOKERS
CLASSIC

오늘 할 일을 미루면
인생은 덧없이 지나 버린다
-
루키우스 안나이우스 세네카

이 책은 로마 시대 정치인이자 스토아 철학자인 세네카의 편지글로서, 원제는 《Epistulae Morales ad Lucilium, Moral Letters to Lucilius(루킬리우스에게 보내는 도덕적 편지들)》이다. 세네카는 네로 황제의 가정교사이자 조언자로서 많은 부와 권력을 누렸으나 결국에는 네로 황제의 암살 음모에 가담했다는 모함으로 자결을 명받았다. 그는 정치 일선에서 물러나 죽기 전까지 3년여에 걸쳐 루킬리우스라는 친구에게 편지를 보냈는데, 이 책은 그가 보냈던 124통의 편지 가운데 47통을 선별하여 번역했다.

세네카의 편지들은 그가 썼던 많은 글 가운데 가장 뛰어난 '명작(masterpiece)'으로 알려져 있다.[1] 그 편지들 가운데 짧은 것은 1~2쪽에 불과하지만, 긴 것은 10쪽이 넘기도 한다. 편지에서 세네카는 스토아 철학의 핵심 이념인 행복을 토대로 행복한 삶을

---

[1]   Anderson~(tr.)(2015), xiv.

사는 방법에서부터 행복한 죽음을 맞이하는 방법에 이르기까지 깊이 성찰하고, 가장 바람직한 삶의 방법을 친구에게 조언하고 있다. 여기에 선별하여 실은 편지들은 대체로 덕의 추구, 학업의 지속, 이성에 따른 삶, 죽음에 대한 담담한 태도 등의 주제에 초점을 맞췄다. 이 편지는 부와 권력의 정상에 섰던 인물의 글이지만, 그런 인물이 흔히 보이리라 생각되는 오만함이나 아쉬움의 흔적은 전혀 보이지 않는다. 오히려 그는 검소하고 금욕적인 삶을 권장하며, 어떤 것에도 지나치게 집착하지 말라고 조언한다. 예를 들어, 세네카에 따르면, 친구들의 죽음을 맞이해서도 지나치게 슬퍼하지 말아야 한다. 왜냐하면 우리는 그들을 언젠가 잃을 수도 있다는 것을 이미 알고 있고, 또한 그들을 잃었다고 해도 그들에 대한 기억을 여전히 가질 수 있기 때문이다(편지 63).

물론 세네카가 우리에게 해 주는 조언이 모두가 정답은 아니다. 그러나 그는 삶을 살아가면서 우리가 한 번쯤은 던져볼 만한 주제들을 고찰하고, 그에 대해 생각해 볼 만한 의견을 제시한다. 이것이 세네카의 글에서 우리가 찾아볼 수 있는 가치이다. 그의 편지를 번역하는 동안 옮긴이는 이미 지나간 삶을 돌아보고 아직 오지 않은 삶을 바라볼 기회를 가졌다. 그의 말처럼, 과거는 이미 지난 것이고 미래는 아직 오지 않은 것이니 지난 것이나 오지 않은 것에 집착할 필요는 없다(비교 : 편지 24). 그러나 다소 무심하게 한 번쯤은 돌아보고, 또한 무심하게 새로운 목적지를 향해 나아가는 발걸음은 필요해 보인다.

　이 책은 원전 번역보다는 내용의 전달에 초점을 맞췄으며, Fantham(2010)과 Gummere(1918~1925)을 중심으로 하고, 부분적으로는 Grave and Long(2005)과 Campbell(1969)의 번역을 참고했다. 편지의 제목은 핵심적인 내용으로 생각되는 주제를 옮긴 이가 뽑아 낸 것이다. 이 번역을 제안해 주고, 또한 좋은 번역으로 만들기 위해 같이 애써 준 북커스 편집부에게 감사한다.

계명대학교 영암관에서

유원기

편지 1

시간의 가치

　사랑하는 내 친구, 루킬리우스,[2] 계속 그렇게 행동하게. 자네 자신을 위해 자유롭게 행동하게. 그리고 지금까지 강제로 빼앗기거나 도둑맞거나, 또는 알지 못하는 사이 그저 빠져나갔던 시간을 모으고 아끼게. 내 말을 믿게. 어떤 시간은 빼앗기고, 어떤 시간은 도둑맞고, 또한 어떤 시간은 그저 빠져나간다는 것을 말일세. 그러나 가장 수치스러운 상실은 부주의로 인한 상실이네. 더구나 그 문제를 가만히 생각해 보면, 우리가 병들어 있을 때 인생에서 가장 많은 시간이 지나고, 우리가 아무것도 하지 않을 때 상당히 많은 시간이 지나며, 또한 우리가 부적절한 짓을 하는 동안에 모든 시간이 지난다는 것을 알 수 있네.

　사람들은 시간에 가치를 부여하고, 하루하루를 소중히 여기며, 자신이 매일매일 죽어 가고 있다는 것을 아는 내게 무엇을 보

---

2 세네카가 보내는 이 편지들의 유일한 수신인임에도 불구하고, 루킬리우스가 네로 황제 시대에 시칠리아의 행정 장관 또는 총독이었으며, 세네카보다 다소 연하라는 점 외에는 알려진 바가 거의 없다.

여 줄 수 있을까? 죽음의 많은 부분이 이미 우리를 감싸고 있음에도 불구하고, 우리는 그것이 우리에게서 아직도 멀리 있는 것처럼 스스로를 속이고 있네. 우리 뒤에 얼마나 오랜 시간이 남아 있든 그것은 이미 죽음의 손아귀에 놓여 있기 때문이지. 그러므로 루킬리우스, 자네가 하고 있다고 편지에 썼던 일을 하고, 매 순간에 최선을 다하게. 이렇게 오늘을 붙잡으면, 내일에 그처럼 많이 의존하지 않아도 될 테니 말일세. 할 일을 미루면, 인생은 덧없이 지나 버린다네.

루킬리우스, 시간을 제외한 그 어떤 것도 우리의 것이 아니네. 대자연은 우리에게 오직 하나의 것을 맡겼는데, 그것은 아주 재빠르고 미끄러워서 우리에게서 쉽게 빠져나갈 수 있을 것이네. 인간이란 너무도 어리석은 존재이기에, 쉽게 대체될 수 있고 획득한 뒤에는 값을 치러야 하는 가장 하찮고 가장 쓸모없는 것들도 허용하지. 그런데 어떤 사람이 시간이라는 선물을 받았을 때, 그는 자신이 빚을 지고 있다는 생각조차 못하네. 하지만 시간은 고마움을 느끼는 사람조차 갚지 못하는 유일한 빚이라네.

자네는 내가 이토록 거침없이 자네에게 권하는 이런 것을 나자신이 어떻게 다루고 있는지 알고 싶을 것이네. 솔직히 고백하겠네. 자유롭지만 소심한 사람에게 기대하듯이, 내 생활비 총액은 균형을 이루고 있다네. 내가 아무것도 낭비하지 않는다고 자랑하지는 못하겠지만, 최소한 내가 어떤 것을 낭비하는지, 즉 손해 보는 원인과 종류에 대해서는 말해 줄 수 있네. 그리고 내가 가난한 이유를 말해 줄 수도 있네. 그러나 나 자신은 잘못한 것이 없음에도 돈이 없는 사람들과 같은 처지에 있네. 모든 이가 그들을 동정하지만, 아무도 그들을 구하려 하지는 않지.

그렇다면 무슨 말을 해야 할까? 어떤 사람에게 남은 것이 적더라도 그에게 충분하다면, 나는 그를 가난하다고 생각하지 않네. 그러나 나는 자네가 가진 것을 잘 지키고, 적당한 시기에 시작하길 바라네. 우리 조상들이 생각했듯이, 항아리 바닥에 손이 닿는다면 무언가를 아끼기에는 너무 늦었기 때문이지. 바닥에 남은 것의 양은 아주 적고, 질도 아주 형편없을 것이기 때문이지. 잘 있게.

편지 2

독서의 방법

자네가 보낸 편지와 내가 들은 이야기로 볼 때, 나는 자네의 미래에 대해 많은 기대를 하게 되네. 자네는 어수선하게 뛰어다니지도 않고, 장소를 옮겨 스스로 헷갈리게 만들지도 않네. 그런 어수선함은 정신이 불안하다는 신호라네. 내가 생각하기에, 안정된 마음의 우선적인 징후는 한 장소에 머물러 자기 자신에 대해 생각하는 것이지. 그러나 많은 작가의 책들과 모든 종류의 책들에 대한 독서가 자네를 두서없고 불안하게 만들지 않도록 조심하게. 자네의 마음속에 확고하게 자리 잡을 생각들을 끌어내려면, 자네는 적은 수의 뛰어난 사상가들 사이에 오래 머물면서 그들의 작품들을 소화해야 하네.

어디에나 있다는 것은 어디에도 없다는 것을 의미하지. 여행하면서 인생을 소비하는 사람들은 아는 사람들은 많으나 친구들은 갖지 못한다네. 또한 어떤 한 사람의 작가와도 친하지 않으면서, 경솔하고도 성급하게 모든 것들을 알려고 하는 사람들에게도 그와 같은 일이 생긴다네. 먹자마자 위장에서 빠져나간 음식

15

은 몸에 좋지도 않고 흡수되지도 않는 것이지. 약을 수시로 바꾸는 것만큼 치료에 방해되는 것은 없고, 한 가지 연고에 덧칠해진 연고는 부상을 치료하지 못하며, 또한 자주 옮겨지는 식물은 결코 강하게 자라지 못한다네. 옮겨지는 동안 도움이 될 만큼 효과적인 것은 없는 것이지. 그리고 많은 책을 읽는 것은 정신을 흐트러지게 한다네.

우리가 가진 책들을 모두 읽을 수는 없으므로, 읽을 수 있을 정도의 책들만을 갖는 것으로 충분하다네. 자네는 "그렇지만, 나는 때로는 이 책을 읽고 싶고 또한 때로는 다른 것을 읽고 싶어!"라고 말할 걸세. 여러 종류의 반찬을 걸터듬는 것은 다만 까다로운 입맛을 보여 주는 것이네. 왜냐하면 많고 다양한 반찬들은 질리기만 하고 영양에는 도움이 되지 않기 때문이지. 그러니 항상 공인된 작품들을 읽고, 변화를 원할 때는 이전에 읽었던 것들에 의지하게. 매일같이 가난에 대비하고, 죽음에 대비하고, 더 나아가 다른 불운에도 대비할 어떤 것을 가져야 하며, 또한 많은 글을 읽어야 하는 경우에는 그날 소화할 수 있는 한 가지를 고르게. 이것은 나 자신의 습관인데 나는 내가 읽었던 많은 것들 가운데 한 부분만을 취한다네.

오늘의 주제는 에피쿠로스[3]에게서 발견한 것이네. 나는 탈영

---

3   기원전 341년~기원전 270년, 그리스 에피쿠로스 학파의 창시자.

병이 아니라 정찰병으로 적진에 침투하는 습관이 있기 때문이네. 그는 "만족스러운 가난은 고결한 재산이다"라고 말했다네. 가난이 만족스럽다면 그것은 결코 가난이 아니며, 가난과 잘 어우러지는 사람은 부유하다는 뜻이지. 가난한 사람이란 아주 적게 가진 사람이 아니라 더 많은 것을 갈망하는 사람이네. 만약 어떤 사람이 이웃의 재산을 탐내고, 과거의 이익이 아니라 앞으로 얻게 될 이익을 생각한다면, 그가 금고나 창고에 얼마나 많은 것을 모아 두는지, 얼마나 많은 가축을 키우는지, 그리고 얼마나 많은 이익을 얻는지가 무슨 문제겠는가? 자네는 적절한 부의 기준이 무엇인가를 묻는가? 가장 좋은 기준은 필요한 것을 갖는 것이고, 다음으로 좋은 것은 충분히 갖는 것이네. 잘 있게.

편지 3

친구의 의미

자네는 내게 보내는 편지를 친구 편에 들려 보냈네. 그런데 자네는 자기 자신도 그렇게 하지 않으니, 나도 자네와 관련된 모든 문제를 그와 공유하지는 말라고 경고했네. 이처럼 자네는 같은 편지에서 그가 친구라는 것을 인정하기도 하고 부정하기도 한 것이지.

그런데 만약 자네가 친구라는 표현을 일상적인 의미로 사용한 것이고, 모든 선거 후보자들을 '존경하는 신사분들'이라고 부르는 것과 같은 방식으로, 그리고 만약 순간적으로 이름을 기억하지 못해 우연히 만난 사람들 모두에게 '친애하는 선생님들'이라고 인사하는 방식으로 그를 '친구'라고 불렀던 것이라면, 그럴 수도 있다고 해 두세. 그러나 만약 어떤 사람을 자네가 자기 자신을 믿는 것처럼 믿을 수 있는 친구가 아니라고 생각하는 것이라면, 자네는 아주 큰 잘못을 저지른 것일 뿐만 아니라, 참된 우정의 의미를 충분히 이해하지 못한 것이네.

사실 모든 것을 친구와 논의해야겠지만, 그보다 먼저 그 사람에 대해 논의해야 하는 것이지. 우정을 나눈 사람에 대해서는 믿음을 가져야 하지만, 그 전에 판단을 해야 하네. 어떤 사람을 판단한 뒤에 사랑하지 않고, 테오프라스토스[4]의 추천을 무시하면서까지 사랑을 한 뒤에 판단할 때, 사람들은 적절한 행동의 순서를 혼동한 것이네. '어떤 사람과 우정을 나눌 것인가'에 대해서는 길게 생각하게. 일단 그에 대해 결정했다면, 그를 진심으로 받아들이고, 자네 자신에게 하듯이 그와 자신 있게 이야기를 나누게. 자네는 적에게조차 맡길 수 없는 그 어떤 것도 자기 자신에게 맡기지 않는 삶을 살도록 하게. 그러나 관례적으로 비밀을 유지하는 어떤 문제들이 발생할 때, 자네의 모든 근심과 생각을 친구와 공유하게. 자네가 어떤 사람을 충직하다고 생각한다면, 그는 그럴 것이네. 어떤 이들은 자신들이 속는 것을 두려워하기 때문에 다른 사람들을 속이라고 가르쳤고, 그런 의심을 통해 다른 사람을 공격할 자격을 부여했네. 내가 친구 앞에서 말을 조심해야 하는 이유가 무엇이겠는가? 친구와 함께 있을 때, 내가 혼자 있다고 생각하면 안 되는 이유는 무엇인가?

어떤 사람들은 친구들에게만 말해야 하는 것을 처음 보는 사람들에게 말하고, 자신들이 고민하는 모든 일을 아무에게나 털어놓곤 하지. 또 어떤 사람들은 가장 친한 사람들에게 비밀을 털어

---

4   기원전 371년~기원전 287년, 그리스 철학자로서 플라톤의 제자.

놓는 것조차 두려워하고, 할 수만 있다면 자기 자신들조차 믿지 못하고 모든 것을 자신들의 마음속 깊이 숨겨 둘 것이네. 그러나 우리는 이 가운데 어떤 것도 따라서는 안 되네. 왜냐하면 모든 사람을 믿는 것이나 아무도 믿지 않는 것이나 모두 똑같이 잘못된 일이기 때문이지. 그러나 나는 앞의 잘못이 더 고귀하고, 뒤의 잘못이 더 안전하다고 말해야겠네. 이와 마찬가지로, 자네는 항상 불편해하는 사람들과 항상 편안해하는 사람들을 모두 꾸짖어야 하네. 왜냐하면 부산한 행동을 좋아하는 것은 활기찬 것이 아니라 초조한 마음에서 나오는 조바심에 불과하기 때문이네. 그리고 안식이란 모든 행동을 소란이 아니라 태만과 무력감으로 판단하는 것을 말하네.

그러므로 자네는 내가 읽었던 글에서 폼포니우스[5]가 했던 말, 즉 "어떤 사람들은 너무도 깊은 어둠 속으로 빠져들어 밝은 대낮도 어둡다고 생각한다"라는 말을 기억해야 하네. 사람들은 이런 성향들을 조화시켜야 하네. 안식을 취하는 사람은 행동해야 하고, 행동하는 사람은 안식을 취해야 하네. 그 문제를 대자연과 의논하게. 대자연은 자네를 위해 낮과 밤을 창조했다고 말할 걸세. 잘 있게.

---

5   기원전 90년경 활동, 로마 정치인이자 비극 시인으로 추정.

편지 4

죽음의 두려움

시작했던 일을 계속하게, 그리고 가능한 한 서두르게. 그래야 평화롭고 올바른 마음의 상태를 즐길 수 있을 테니 말일세. 사실 자네가 그걸 평화롭고도 올바르게 하는 동안에 즐거움을 얻을 수 있을 걸세. 그러나 모든 얼룩을 씻어내 순수하고 빛나는 마음을 성찰하는 데서 나오는 쾌락은 아주 다르네. 물론 자네는 어린 시절의 옷을 치워 놓고 성인의 겉옷을 입고 호위를 받으며 광장으로 갈 때 어떤 즐거움을 느꼈는지 기억하게. 그럼에도 불구하고 어린 시절의 마음을 치워 놓고 지혜로움이 자네를 성인들 사이에 포함할 때, 자네는 훨씬 더 큰 즐거움을 기대할 수도 있겠지. 왜냐하면 아직도 우리와 함께하는 것은 어린 시절이 아니라 그보다 더 나쁜 것, 즉 어린애 같음(철없음)이기 때문이지. 그리고 이런 상태가 더 심각한 이유는 우리가 청년기의 어리석음뿐만 아니라 심지어 소년기의 어리석음과 함께 노년기의 권위도 갖기 때문이지. 청년들은 사소한 것들을 두려워하고, 아이들은 상상된 것들을 두려워하며, 우리는 그 모든 것들을 두려워하지.

오직 앞으로 나아가게 되면, 우리는 어떤 것들이 아주 많은 두려움을 가져오기 때문에 오히려 무서워할 필요가 없다는 것을 알게 될 것이네. 어떤 것에 끝이 있다면 고통이 크지 않을 것이네. 죽음이 자네에게 다가올 것이네. 그것이 자네와 공존한다면 두려울 가치가 있을 것이네. 그러나 죽음은 자네에게 도달하지도 않았고 지나가지도 않았네. 자네는 "삶 자체를 멸시하도록 마음을 설득하기는 어렵다"라고 말할 것이네. 그러나 어떤 사소한 이유로 인해 사람들이 삶을 멸시하게 되는지 모르는가? 어떤 남자는 자기 여자친구의 문 앞에서 목을 매달았고, 또 어떤 사람은 스승의 분노를 듣지 않으려고 지붕에서 몸을 던졌으며, 또 어떤 사람은 도망하다가 다시 잡히지 않기 위해 자기 몸에 칼을 찔러 넣었네.

자네는 덕이 과도한 두려움만큼이나 효과적이라고 생각하지 않는가? 평화로운 삶을 연장하겠다는 생각을 너무 많이 하거나 외교관으로 사는 것이 커다란 축복이라고 믿는 사람은 평화로운 삶을 살 수 없다네. 이런 생각을 매일 반복하면, 만족스럽게 삶을 벗어날 수 있을 것이네. 왜냐하면 급류에 휩쓸린 사람들이 가시덤불과 뾰족한 바위를 움켜쥐듯이, 많은 사람이 삶에 매달리기 때문이지. 대부분 사람들은 죽음의 공포와 삶의 고통 사이에서 흔들리고 있네. 그들은 마지못해 살지 않지만, 어떻게 죽어야 하는지를 모르는 것이지.

그러니 삶에 대한 모든 걱정을 제거함으로써 삶을 즐거운 것으로 만들게. 아무리 좋은 것이라도 그것을 잃어버릴 가능성을 염두에 두지 않는다면 그 소유자를 기쁘게 할 수 없을 것이네. 또한 잃었을 때 그리워하지 않는 것이라면 잃는다 해도 아쉬움이 없을 것이네. 그러니 가장 강한 사람들에게도 닥칠 수 있는 이런 난관에 대비하여 자네 자신을 견고한 사람으로 만들게. 폼페이우스[6]의 운명을 결정했던 사람은 하찮고도 영향력 없는 사람이었고, 크라수스[7]의 운명을 결정했던 사람은 잔인하고도 거만한 파르티아 사람이었네. 카이사르[8] 황제는 레피두스[9]에게 명령을 내려 호민관 덱스터[10]의 도끼에 목을 바치게 했고, 그 자신은 카이레아[11]에게 목숨을 잃었지. 운명의 여신이 자신의 약속만큼이나 거대한 사악함으로 위협하지 못할 만큼 많은 지원을 하는 경우는 없네. 이런 평온함을 믿지 말게. 바다는 순식간에 출렁일 것이네. 배들은 평화롭게 바다 위에 떠 있다가 침몰할 수도 있지. 강도나 적이 자네의 목에 칼을 겨눈다고 생각해 보게. 고위 권력자가 없는 경우에도, 자네의 목숨을 앗아갈 힘을 갖지 않은 노예란 없네.

---

6   기원전 106년~기원전 48년, 로마 장군이자 정치인.

7   기원전 115~기원전 53, 로마 장군이자 정치인으로서, 종종 '로마에서 가장 부유한 사람'으로 불렸음.

8   기원전 20년~기원전 4년, 로마 황제.

9   기원전 89년~기원전 13년 또는 12년, 로마 장군.

10   신원 및 생존 연대 미상.

11   출생연대 미상~서기 41년, '칼리굴라'로 알려진 가이우스 카이사르 게르마니쿠스 황제를 스무 명 남짓의 부하들과 함께 시해한 '칼리굴라 암살 사건'의 핵심이었던 로마 근위대장.

내가 말하는 바는, 자기 삶을 멸시하는 사람이 삶의 주인이라는 것이네. 알려져 있든 또는 그렇지 않든, 가정폭력으로 죽은 사람들의 사례들을 생각해 보면, 자네는 노예의 분노로 죽은 사람들의 수가 왕의 분노로 죽은 사람들의 수만큼이나 많다는 사실을 알 것이네. 이처럼 누구든지 자네의 두려움을 유발할 행동을 할 수 있다면, 자네가 두려워하는 사람이 얼마나 강한가 하는 것이 무슨 상관이겠는가? 그러나 만약 자네가 적의 손에 사로잡히게 된다면, 그 정복자는 이미 자네가 처한 죽음이라는 운명으로 자네를 인도하라고 명령할 걸세. 그렇다면 자네는 왜 자신을 속이고, 자네가 오랫동안 고통을 겪었던 것을 지금에야 깨닫는 것인가? 내가 말하는 바는, 자네가 태어난 순간부터 자네는 죽음의 길목 위에 있었다는 것이네. 만약 이런 두려움이 우리의 남은 생애 동안 고통을 안겨 주더라도, 우리가 마지막 순간까지 평정심을 갖고자 한다면 이런 생각이나 이와 비슷한 생각을 진심으로 고찰해야 한다는 것이지.

이제 편지를 마치면서, 오늘 나를 기쁘게 했던 글을 자네와 나누고 싶네. 이 또한 다른 사람의 정원에서 골라온 것이네. 그것은 "대자연의 법칙과 일치되는 가난은 엄청난 재산이다"라는 글이네. 자네는 대자연의 법칙이 우리에게 허용하는 한계가 어느 정도나 된다고 생각하나? 단지 굶주림과 갈증과 추위를 피할 정도라네. 우리는 굶주림과 갈증을 없애기 위해 돈 자랑하는 사람에게 아부할 필요가 없고, 찡그린 얼굴이나 거들먹거리는 태도를 인내해야 할 필요도 없는 것이지. 또한 험난한 바다를 헤치면서 전쟁을 하러 나갈 필요도 없네. 대자연이 요구하는 것은 쉽게 제공될 수 있고, 아주 가까이 있기 때문이지. 사람들은 불필요한 것들을 얻으려고 땀을 흘리네. 우리의 의복을 닳게 만들고, 우리를 텐트 안에서 늙어가게 만들고, 또한 우리를 생소한 곳으로 몰아가는 것처럼 불필요한 것들이 우리를 지치게 만들지. 필요한 모든 것이 이미 우리의 손안에 있는데도 말이네. 가난과 좋은 관계에 있는 사람은 부유한 것이네. 잘 있게.

편지 5

철학자의 삶

나는 자네가 계속 공부하며 어떤 하나를 위해 다른 모든 것을 버리고 더 나은 사람이 되기 위해 도리어 매일 같이 노력한다는 사실에 진심으로 감탄하고 기뻐하고 있네. 나는 자네가 그렇게 계속하라고 권할 뿐만 아니라 진심으로 그렇게 이어 나가기를 간청하네. 그러나 나는 자네가 옷이나 일반적인 삶의 방식과 관련해 이목을 끄는 행동을 하면서, 발전을 하는 것이 아니라 주목을 받으려고 하는 사람들처럼 행동하지 말라고 충고하고 싶네.

혐오스러운 복장, 헝클어진 머리카락, 단정치 못한 수염, 돈을 혐오하는 발언, 맨바닥에 눕는 행위, 그리고 다른 모든 비정상적인 자기 과시를 피하게. 얼마나 조용히 추구하든, 단지 철학이라는 이름만으로도 우리는 충분히 경멸의 대상이네. 우리가 일상적인 일을 하지 않으면 어떤 일이 생기겠는가? 우리의 내면이 모든 점에서 다르더라도, 우리의 외면은 사회에 들어맞아야 하네. 너무 좋은 의복을 입어서도 안 되고, 너무 너저분한 의복을 입어서도 안 되네. 우리에게는 순금으로 둘러싸고 조각한 쟁반이 필요하지 않지만, 금과 은이 없다는 것이 검소한 삶의 증거라고 믿어서도 안 되네. 우리는 여러 삶의 수준보다 더 높은 삶의 수준을 유지하려 애쓰고 그 반대 수준을 유지하려 애쓰지는 말게. 그렇지 않으면 우리는 우리가 발전시키려 노력하는 바로 그 사람들을 겁먹게 만들고 내쫓게 될 것이네. 그들은 우리의 모든 것을 모방하라고 강요될 것을 두려워하기 때문에, 우리는 그들이 우리의 어떤 것도 닮으려 하지 않게 만들 것이네.

철학이 가장 먼저 주려고 하는 것은 다른 모든 사람과 동류의식을 느끼는 것이네. 즉, 공감과 사회성을 느끼는 것이지. 우리가 다른 사람들과 다르다면, 우리는 우리의 약속을 못 지킬 것이네. 우리는 우리가 존중하고자 하는 수단이 어리석거나 혐오스럽지 않도록 살펴야 하네. 자네도 알듯이, 우리의 좌우명은 "대자연에 따라 살라!"는 것이네. 그러나 몸을 괴롭히는 것, 꾸미지 않은 우아함을 싫어하는 것, 고의로 더럽히는 것, 평범하지 않고 혐오스럽거나 먹지 말라는 음식을 먹는 것은 대자연을 거스르는 것이지. 좋은 음식을 찾는 것이 사치의 신호이듯이, 싼값에 구매할 수 있는 일상적인 음식을 회피하는 것은 어리석은 행동이네. 철학은 괴로운 것이 아니라 평범한 것을 요구하며, 우리는 평범한 동시에 간결할 수 있기 때문이지. 이것이 내가 인정하는 중용이네. 우리의 삶은 성인의 방식과 일반 세상의 방식 사이에서 중도를 찾아야 하네. 모든 사람이 그것을 감상할 뿐만 아니라 이해해야 하네.

"그렇다면 우리는 다른 사람들처럼 행동해야 할까? 우리 자신들과 세상 사이에는 차이가 없을까?" 차이가 있네. 아주 큰 차이가 있지. 우리를 살피는 사람들에게 우리가 보통 사람들과 다르다는 것을 알도록 만들게. 우리가 사는 집을 방문하는 사람들에게 우리의 세간살이가 아니라 우리 자신을 감상하도록 만들게. 흙으로 만든 접시들을 마치 은으로 만든 것처럼 사용하는 사람은 위대한 사람이네. 그리고 은을 흙처럼 사용하는 사람도 그만큼이나 위대한 사람이네. 부를 인내하지 못하는 것은 허약한 정신의 신호네.

나는 오늘 얻은 이익도 자네와 나누고 싶네. 나는 헤카토[12]의 글 속에서 욕구를 제한하는 것이 두려움을 치유하는 데 도움이 된다는 이야기를 발견했네. 그는 "바라는 것을 멈추면 그대의 두려움도 멈출 것이다"라고 말하고 있네. 자네는 "그렇지만 그렇게 서로 다른 것들이 어떻게 나란히 갈 수 있는가?"라고 말하겠지.

내 친구, 루킬리우스. 그것들은 이렇게 서로 달라 보이지만 사실 단일한 것이라네. 죄수와 죄수를 지키는 병사가 같은 사슬로 묶여 있듯이, 소망과 두려움은 서로 다르면서도 서로 발을 맞춘다네. 두려움이 소망을 뒤따르기 때문이지. 그것들이 이런 식으로 서로 나아간다는 것이 내게는 놀랍지 않네. 그 각각의 것은 모

---

12   기원전 100년경, 그리스 스토아 학파 철학자.

두 초조해하는 마음, 즉 미래를 기다리며 염려하는 마음에 속한다네. 그러나 이 두 가지 질병들의 주요 원인은 우리가 자신들을 현재에 맞추지 못하고 우리의 생각을 머나먼 미래로 보내기 때문이네. 또한 그렇게 예견함으로써, 인간 종족의 가장 고귀한 축복이 왜곡되기 때문이지. 동물들은 자신들이 보는 위험을 피하며, 그렇게 위험을 피하고 나면 걱정에서 벗어난다네. 그러나 우리 인간은 지나간 것에 대해서는 물론이고 다가올 것에 대해서도 자신을 학대한다네. 우리의 축복들 가운데 많은 것이 우리에게 고민을 안겨 주네. 왜냐하면 예측은 두려움의 고통을 예상하게 하지만, 기억은 그것을 떠오르게 만들기 때문이지. 오직 현재만이 누구도 비참하게 만들지 않는다네. 잘 있게.

편지 6

지식 나누기

사랑하는 내 친구, 루킬리우스. 나는 나 자신이 개선되었을 뿐만 아니라 달라졌다고 느끼네. 그러나 더 이상 달라져야 할 요소들이 내게 전혀 없다고 장담하거나 희망하는 것은 아니네. 물론 내게는 교정하고 줄이고 없애야 할 많은 단점이 있지. 그렇지만 이런 사실 자체가 나 자신이 더 좋은 방향으로 달라졌다는 점을 보여 주는 것이지. 내가 이전에 알지 못했던 나 자신의 단점을 본다는 사실을 말하는 것이네. 어떤 경우에는 병든 사람들이 병이 들었다는 것을 인지했다는 사실 때문에 축하를 받는 경우가 있네.

그러므로 나는 나 자신의 이런 갑작스러운 변화를 자네에게 전하고 싶네. 그런 뒤에야 내가 우리의 우정을 좀 더 분명히 신뢰하기 시작할 것이기 때문이지. 바람과 두려움과 욕심이 갈라놓을 수 없는 진정한 우정, 죽음을 받아들이고 죽음에 맞설 수 있는 우정 말이네. 지금 나는 자네에게 친구가 아니라 우정을 갖지 못했던 많은 사람을 알려 주겠네. 그러나 비슷한 의지가 숭고한 것을 욕구하도록 영혼들을 함께 끌어들일 때는 이런 일이 생기지 않는다네. 왜 생기지 않느냐고? 왜냐하면 그런 경우에는 사람들이 모든 것들, 특히 모든 불행들을 공통되게 갖는다는 것을 스스로 알기 때문이네.

자네는 내게 매일매일 생겨나는 분명한 발전을 알지 못할 것이네. 그리고 "그토록 도움이 된다고 자네가 생각하는 이러한 재능들을 내게도 나누어 주게"라고 자네가 말할 때, 나는 이 모든 혜택을 자네에게 듬뿍 안겨 주고 싶고, 또한 나는 내가 가르쳐 줄 수 있기 위해 배우는 것이 즐겁다고 답변했네. 어떤 것을 나 혼자 알아야 한다면, 그것이 아무리 좋거나 유익하더라도 나를 기쁘게 하지 못할 걸세. 만약 지혜라는 것이 숨기고 침묵해야 한다는 조건으로 내게 주어진다면, 나는 그것을 거부할 것이네. 그것을 나누어 가질 친구가 없다면, 아무리 좋은 것을 가져도 기쁘지 않기 때문이지.

그러므로 나는 자네에게 책을 보내겠네. 그리고 나는 몇몇 구절에 표시해서 자네가 유익한 주제를 찾기 위해 이곳저곳을 뒤지느라 시간을 허비하지 않고 내가 인정하고 감탄하는 구절을 금방 찾도록 하겠네. 그렇지만 물론 공통된 삶의 생생한 목소리와 친밀감이 글로 써진 것보다 훨씬 더 자네에게 도움이 될 것이네. 자네는 그것을 직접 접해야 하네. 그 첫 번째 이유는 사람들이 귀로 듣는 것보다 눈으로 보는 것을 더 신뢰하기 때문이고, 두 번째 이

유는 추천된 것을 따라 접근하는 것은 멀지만 사례를 따라 접근
하는 것은 가깝고도 효과적이기 때문이지.

클레안테스[13]가 제논[14]의 사상을 듣기만 했다면, 그것을 재생
할 수 없었을 것이네. 그는 제논의 삶을 공유했고 그 개인의 행동
을 보았으며, 또한 그가 자신의 신조에 따라 살아가는가를 지켜
보았지. 서로 다른 자신만의 삶을 살아갈 운명이었던 플라톤, 아
리스토텔레스, 그리고 그 모든 현인들은 소크라테스의 말보다 행
동에서 더 많은 것을 얻었네. 메트로도로스[15], 헤르마르코스[16], 그
리고 폴뤼아이노스[17]를 위대한 사람들로 만든 것은 에피쿠로스의
교실에서 배웠기 때문이 아니라 한 지붕 밑에서 같이 살았기 때
문이지. 그리고 내가 자네에게 요구하는 것은 자네가 이익을 얻
기만 하는 것이 아니라 이익을 부여하기도 해야 한다는 것이네.
그렇게 함으로써 우리는 서로에게 큰 도움이 되기 때문이지.

그동안 나는 매일같이 자네에게 빚을 갚고 있으니, 나는 나를
기쁘게 했던 헤카토의 글을 자네에게 전해 주겠네. 그는 "자네는

---

13   기원전 330년~기원전 232년, 그리스 스토아 학파의 창시자인 제논의 후계자로
      서 학파의 두 번째 대표자.
14   기원전 336년~기원전 264년경, 그리스 스토아 학파의 창시자. 파르메니데스의
      제자로 알려진 엘레아 학파의 제논(기원전 490년~기원전 430년경)과는 동명이인으
      로 다른 인물.
15   기원전 331년~기원전 278년, 그리스 에피쿠로스 학파 철학자.
16   기원전 325년~기원전 250년경, 그리스 에피쿠로스 학파 철학자.
17   기원전 340년~기원전 285년경, 그리스 수학자이자 에피쿠로스의 친구.

내가 어떤 발전을 이루었는가를 묻는가? 나는 나 자신의 친구가 되기 시작했다네"라고 말하고 있네. 그는 실제로 큰 발전을 이루었지만, 그는 결코 혼자가 아닐 것이네. 자네는 이 사람이 지금 모두의 친구라는 사실을 알아야 하네. 잘 있게.

편지 7

군중을 경계하는 이유

자네는 특별히 피해야 할 것이 무엇이라고 생각하느냐고 내게 물었지. 나는 군중이라고 말하겠네. 아직은 군중을 완전히 믿을 수 없기 때문이지. 나는 어쨌든 나의 약점을 인정하겠네. 왜냐하면 나는 내가 갖고 나갔던 기질을 결코 갖고 들어오지 않기 때문이지. 그런데 내가 평화롭게 만들었던 내 안의 어떤 것이 깨졌네. 내가 궤멸시켰던 적들 가운데 일부가 다시 돌아온 것이지. 오랫동안 병이 들어 허약했던 사람이 집 밖으로 나오면 병이 재발하는 그런 상태가 되듯이, 우리 자신도 오래 지속된 질병에서 영혼이 회복될 때 영향을 받는다네.

많은 군중과 어울리는 것은 해롭네. 우리에게 매력적으로 보이는 어떤 나쁜 행동을 하거나 우리에게 그것을 새기거나, 또는 그와 함께 무의식적으로 우리를 오염시키지 않는 사람은 없네. 분명히 우리가 어울리는 무리의 수가 많으면 많을수록 위험은 더 커진다네.

그러나 훌륭한 기질을 가진 사람에게는 시합에서 느긋하게 앉아 있는 버릇처럼 해로운 것이 없네. 그렇게 하면 나쁜 행동이 쾌락의 길을 따라 우리에게 몰래 다가오기 때문이지. 내가 무엇을 의미한다고 생각하는가? 내가 의미하는 것은 내가 사람들 속에 있었기 때문에, 더 탐욕스럽고 더 야심만만하고 더 방탕하고, 심지어는 더 잔인하고도 비인간적인 상태로 집에 돌아온다는 것이지. 우연히 나는 재미와 재치와 휴식을 기대하면서, 즉 사람의 눈이 다른 동료의 학살에서 잠시나마 휴식하길 기대하면서 한낮의 전시회에 참석했네. 그러나 그것은 정반대였다네. 이전의 싸움에는 자비의 행위가 있었으나, 지금은 하찮은 모든 것이 배제되고 살인만이 남아 있었네.

사람들은 방어 장비를 갖고 있지 않았네. 그들은 공격에 완전히 노출되었고, 빗나간 공격이 전혀 없었네. 사람들은 대체로 일반적인 싸움 상대자들에 대해서나 요구된 싸움들에 대해 이런 방식을 선호하지. 물론 그들은 그렇다네. 무기를 막을 투구나 방패를 갖고 있지 않네. 방어 장비나 기술이 왜 필요한가? 이 모든 것은 죽음을 늦춘다는 의미지. 아침에 그들은 사람들을 사자들이나 곰들에게 던져 놓고, 오후에는 관중들에게 던져 놓는다네. 군중은 한 살인자와 그를 살인할 다른 사람을 서로 만나게 만들고, 또한 군중은 항상 최종 우승자가 또 다른 살인을 하게 만들지. 모든 싸움의 결과는 죽음이고, 그 수단은 불과 검이지. 이런 종류의 것은 경기장이 비워질 때까지 지속된다네.

자네는 "그러나 그는 아마도 강도거나 살인자였을 겁니다"라고 말하겠지. 그래서 어떻다는 말인가? 그가 살인자였다고 해서, 이런 일을 당하는 것이 당연한가? 불쌍한 사람, 자네는 이 시합을 지켜볼 자격을 갖출 만한 어떤 일을 했는가? 아침에 사람들은 이렇게 소리를 질렀네. "그를 죽여라!" "그를 패대기쳐라!" "그를 태워 버려라!" "그는 왜 그토록 겁쟁이처럼 검을 휘두르나?" "그는 왜 그토록 허약하게 때리나?" "그는 왜 용감하게 싸우다 죽지 않나?" "채찍질해서 상처가 나게 해!" "전사들이 상처를 입힐 정도로 격렬하게 때리면서 죽을 때까지 싸우고, 가슴을 드러내고 서로 죽을 때까지 때리란 말이야!" 휴식을 위해 시합이 중단될 때, 그들은 "무언가 계속된 구경거리를 위해 몇 사람의 숨통을 끊겠습니다"라고 알리네.

자, 자네는 나쁜 일들이 그런 일들을 일으킨 사람들에게 돌아온다는 것을 알지 못하나? 자네가 잔인함을 배울 수 없는 사람에게 잔인함을 가르치고 있는 것을 불멸하는 신들에게 감사하게. 올바름을 굳게 지키지 못하는 청년의 성품은 군중으로부터 구출되어야 하네. 왜냐하면 군중이 움직이는 방향으로 너무 쉽게 기울기 때문이지.

심지어 소크라테스, 카토[18], 그리고 라일리오스[19]도 자신들과는 다른 군중에 의해 그들의 도덕적 의지가 흔들렸을 수도 있네. 우리가 우리 자신의 능력을 얼마나 계발했든 상관없이, 우리 가운데 누구도 그처럼 많은 것들과 함께 몰아치는 잘못의 충격을 견디지 못한다는 것은 옳다네. 사치나 욕심으로 인해 많은 피해가 발생하네. 우리가 깨끗하고 진실할지라도, 친밀한 사치스러운 친구는 알지 못하는 사이에 우리를 약하고 무르게 만들고, 부유한 이웃은 우리의 탐욕을 불러일으키고, 중상모략하는 동료는 자신의 녹을 우리에게 전염시키기 때문이지. 그렇다면 세상 전체가 성품에 영향을 미친다면, 어떤 영향을 미치리라 생각하는가? 우리는 세상을 모방하거나 혐오해야 하는가?

그러나 두 가지 경우를 모두 피해야 하네. 자네는 단순히 나쁜 사람들의 수가 많다고 해서 그들을 따라서도 안 되고, 또한 많은 사람들이 자네와 다르다고 해서 그들을 미워해서도 안 되네. 할 수 있는 한 침묵을 지키게. 자네를 더 나은 사람으로 만들어 줄 사람들과 어울리게. 자네 자신이 개선할 수 있는 사람들을 받아들이게. 그 과정은 상호적이네. 왜냐하면 사람들은 가르치는 동안 배우기 때문이지. 자네의 능력을 알리는 데 대해 긍지를 느낀다고 해서 자네를 대중에게로 끌어들인다고 생각할 이유가 없으며, 따라서 자네가 일반 대중 앞에서 공연하거나 연설해야 하는 것은 아니네. 물론 자네가 그런 군중에게 적합한 일거리를 갖고

---

18   기원전 95년~기원전 46년, 로마 정치인이자 스토아 철학자.

19   기원전 188년경 활동, 로마 정치인.

있다면, 나는 자네가 그걸 하길 바랄 것이네. 현재로서는 그들 가운데 자네를 이해할 사람이 한 사람도 없네. 아마도 한 사람이나 두 사람이 자네의 행로를 방해할 수도 있지만, 이들조차 자네를 이해하려면 자네에 의해 만들어지고 훈련되어야 할 걸세. 자네는 이렇게 말할 걸세. "어떤 목적을 위해 내가 이 모든 것을 배웠던 것일까?" 그렇지만 자네는 자네가 헛된 노력을 기울였던 것은 아닐까 해서 미리 겁먹을 필요는 없네. 자네가 그것들을 배운 것은 자네 자신을 위한 것이었기 때문이지.

그러나 오늘 내가 그것을 나 자신만을 위해 배운 것이 아니길 원한다면, 나는 내가 관심을 갖게 된 이야기들, 즉 대체로 같은 의미로 이해되는 세 가지 탁월한 이야기들을 자네와 나누고자 하네. 이 편지는 그 가운데 한 가지는 내가 자네에게 진 빚을 갚는 용도로 사용할 것이고, 다른 두 가지는 미리 빚의 일부를 상환하는 것으로 받아 주게. 데모크리토스는 다음과 같이 말했네. "한 사람이 내게는 다수의 많은 사람들을 의미하며, 다수는 한 사람만을 의미하네." 누군가 다음 이야기도 고상하게 말했는데, 말한 사람이 누군지는 알 수 없네. 사람들은 그에게 오직 소수의 사람에게만 영향을 주는 예술에 적용된 이 모든 탐구의 목적이 무엇이냐고 물었네. 그는 "나는 소수의 사람으로 만족하고, 한 사람으로 만족하고, 아무도 없어도 만족하네"라고 답변했네. 세 번째이자 중요하기도 한 이야기는 에피쿠로스가 했던 이야기로서, 그와 함께 공부했던 동료들 가운데 한 사람이 기록한 것이네. 그는 "나는 이것을 다수를 위해서가 아니라 자네를 위해서 적고 있네. 우리는 각자 다른 사람을 위한 만족스러운 청중이네"라고 말했네.

　루킬리우스, 이 말들을 가슴에 새기면, 다수의 박수를 받는데서 오는 쾌락을 거절할 수도 있을 것이네. 자네가 많은 사람들이 이해할 수 있는 사람이라면, 많은 사람들이 자네를 칭찬한다고 해서 자네 자신이 기뻐할 어떤 이유가 있겠는가? 자네의 훌륭한 자질은 내면을 향해야 한다네. 잘 있게.

편지 8

철학의 선물

자네는 내게 "군중을 피하고, 사람들과 어울리지 말고, 자신의 양심에 만족하라고 말하는 것인가?"라고 물었네. 어떤 사람에게 활동 중에 죽으라고 명령하는 자네의 조언은 어디에서 나오는 것인가? 내가 때때로 자네에게 주장하는 듯이 보이는 과정에 관련하여, 내가 스스로 입을 다물고 문을 잠그는 이유는 더 많은 사람들을 돕기 위한 것이네. 나는 단 하루도 게으름을 피우지 않네. 나는 심지어 밤 시간의 일부를 학문에 할애하네. 나는 잠잘 시간을 허용하지 않고 잘 수밖에 없을 때만 굴복하고, 눈을 뜨고 있기 힘들어 감으려 할 때도 내 눈은 여전히 일을 하네. 나는 사람들만 피하는 것이 아니라 일도 피한다네. 특히, 나 자신의 일도 피한다는 것이네. 나는 다음 세대를 위해 일하고, 그 세대에 도움이 될 생각들을 적고 있다네. 유용한 약을 처방하는 것에 비교될 만한 유익한 조언이 있네. 이것을 내가 글로 적고 있다는 것이지. 왜냐하면 나 자신의 상처들을 완전히 치유했거나, 또는 어쨌든 더 이상 퍼지지 않도록 하는데 그것들이 효과가 있다는 것을 알았기 때문이지.

나는 오랜 방황에 지친 뒤에야 겨우 발견했던 올바른 길을 다른 사람에게 보여 주고 있네. 나는 그들에게 이렇게 외친다네. "일반 대중을 기쁘게 하는 모든 일을 피하게. 우연한 재능을 피하게. 우연이 자네에게 가져오는 모든 이익에 대해 의심과 두려움을 갖고 멈추게. 동물과 물고기가 잡히는 것은 헛된 희망에 속기 때문이지." 자네는 이것을 운명의 재능이라고 부르고 싶은가? 그것은 덫에 불과하네. 자네들 가운데 누구든 안전한 삶을 살고 싶다면 최선을 다해 그를 위해 이런 점에서도 가장 불쌍한 우리 인간들을 기만하는 이 *끈끈이* 덫들을 피할 것이네. 왜냐하면 우리는 그것들을 우리가 통제한다고 생각하지만, 사실은 그것들이 우리를 통제하기 때문이지. 그런 과정은 추락하게 되고, 그런 사치스러운 삶은 몰락하게 마련이지. 성공이 우리를 바람 없는 곳으로 밀어가기 시작할 때, 우리는 그 성공에 대항할 수조차 없으며, 또한 똑바로 유지하거나 단 한 번의 충돌로 가라앉지도 않는다네. 운명이 우리를 뒤집어엎지는 않는다네. 그것은 우리의 뱃머리를 뒤흔들어 바위 너머로 내동댕이친다네.

"그렇다면 건강을 유지하는 데 필요한 만큼만 몸을 쓰라는 이처럼 건전하고 유익한 삶의 규칙을 준수하게. 몸이 마음에 불복종하지 않도록 몸을 더 엄격하게 다루어야 하네. 허기를 면할 정도로만 음식을 섭취하게. 갈증을 해소할 정도로만 음료수를 마시게. 추위를 피할 정도로만 옷을 입게. 사적인 불편함을 면할 정도로만 머물러 살게. 집을 뗏장으로 만들든 다양하게 채색된 외제 대리석으로 만들든지 간에 아무런 상관이 없네. 사람이 금으로 만든 지붕으로 보호되듯이 짚으로도 보호될 수 있다는 것을 알아야 하네. 쓸모없는 노고를 통해 장신구와 장식으로 만들어지는 모든 것을 경멸하게. 그리고 영혼을 제외한 그 어떤 것도 감탄할 가치가 없다고 생각하게. 영혼이 소중하다면, 다른 어떤 것이 그것만큼 소중하지는 않기 때문이지."

나 자신과 후손들에게 이런 이야기를 한다면, 법정에 변호인으로 출석하거나 유언장에 날인하거나 원로원의 경쟁자에게 말이나 행동을 제공할 때보다 내가 더 좋은 일을 하는 것처럼 보이지 않겠나? 공적인 일을 하지 않는 듯이 보이는 사람들이 더 중요한 일들을 하는 것이라는 내 말을 믿게. 그들은 신의 일과 인간의 일을 동시에 하는 것이라네.

그러나 이 편지의 균형을 맞추려면 하던 일을 멈추고 일상적인 할부금을 갚아야 하네. 그 할부금은 내 재산에서 나가지는 않을 것이네. 왜냐하면 나는 여전히 에피쿠로스에게서 약탈해 오기 때문이지. 나는 그의 글에서 다음과 같은 문장을 읽었네. 그건 "만약 우리가 진정한 자유를 즐기려 한다면, 우리는 철학의 노예여야 한다"라는 문장이었네. 자신을 철학에 굴복하고 넘겨주는 사람은 나중을 기다릴 필요가 없네. 그는 즉각적으로 해방되기 때문이지. 철학이 우리에게 안겨 주는 것은 바로 자유라네.

자네는 내게 왜 우리 자신의 말이 아니라 에피쿠로스의 말을 많이 인용하느냐고 묻고 싶을 것이네. 그러나 자네가 그 말을 공동 소유가 아니라 에피쿠로스 혼자만의 말로 간주할 어떤 이유가 있나? 얼마나 많은 시인들이 철학자들에 의해 예전에 주장되었고 또한 지금도 주장되는 이론들을 제시했던가! 나는 우리의 비극 작가들과 민족 드라마 작가들을 언급할 필요가 없네. 왜냐하면 민족 드라마 작가들은 대체로 진지하고, 희극과 비극의 중간에 위치하기 때문이지. 푸블릴리오스[20]의 글 가운데 얼마나 많은 것이 실내화를 신은 사람들에 의해서만이 아니라 반장화를 신은 배우들에 의해서도 낭독될 가치가 있던가!

나는 철학과 관련되고, 특히 우리가 얼마 전에 논의했던 장면과 관련된 푸블릴리오스의 시를 인용하겠네. 그 내용에서 그는 "우연적인 재능은 우리의 소유물에 포함되지 않는다"고 말했지. 즉, 그는 "우리가 욕망을 통해 얻은 모든 것이 여전히 생소하네"라고 말했네. 나는 자네 자신이 이 내용을 "우연이 만든 우리의 것은 진정한 우리의 것이 아니네"라고 이 내용을 훨씬 더 행복하고도 간결하게 표현했던 것을 기억하네. 그리고 자네가 더더욱 행복하게 말했던 세 번째 것을 빠뜨리면 안 되겠지. 자네는 "주어

---

[20]   기원전 85년~기원전 43년, 로마 작가이자 시인.

질 수 있는 좋은 것은 제거될 수 있네"라고도 말했지. 이 말은 자
네가 가진 것들을 이용한 것이니, 내가 빚을 갚았다고 생각하지
는 않겠네. 잘 있게.

편지 9

우정의 가치

에피쿠로스는 현명한 사람이 자신에게 만족하기 때문에 우정을 필요로 하지 않는다고 말하는 사람들을 비난했는데, 자네는 그가 옳았는지 알고 싶어 하네. 이것은 감정을 못 느끼는 정신이 가장 좋다고 믿는 스틸보[21]와 다른 사람들에게 에피쿠로스가 제기했던 반론이네.

만약 우리가 '감정의 결핍'이라는 단어를 간략하게 한마디로 '무감정'이라고 표현하려 한다면, 우리는 이중적인 의미를 충족시켜야 하네. 왜냐하면 우리가 그 단어에 부여하고자 하는 것과 상반된 의미로 이해될 수도 있기 때문이지. 우리는 악한 감정을 거부하는 정신을 표현하고자 하지만, 사람들은 그 생각을 어떤 악도 참지 못하는 정신이라고 해석할 것이기 때문이네. 그러면 '손상되지 않는 정신'이나 '모든 고통을 넘어선 정신'이라고 말하는 것이 더 낫지는 않은지 생각해 보게. 우리(스토아 학파)와 다

---

21   기원전 360년~기원전 280년경, 그리스 메가라 학파의 철학자.

른 학파(에피쿠로스 학파) 사이에는 이런 차이가 있네. 우리가 이상적으로 생각하는 현명한 사람은 자신의 문제를 느끼고 그것을 극복하지만, 다른 학파의 현명한 사람은 문제를 느끼지도 못하지. 그러나 우리는 그들, 에피쿠로스 학파와 마찬가지로 현명한 사람은 자신에게 만족한다고 생각하네. 그렇지만 현명한 사람이 자기 자신에게 아무리 만족스럽더라도 여전히 친구와 이웃과 동료를 필요로 하지. 그가 얼마나 자신에게 만족하는지 보게. 때때로 현명한 사람은 자신의 일부에 대해 만족할 것이네. 만약 그가 질병이나 전쟁으로 한쪽 손을 잃거나, 또는 만약 어떤 사고로 인해 그가 한쪽 눈이나 두 눈을 모두 잃는다면, 그는 몸이 온전했을 때 가졌던 즐거움과 같은 종류의 즐거움을 다치거나 불구가 된 몸에서 얻고 남은 것에 대해 만족할 것이네. 그러나 그는 상실한 부분들에 대해 비통해하지는 않겠지만, 그렇다고 해서 온전한 것들을 잃길 바란다는 것은 아닐세.

현명한 사람이 만족한다는 것은 그 자신이 친구 없이 살길 원한다는 것이 아니라 친구가 없이도 살아갈 수도 있다는 것이네. '할 수도 있다'는 것은 그가 친구를 잃어도 평정심을 유지한다는 것을 의미하네. 그러나 친구가 없지는 않을 걸세. 왜냐하면 그는 빨리 새로운 친구를 만드는 능력을 갖고 있기 때문이네. 만약 페이디아스[22]가 조각상을 잃게 되면 즉시 다른 조각상을 조각하듯이, 친구를 만드는 기술을 가진 장인은 잃은 친구의 자리를 채울 것이네. 친구를 어떻게 그처럼 재빨리 만들 수 있냐고 자네가 묻는다면, 나는 내가 자네에게 진 빚을 모두 갚았고, 최소한 이 편지와 관련해서는 정산되었다는 데 우리가 동의했기 때문이라고 말할 것이네.

헤카토는 "나는 여러분에게 약물이나 약초나 '사랑받고 싶으면 사랑하라'는 마법사의 주문이 없이도 복합된 미약을 보여 줄 수 있습니다"라고 말하네. 오래된 기존의 우정을 유지하는 것만이 아니라 새로운 우정을 시작하고 획득하는 것에도 커다란 기쁨이 있다네. 씨앗을 뿌리는 농부와 수확하는 농부가 서로 다르듯이, 친구를 새로 사귀는 것과 친구를 이미 사귀었던 것도 서로 다르다네. 아탈로스[23]라는 철학자는 "예술가에게는 그림을 완성한 것보다 그리고 있는 과정이 더 즐겁듯이, 친구 관계를 유지하는 것보다 만드는 것이 더 즐겁다"라고 말하곤 했네. 어떤 사람이 일에 빠져 분주하게 지낼 때, 바로 그 과정에서 일어나는 몰입이 커다란 즐거움을 준다네. 그러나 예술가가 완성된 작품에서 손을

---

22   기원전 480년~기원전 430년, 그리스 조각가.

23   생존 연대는 미상이나 서기 25년경 활동했고, 그리스의 스토아 철학자로서 세네카에게 스토아 철학을 가르쳤다고 알려져 있으나 오늘날 남은 글은 없다. 편지 108에서, 세네카는 "이것이 내가 실질적으로 그의 수업에 사로잡혀 가장 먼저 오고 가장 늦게 떠나던 시기에 아탈로스가 내게 해 줬던 조언이네. 그가 생각하느라 이리저리 걷고 있을 때도, 나는 다양한 논의에 반론을 제기하곤 했네. 그는 학생들이 쉽게 접근하게 해 줬을 뿐만 아니라 학생들의 의견을 수렴해 주기도 했기 때문이네. 그는 '스승과 제자는 모두 같은 목적, 즉 하나는 앞으로 더 발전하려는 목적을, 다른 하나는 더 배우려는 목적을 가져야 한다'라고 말했네"라고 적고 있다.

뗄 때 느끼는, 즐거움은 그다지 강하지 않네. (그림을 마친 뒤에) 그가 즐기는 것은 예술의 결과지만, 그리는 동안 그가 즐기는 것은 예술 자체지. 어린아이들의 어린 시절은 더 풍부한 결실을 낳지만, 그들의 유아기는 더 달콤한 것이지.

앞의 이야기로 돌아가세. 현명한 사람이 스스로 만족하더라도, 자신의 중요한 성질이 활용되지 않은 채로 남아 있지 않게 하려고 우정을 실현할 친구를 원한다고 나는 말했네. 그러나 이는 위의 편지에서 에피쿠로스가 언급했던 이유, 즉 내가 아플 때 곁에 있어 줄 사람을 갖기 위한 것이라거나 또는 내가 감옥에 있거나 가난할 때 도와줄 사람을 갖기 위한 것이 아니네. 오히려 병에 걸려 있어서 내가 돌보아 주어야 하는 사람이나 적들에게 둘러싸여 있어서 내가 석방해 줘야 하는 죄수를 갖기 위한 것이지. 이렇듯 자기가 필요한 것만을 생각하고, 이런 이유로 인해 우정을 가지려는 사람은 잘못 생각하는 것이지.

끝은 시작과 같을 것이네. 그 사람은 자신을 속박에서 벗어나도록 도와줄 사람과 친구가 되겠지만, 그런 친구는 쇠사슬 소리가 나자마자 그를 버릴 것이네. 이런 것이 이른바 '좋을 때만 우정'이라 하는 것이네. 어떤 용도를 위해 선택된 사람은 그가 유용한 동안에만 만족스러울 것이네. 그래서 성공한 사람들의 주변에는 친구들이 넘쳐 나지만, 실패한 사람들은 막막한 외로움 속에 있게 되고 시험대에 오른 그들의 친구들은 모두 달아날 것이네. 이처럼 우리는 또한 두려움으로 인해 도망치거나 배신한 안타까운 사람들의 경우들을 많이 접하게 되는 것이지. 시작과 끝은 조화로울 수밖에 없네. 자신의 이익을 위해 친구가 되기 시작했던 사람은 자신의 이익을 위해 친구가 되기를 중단하는 것이네. 우정 자체가 아니라 우정이 갖는 어떤 것에 유혹된 사람은 우정 대신에 주어진 보상에 유혹될 것이네.

그렇다면 친구를 사귀는 목적은 무엇인가? 내가 대신 죽어줄 수도 있는 누군가를 갖기 위해, 또는 내가 같이 망명을 떠나줄 수 있는 누군가를 갖기 위한 것이지. 친구의 목숨을 살리기 위해 나의 목숨을 걸고 나 자신을 희생할 누군가를 갖기 위한 것이네. 자네가 생각하는 것이 편의만을 생각하고 결과를 기대하는 것이라면, 그것은 우정이 아니라 흥정이네. 연인의 감정에 우정과 비슷한 어떤 것이 있다는 것은 의문의 여지가 없네. 아마도 그것을 광기에 젖은 우정이라고 부를 수도 있을 것이네. 그러나 이것이 사실이라 할지라도, 이익이나 야망이나 명성을 위해 사랑에 빠지는 사람이 있을까? 다른 모든 것에 신경 쓰지 않는 순수한 사랑은 아름다운 대상에 대한 영혼의 욕구에 불을 붙일 뿐만 아니라 상호적인 애정도 원하네. 원초적인 열정이 더 명예로운 원인을 위해 생겨날까? 자네는 우정이 그 자체로서 바람직한가에 대한 문제를 논의하고 있다고 답할 걸세. 그와 반대로 그보다 더 급히 증명이 필요한 것은 없네. 왜냐하면 우정이 그 자체로서 바람직하다면, 스스로 만족한 사람도 우정을 추구할 것이기 때문이지. 자네는 그가 그것을 어떻게 추구할 것인지 물을 것이네. 그는 가장 아름다운 대상을 추구하겠지만, 그것은 이익을 욕구해서도 아니고 운명의 불안정함이 두려워서도 아니네. 좋은 상황을 위해 우정을 추구하는 사람은 그것에서 모든 위선을 벗겨 내는 것이네.

내 친구 루킬리우스, "현명한 사람은 자신에게 만족한다!"라는 이 말을 많은 사람들이 잘못 설명했다네. 왜냐하면 그들은 현명한 사람을 세상으로부터 끌어내서 혼자 살아가게 만들기 때문이지. 그러나 우리는 이 말이 무엇을 의미하고, 그것이 얼마나 적용되는지를 알아야 하네. 현명한 사람은 자기 혼자서 단순히 사는 것이 아니라 행복하게 살지. 단순히 사는 데도 많은 것들이 필요하지만, 행복하게 살기 위해서는 부를 경멸하는 건전하고도 강직한 정신이 필요할 뿐이네.

나는 또한 현명한 사람이 아무것도 부족하지 않음에도 불구하고 많은 것들을 필요로 한다고 주장했던 크리시포[24]의 또 다른 발언을 자네에게 알려주고 싶네. 그는 이렇게 말했네. 어리석은 사람은 어떤 것도 사용할 줄 모르지만 모든 것이 부족하다고 생각하기 때문에, 그 또한 필요로 하는 것이 전혀 없다고 말일세. 부족하다는 것은 필요하다는 것을 의미하는데, 현명한 사람에게는

24　기원전 279년~206년경, 그리스 스토아 학파의 세 번째 대표자.

아무것도 필요하지 않다는 것이지. 따라서 그는 자신에게 만족하지만, 그럼에도 불구하고 친구들을 필요로 하네. 그는 가능한 많은 친구들을 사귀지만, 행복하게 살기 위해서 그런 것은 아니네. 왜냐하면 그는 친구가 없이도 행복하게 살 수 있기 때문이지. 가장 좋은 것은 외부로부터 실질적인 어떤 도움도 필요로 하지 않는다네. 그것은 집에서 이루어지며, 전적으로 집 안에서 구하는 것이지. 만약 좋은 것을 밖에서 구한다면, 그것은 운명의 장난에 휘둘리는 것이네.

사람들은 이렇게 물을 걸세. "그런데 만약 현명한 사람이 감옥에 갇히거나, 또는 쓸쓸한 바닷가에 있어서 친구가 없다면, 그는 어떤 종류의 삶을 살 것인가?" 그의 삶은 세상이 소멸하는 와중에, 즉 신들이 모두 패배하고 대자연이 잠시 일을 멈출 때, 세상을 등지고 자신만의 생각에 빠져 있는 유피테르의 삶과 같을 것이네. 그 현자는 이와 같은 어떤 방식으로 행동할 것이네. 그는 은거하여 혼자 살아갈 것이네. 그가 자신의 판단에 따라 일을 정리하도록 허용된다면, 그는 자신에게 만족할지라도 아내를 가질 것이고, 그는 자신에게 만족할지라도 아이들을 키울 것이며, 또한 그는 자신에게 만족할지라도 다른 사람이 없이는 살지 못할 것이네. 우정으로 이끄는 것은 이기적인 욕구가 아니라 자연적인 자극이지. 다른 것들이 내적인 매력을 갖듯이, 우정도 그런 것이네. 우리가 외로움을 싫어하고 동반자를 갈망하듯이, 그리고 대자연이 사람들을 서로 가깝게 이끌 듯이, 우정도 그것을 욕구하게 만드는 매력을 갖는다는 것이지. 이와 마찬가지로, 친구에게 가장 헌신하는 사람은 종종 그들을 자신과 비교하고 그들을 자신보다 우선한다네. 그러나 그는 모든 좋은 것을 자신의 삶으로 제한하고, 에피쿠로스가 자신의 편지에서 비판했던 스틸보의 말을 그대로 반복할 것이네. 왜냐하면 나라가 함락되고 자식과 아내를 잃었지만 혼자 황량한 삶을 살면서도 행복을 느끼던 스틸보가 무언가를 잃었느냐는 질문을 받았을 때, 그는 도시에 파멸을 가져왔기 때문에 도시의 약탈자로 불렸던 데메트리오스[25]에게 "나는 내가 좋아하는 모든 것을 갖고 있답니다"라고 답변했네. 용감하고도 대담한 사람이지! 적이 정복했지만, 스틸보는 그 정복자를 정복했다네. "나는 아무것도 잃지 않았습니다!" 그렇지, 데메트리오스는 자신이 무언가를 정복하긴 했던 것인가에 대한 의문을 갖게 되었다네. "내가 좋아하는 모든 것은 내게 있습니다!"라는 스틸보의 말은 그가 좋다고 생각하는 어떤 것도 빼앗기지 않았다는 것이지.

우리는 전혀 다치지 않고 불길을 벗어난 동물들을 보고 놀라곤 하지. 그러나 전혀 다치지 않고 아무 탈 없이 불과 검과 파괴를 벗어난 사람은 얼마나 더 놀라운가? 한 부족 전체를 정복하는

---

25   기원전 337년~기원전 283년, 마케도니아 왕.

것이 한 사람을 정복하는 것보다 얼마나 더 쉬운 것인지를 자네는 아는가? 스틸보의 이러한 견해는 스토아 철학자도 공유한다네. 스토아 철학자는 재가 돼버린 도시 속에서 자기가 좋아하는 것들을 훼손하지 않고 보존할 수 있네. 왜냐하면 그는 자신에게 만족하기 때문이지. 이런 것이 그가 자기의 행복을 측정하는 기준이라네.

그러나 우리 학파만이 고귀한 말을 할 수 있다고 생각하지는 말게. 스틸보의 비판자인 에피쿠로스 자신도 이와 비슷한 말을 했지. 내가 최근에 이미 빚을 갚았지만, 이걸 적어 놓게. 그는 "자신이 가진 것을 가장 유복한 것으로 생각하지 않는 사람은 그가 세상의 지배자라 할지라도 행복하지 않다"라고 말하네. 또는 우리가 단순히 말만 전하려 하는 것이 아니라 의미를 전하려 하는 것이니, "어떤 사람이 아주 행복하다고 느끼지 않는다면, 그는 세상을 지배하면서도 행복하지 않을 수도 있다"라는 말이 더 적절해 보이네. 그러나 대자연에 의해 제시된 이런 감정들이 보편적이라는 것을 알고자 한다면, 자네는 희곡시 가운데서 "축복이라고 생각하지 않는 사람은 축복받을 수 없으리!"라는 구절을 발견할 것이네. 아니면, 자네의 눈에 나쁘게 보인다면, 자네의 상태가 무슨 문제겠는가? 자네는 아마도 이렇게 말할 걸세. "그래서 어떻다는 건가? 만약 비열한 수단을 통해 부유해진 사람과 많은 노예들의 주인인 사람이 스스로 행복하다고 말한다면, 그들의 의견이 그들을 행복하게 만드는가? 중요한 것은 사람들이 무슨 말을 하느냐는 것이 아니라 사람들이 무엇을 느끼느냐는 것이며, 또한 특정한 날에 어떻게 느끼느냐는 것이 아니라 항상 어떻게 느끼느냐는 문제란 말이야"라고. 그러나 자네는 이런 대단한 축복이 무가치한 사람의 손에 주어질 것을 두려워할 이유가 없네. 현명한 사람만이 자신의 것에 만족할 것이네. 어리석음은 늘 자기 혐오감에 시달릴 것이네. 잘 있게.

신에게 바치는 기도

그렇다네. 나는 생각이 변하지 않았네. 많은 수의 사람들을 피하고, 적은 수의 사람들을 피하고, 심지어 한 사람 한 사람을 모두 피할 것이네. 나는 자네를 함께 나누어 가질 만한 사람을 알지 못하네. 내가 자네에 대해 어떤 생각을 하는지 보게. 나는 자네 자신을 전적으로 믿는다네. 이전 편지에서 내가 언급했던 바로 그 스틸보의 제자인 크라테스[26]는 자기 옆에서 걷고 있는 청년을 알아채고 완전히 혼자서 무엇을 하고 있느냐고 물었네. 그러자 청년은 "나는 자신과 대화를 나누고 있습니다"라고 답했다고 하네. 크라테스는 "조심하고, 또 조심하길 바라네. 자네는 나쁜 사람과 대화를 나누고 있으니 말이네"라고 말했다고 하네.

사람들이 애통해하거나 어떤 것을 두려워할 때, 우리는 그들이 자신들의 외로움을 잘못 사용하지 않도록 하려고 그들을 지켜

---

[26] 기원전 365년~기원전 285년경, 그리스 견유학파의 철학자. 비교 : 디오게네스 라에르티오스(《유명한 철학자들의 생애와 사상》, vi. 89)는 크라테스의 형이 스틸보의 스승이었다고 말한다.

보곤 하네. 생각 없는 사람은 혼자 있어서는 안 되네. 그런 경우에 그는 다만 어리석은 계획을 세우고, 자신이나 다른 사람들에 대한 미래의 위험을 쌓기 때문이네. 또한 그는 기본적인 욕망을 발산하고, 정신은 두려움이나 부끄러움이 억눌렀던 것을 내보인다네. 그는 자신의 배짱을 드러내고, 열정을 뒤흔들고, 분노를 자극하네. 그리고 마침내 외로움이 부여하는 유일한 장점, 즉 아무도 믿지 않고 누구의 시선도 두려워하지 않는 태도를 상실하게 되네. 이것은 자신을 배반하는 것이지.

그러니 내가 자네에게 무엇을 희망하는지 지켜보게. 아니, 차라리 나 자신에게 내가 무슨 약속을 하는지 지켜보게. 희망이라는 것은 단지 불확실한 축복의 이름에 불과하기 때문이네. 자네 자신 외에 자네가 어울릴 사람은 아무도 없네. 나는 자네가 아주 훌륭한 방식으로 어떤 말들을 던졌고, 또한 그것들이 얼마나 힘찼는지 기억하네. 나는 즉시 나 자신을 축하하고, "이 말들은 입술의 끄트머리에서 나온 것이 아니야. 이 말들은 단단한 토대를 갖고 있지. 이 사람은 많은 사람들 가운데 한 사람이 아니야. 그는 자기 자신의 진정한 복지에 관심을 갖고 있어"라고 중얼거렸네. 이런 식으로 말하고 살아가게. 그 어떤 것도 자네를 방해하지 못하도록 하게. 이전의 기도들과 관련하여, 자네는 신들이 그것들에 답하도록 할 수도 있을 것이네. 새로운 기도를 하게. 건전한 정신과 좋은 건강을 위해, 먼저 정신을 위해 기도하고, 그런 뒤에 몸을 위해 기도하게. 그리고 물론 자네는 자주 그런 기도를 해야 하네. 분명하게 신의 이름으로 기도하게. 자네는 다른 사람에게 속한 것을 신에게 요구해서는 안 되네.

그러나 늘 그렇듯이, 나는 이 편지와 함께 작은 선물을 보낼 것이네. 그것은 내가 아테노로스[27]에게서 발견한 참된 격언이네. 그것은 "그대가 공개적으로 요구하는 것 외에 아무것도 신에게 요구하는 단계에 이르렀다면, 그대가 모든 욕구로부터 자유로워졌음을 알아야 한다"라고 말하네. 늘 그렇듯이, 인간은 얼마나 어리석은가! 인간은 가장 부끄러운 기도를 신에게 속삭이고, 만약 누군가라도 듣게 되면 즉시 침묵을 지키네. 그들은 다른 사람들이 알길 원하지 않는 것을 신에게 이야기하는 것이지. 자네는 "마치 신이 그대를 지켜보기라도 하는 듯이 인간들 사이에서 살라. 마치 사람들이 듣기라도 하는 듯이 신에게 이야기하라"는 것과 같은 그런 어떤 건전한 조언이 자네에게 주어질 수도 있다고 생각하지 않는가? 잘 있게.

---

[27] 기원전 74년~서기 7년, 오늘날 튀르키예에 속하는 타르수스 출신의 스토아 철학자.

편지 11

본받을 만한 성품

나는 자네의 친구와 대화를 나누었네. 그는 재능이 있는 사람이더군. 그와 나눈 한마디만으로도 그가 어떤 생각과 지식을 가졌는지, 그리고 이미 얼마나 성숙한 사람인지 알 수 있더군. 그는 자신이 지킬 수 있는 말을 했네. 그는 미리 생각했던 것을 말했던 것이 아니라 갑자기 말했던 것이지. 그는 침착한 여유를 보였지만, 그는 청년에게 좋은 모습인 긴장감을 없애지는 못했다네. 얼굴에 퍼진 붉은 기운은 아주 깊은 곳에서 퍼져 난 것처럼 보였네. 그리고 나는 얼굴이 붉어지는 그의 습관은 그가 모든 허약함을 떨치고 자신의 성품을 형성한 뒤에도 남아 있을 것이라 확신하네. 어떤 지혜도 신체의 자연적으로 발생하는 허약함을 제거하지는 못할 것이기 때문이지. 주입되고 타고난 것은 훈련을 통해 유연해질 수는 있어도 완전히 극복될 수는 없다는 것이지.

대중 앞에서 흔들림 없이 말하는 사람이 마치 지치거나 흥분하기라도 한 듯이 종종 땀을 흘리고, 어떤 사람들은 말하기 위해 일어날 때 무릎을 덜덜 떨기도 한다네. 나는 이를 딱딱 부딪치고,

말을 더듬고, 입술을 바르르 떠는 사람들을 알고 있네. 훈련과 경험으로도 결코 이런 습관을 떨쳐 버리지 못하지. 대자연은 그 자체의 힘을 다하고 그런 허약함을 통해 가장 강한 사람에게도 자신의 존재를 알리네. 나는 얼굴이 붉어지는 것도 가장 품위 있는 사람들의 얼굴들에 갑자기 퍼지는 이런 종류의 습관이란 걸 잘 알고 있네. 이런 일은 사실상 피가 더 따뜻하고 예민한 얼굴을 가진 젊은 사람들에게 더 흔하다네. 어떤 사람들은 모든 부끄러움을 쏟아내기라도 하듯이, 얼굴이 붉어질 때 더 위험하지. 피가 뺨을 물들였을 때, 술라[28]는 가장 격렬한 상태에 있었네. 폼페이우스가 가장 예민한 얼굴을 가졌지. 그는 대중 집회와 같이 많은 사람들 앞에서 항상 얼굴이 붉어진다네. 나는 파비아노스[29]가 원로원에 증인으로 입회했을 때 얼굴이 붉어졌던 것을 기억하네. 그리고 그는 놀라울 정도로 당황했었지. 그런 습관은 심적 위약함 때문이 아니라 새로운 상황 때문이지. 경험 없는 사람이 반드시 혼란스러워하는 것은 아니지만 대체로 영향을 받는다네. 왜냐하면 그런 사람은 육체의 자연적 성향으로 인해 이런 습관에 빠져들기 때문이지. 어떤 사람들은 다혈질이고, 다른 어떤 사람들은 급히 변화하는 피를 갖고 있어서 순식간에 얼굴까지 치솟곤 하지.

---

28   기원전 138년~기원전 78년, 로마 장군이자 정치인.
29   서기 1세기에 활동, 로마 수사학자이자 철학자로서 철학을 공부하면서 수사학을 버렸다고 하며, 세네카의 아버지도 글에서 자주 언급했던 인물.

이미 말했듯이, 지혜가 이런 습관을 없애지는 못하네. 그것이 우리의 잘못을 모두 없앨 수 있다면, 그것은 심지어 우주의 주인도 될 수 있을 것이네. 우리의 태생과 육체의 구성으로 인해 우리에게 할당된 것은 영혼이 그것을 얼마나 어렵게 또는 얼마나 오랫동안 통제하려고 하든지 상관없이 우리에게 달라붙어 있네. 그리고 우리는 이런 감정들을 불러내지 못하는 것과 마찬가지로 막지도 못하네. 감정을 흉내 내고, 두려움과 긴장감을 연기하고, 슬픔을 묘사하는 극장의 배우들은 자신들의 머리를 흔들고 목소리를 낮추고 또한 눈을 바닥에 고정함으로써 얼굴을 붉히는 걸 모방하지. 그러나 배우들은 얼굴을 붉히지 못한다네. 왜냐하면 얼굴을 붉히는 것은 얻거나 막을 수 있는 게 아니기 때문이지. 지혜가 얼굴 붉히는 것을 치유하거나 그것에 반대되는 도움을 주지도 못할 것이네. 그것은 갑작스럽게 오가며, 멋대로 생겨나기 때문이지.

이제 내 편지의 마지막 문장을 써야 하네. 유용하고도 유익한 이 격언을 듣고 기억하게. "고귀한 성품을 가진 사람을 소중히 하고, 항상 지켜보라. 그가 그대를 지켜보는 듯이 살고, 그가 그대를 바라보듯이 모든 활동을 정돈해야 한다." 내 친구, 루킬리우스. 이것이 에피쿠로스의 조언이네. 그는 우리에게 상당히 적절한 수호령과 보조자를 붙여 준 것이지. 우리가 잘못을 저지를 때 곁에서 지켜보는 목격자가 있는 경우에, 우리는 거의 아무런 죄를 짓지 않을 것이네. 영혼은 그것이 존중할 수 있는 누군가를 가져야 하지. 즉, 내면의 성지를 더 숭배하도록 하는 권위를 가진 사람을 가져야 한다는 것이네. 다른 사람들과 같이 있을 때는 물론이고 마음속에 두고 있을 때도, 그들을 더 좋게 만들 수 있는 사람은 행복한 사람이네. 그리고 어떤 사람을 무척이나 숭배하기 때문에, 그를 마음속에 소환함으로써 자신을 차분하게 하고 제어할 수 있는 사람도 행복한 사람이네.

다른 사람을 무척이나 숭배하는 사람은 오래지 않아 자신을 숭배할 가치가 있을 것이네. 그러니 카토를 선택하게. 만약 카토가 너무 심하다면, 좀 더 온건한 성향인 라일리오스를 선택하게. 삶과 대화, 그리고 드러난 성품에서 자네에게 더 만족스럽다고 생각되는 스승을 선택하게. 그를 항상 자네의 보호자나 자네의 모범으로 그려 보게. 우리가 본받을 만한 성품을 가진 사람이 필요하다는 것이네. 우리가 정확한 규준을 이용하지 않는다면 비뚤어진 것을 결코 바르게 하지 못할 것이네. 잘 있게.

편지 12

하루하루를 대하는 태도

어느 방향을 바라보든 내가 늙어 가고 있다는 증거를 보게 되네. 나는 최근에 무너져가는 시골집에 돈이 들어가는 것에 대해 불만을 토로했던 적이 있네. 관리인은 결코 자기가 소홀히 해서 그런 것이 아니라고 말하더군. 자기는 할 수 있는 최선을 다했지만, 건물이 너무 낡아서 그렇다는 것이지. 이 집은 내 손으로 지었던 것이네. 내 나이라는 돌들이 이미 무너지고 있다면, 미래가 나를 위해 저장해 놓은 것은 무엇이 있을까? 나는 그 관리인에게 화가 나서 분통을 터뜨릴 기회를 잡았지. 나는 "이 나무들이 잎사귀가 없는 것은 분명히 돌보지 않아서 그런 거잖아. 이 가지들도 비틀어지고 시들었고, 줄기들은 정돈되지 않아 거칠고 말이야. 만약 누군가 발밑의 흙을 느슨하게 하고 물을 주었다면 이런 일이 생기지 않았을 거란 말이야!"라고 소리를 질렀네. 그 관리인은 자신이 할 수 있는 모든 일을 했으며, 결코 덜 노력한 적이 없고 다만 그 나무들이 늙어서 그런 것이라고 신에게 맹세까지 하더군. 우리끼리 말이지만, 그 나무들은 내가 심었던 것이고, 나는 그것들이 첫 번째 잎을 피우는 것을 보았었지. 나는 문 쪽에 있는 사람을 가리키며 이렇게 질문했네. "저 병든 노인은 누군가? 바깥쪽을 향한 것을 보니, 그를 입구에 잘 배치해 놓았군. 그를 어디서 데려온 건가?" 그러자 그가 이렇게 말했네. "저를 모르시겠습니까? 접니다. 펠리치오.[30] 제게 작은 선물들을 만들어 주시곤 했잖습니까? 저는 관리인 필로시투스[31]의 아들입니다. 저는 주인님의 귀염둥이입니다." 나는 이렇게 말했네. "저 친구가 다시 어린 아이가 되었다고? 그렇지만 그것도 가능하지. 그의 이가 다 빠졌으니 말이야."

어디를 향하든 내가 늙었다는 것이 분명해진 것은 내 시골집 때문이네. 늙어 간다는 것을 소중히 여기고 사랑하게. 왜냐하면 그것을 사용하는 방법을 알게 되면 즐거움으로 가득할 것이기 때문이니 말일세. 과일이 가장 환영받는 것은 수확이 거의 끝났을 때고, 청춘이 가장 매력적인 것은 그것이 끝날 즈음이고, 술고래를 가장 기쁘게 하는 것은 마지막 술잔이네. 그를 푹 담가 취하게 만드는 마지막 술잔 말일세. 모든 즐거움은 가장 달콤한 순간을 끝까지 남겨 놓는다네. 그래서 사람의 나이는 곤두박질을 칠 때보다 비탈길을 내려가기 시작할 때 가장 즐겁지만, 나는 죽음 직

---

30   세네카의 시골집 관리인의 아들.
31   세네카의 시골집 관리인.

전의 순간조차 나름대로 즐거움을 갖는다고 믿네. 그렇지 않다면 우리가 즐거움을 원하지 않는다는 바로 그 사실이 즐거움의 자리를 대신하겠지. 우리의 욕구를 지치게 만들고 남겨 두는 것이 얼마나 좋은가! 자네는 "죽음을 정면으로 바라보는 것이 얼마나 불편한가!"라고 말하겠지. 그러나 죽음은 젊은 사람이나 늙은 사람이 모두 정면으로 바라봐야 하는 것이네. 우리가 출생신고를 한 순서에 따라 호출하는 것이 아니기 때문이지. 더구나 하루 더 살고자 희망하는 것이 부적절할 정도로 늙은 사람은 없다네. 그리고 하루라는 것은 삶의 여정에서 한 단계라는 점을 기억해야 하네.

사람의 일생은 부분들로 나누어지네. 그것은 작은 원들을 둘러싼 큰 원들로 이루어지는 것이지. 하나의 원이 나머지 원들을 감싸고 경계를 설정하며, 이것은 태어나서 죽는 날까지 계속되네. 안쪽에 있는 다음 원은 우리의 청년 시절을 한정하네. 세 번째 원은 그 원 내부에 모든 소년 시절을 가두어 놓지. 또한 그 자체의 집합 속에는 삶을 구성하는 반복된 모든 계절이 포함되네. 달(month)은 더 좁은 원으로 둘러싸인 것이고, 날(day)은 가장 작은 원이지. 그러나 날도 시작과 끝을 가지며, 일출과 일몰을 갖네. 따라서 난해한 그의 연설 때문에 헤라클레이토스[32]라는 이름으로 불렸던 이는 "하루는 매일과 같다!"고 말했다네. 서로 다른 사람

---

32   기원전 540년~기원전 480년경, 그리스 철학자.

들이 그 말을 서로 다른 방식으로 해석했지. 어떤 사람들은 하루라는 것이 시간들의 수와 같다고 주장했는데, 이것은 옳은 말이네. 왜냐하면 하루가 24시간을 의미한다면, 밤은 낮이 잃은 것을 얻는 것이므로 모든 날들이 서로 같아야 하기 때문이지. 또 다른 해석자는 하루가 모든 날들과 닮았기 때문에 같다고 주장하네. 왜냐하면 가장 긴 시간도 우리가 하루에 찾지 못하는 어떤 것을 포함하지는 못하기 때문이네. 빛이 있고 어두움이 있으며, 하루하루는 연속해서 이러한 변화들을 더 많게 만들고, 그것이 더 짧아도 다르지 않게 만들며, 또한 그것이 더 길어도 다르지 않게 만드네. 따라서 하루하루가 마치 끝에 서 있기라도 하듯이, 즉 우리의 삶을 풍부하고 완전하게 하기라도 하듯이 조절되어야 하는 것이지.

시리아를 오랫동안 점령하여 자신의 것으로 만들었던 파쿠위우스[33]는 자신을 위한 장례식에서 술과 제사용품으로 조의를 표하고, 그런 뒤에 상여를 식당에서 회의실까지 옮기게 했으며, 환관들에게는 고적대의 음악에 맞춰 박수치면서 "그는 살았네, 그는 살았네"라는 기도문을 외게 했다네. 이렇게 파쿠위우스는 매일같이 자신을 장지로 옮기게 했던 것이지. 그러나 그가 저급한 동기에서 했던 것을 우리는 좋은 동기에서 하자는 것이네. 즐

---

[33]   미상~기원전 42년. 평민에서 귀족이 된 노빌레스 계층 출신의 로마 정치인.

겁고 기뻐하면서 잠자리에 들자는 것이지. 이렇게 말하자는 것이지. "나는 살았네. 운명이 나를 위해 마련했던 과정을 끝냈다네"라고.

만약 신이 또 다른 하루를 준다면, 그걸 기꺼이 받아들여야 하네. 아무런 걱정 없이 다음 날을 기다리는 사람은 가장 행복하고도 자신을 가장 확고하게 책임지는 것이지. "나는 살았네"라고 말하는 사람은 매일 아침 이익을 얻는 것이네.

이제 편지를 마무리해야 하네. 자네는 "내가 매일 얻는 것이 없다면, 그것이 무슨 의미겠는가?"라고 말할 것이네. "걱정하지 말게. 그것은 무언가를, 아니 그보다 더 중요한 무언가를 가져올 것이네." 이 말보다 더 영광스러운 것이 무엇이겠나? "억압 하에서 사는 것은 옳지 않지만, 그 누구도 억압 하에서 살 정도로 억압되어 있지는 않네." 물론 그렇지 않네. 모든 곳에는 자유를 향한 짧고도 단순한 길들이 놓여 있네. 아무도 삶에 얽매이지 않을 수 있다는 것에 대해 신께 감사해야 하네. 자네는 "에피쿠로스는 이런 말을 했네. 남의 재산을 가지고 무얼 하고 있느냐고 말이야"라고 말할 것이네. 나는 모든 진리가 나 자신의 재산이라고 말하겠네. 그리고 가장 좋은 생각들은 공동의 재산이라는 것을 다른 사람의 말에 맹세하는 사람들과 말해진 것이 아니라 말하는 사람에게 가치를 부여하는 사람들이 모두 이해할 수 있도록, 나는 앞으로도 에피쿠로스에게서 많은 말들을 인용할 것이네. 잘 있게.

두려움 없이 사는 방법

나는 우리가 육체에 대한 애정을 내면에 갖고 있다는 걸 인정하네. 또한 나는 우리가 육체의 보호자라는 걸 인정하네. 내가 그것을 만족시켜야 한다는 것도 부정하지는 않지만, 그것의 노예가 되어서는 안 되네. 육체의 노예가 되고, 그것을 너무 두려워하고, 모든 행동을 욕구와 관련시키는 사람은 많은 사람들의 노예가 되기도 할 것이네. 그러나 우리는 우리의 육체를 위해 살아야 하는 듯이 행동해서는 안 되며, 다만 우리가 그것 없이 살 수 없다는 것을 기억해야 하네. 두려움으로 인해 우리에게 방해가 되고, 불안감으로 인해 우리에게 짐이 되며, 우리를 모욕되게 하는 것은 육체에 대한 과도한 사랑이지. 우리는 육체를 아주 조심스럽게 아껴야 하지만, 이성과 자존감과 의무로 인해 육체가 장작더미로 보내져야 하는 희생이 요구될 때는 그렇게 해야 하네.

그러나 우리가 두려워하는 것을 벗어날 수단을 마련해서 다시 안전하게 할 수 있는 한 위험과 불편을 피해야 하네. 내가 제대로 알고 있다면, 두려움에는 세 가지 종류가 있네. 우리는 가난을 두려워하고, 질병을 두려워하며, 강력한 권력에 휘둘리는 걸 두려워하지. 이 모든 것들 가운데서 다른 사람의 권력에 의해 위협받는 것보다 더 우리를 고통스럽게 하는 것은 없네. 이것은 강력한 소음과 소란을 동반하기 때문이지.

타고난 고통이라고 내가 말했던 것들 가운데 가난과 질병은 눈이나 귀에 공포감을 주지 않고 조용하게 숨어드네. 하지만 다른 하나는 웅장한 열병식의 형태로 다가오는데, 그 둘레에는 무기와 불과 사슬의 행렬이 있고, 짐승들의 무리가 사람의 살을 달려들어 물어뜯는다네. 여기에 감옥과 십자가, 그리고 몸을 관통해서 목구멍까지 뚫고 나간 고문대와 갈고리와 말뚝을 상상해 보게. 또한 서로 반대 방향으로 달리는 마차에 의해 팔다리가 찢기고, 화염 물질로 엮고 칠한 옷과 잔인함의 극치를 달리는 다양한 장치들을 상상해 보게. 가장 끔찍한 우리의 공포가 그런 것이더라도 놀랍지 않을 것이네. 우리의 공포는 다양한 모습으로 나타나고 그 도구는 끔찍한 것들이니 말이네.

고문 기술자가 많은 고문 도구들을 보임으로써 자신의 목적을 이루듯이, 우리의 정신을 억누르고 깨뜨리는 것들 가운데 눈에 보이는 것이 더 효과적이네. 실제 고문을 이겨 냈을 사람들도 그것들을 보면서 압도당하기 때문이지. 물론 다른 고통이라고 해서 덜 심한 것은 아니네. 굶주림, 갈증, 위궤양, 창자를 건조하게 만드는 열 같은 것 말이네. 그러나 이것들은 은밀하네. 이것들은 고함을 지르지도 않고 예고를 하지도 않네. 하지만 앞에서 말했던 공포들은 대규모의 전쟁과 마찬가지로 그것들 자체와 그것들의 도구를 보임으로써 압도한다는 것이지.

그러니 잘못을 저지르지 않도록 주의하세. 때로는 우리가 두려워해야 할 것은 사람들이네. 또는 만약 그런 집단에 의해 행해진 대부분의 일이 국가를 통치하는 방법이라면, 원로원의 영향력 있는 일부 사람들을 두려워해야 하네. 그리고 때로는 대중에 의해 권력을 갖게 된 개인들과 대중에 반대하는 권력을 갖게 된 개인들도 두려워해야 할 사람들이지. 그런 모든 사람들과 우정을 유지한다는 것은 부담스러운 일이네. 그들을 적으로 만들지 않는 것으로 충분하지. 따라서 현명한 사람은 권력을 가진 사람을 결코 화나게 하지 않을 것이네. 안 그럴 걸세. 그런 사람이 배를 조종한다면 폭풍우를 피하듯이, 심지어 자신의 방향을 바꿀 것이네.

자네가 시칠리아로 여행할 때, 자네는 해협을 건넜지. 부주의한 항해사는 세차게 몰아치는 남풍을, 즉 시칠리아의 바다를 거칠게 만들고 파도를 몰아치게 만드는 바람을 탓했네. 그는 해안가로 향하지 않고 카리브디스 소용돌이 근처로 향했지. 그러나 조심스러운 항해사라면 그 지역을 잘 아는 사람들에게 조류가 어떤지, 구름이 어떤 징후인지를 물었을 것이고, 소용돌이로 악명 높은 지역에서 멀리 떨어진 경로를 선택했을 것이네. 현명한 사람이라면 그런 행동을 했을 것이네. 그는 피하지 않는 듯이 하면서도 자신에게 해를 가져올 힘을 피한다네. 왜냐하면 안전의 중요한 부분은 안전을 드러내 놓고 찾지 않는다는 데 있기 때문이지. 사람은 자신이 피하는 것을 비난하기 때문이네.

그러므로 우리는 우리 자신을 군중으로부터 어떻게 보호할 것인가를 파악하기 위해 주변을 살펴야 하네. 무엇보다도 우리는 그들이 열망하는 것과 같은 것을 열망해서는 안 되네. 왜냐하면 경쟁에서 갈등이 생겨나니 말일세. 다시 말해서, 우리가 도둑을 맞아 적에게 이익될 수 있는 그 어떤 것도 소유하지 말고, 최소한의 것만을 남기게. 아무도, 또는 어쨌든 많은 수의 사람들은 피 자체를 추구하지 않을 걸세. 그보다 더 많은 수의 사람들이 미움보다는 이익을 생각하겠지. 도둑이라도 빈털터리는 그냥 지나칠 것이고, 강도가 자주 나타나는 거리에서도 가난한 사람은 평화로울 것이네.

우리는 옛 속담을 따라 특히 미움과 질투와 경멸과 같은 세 가지를 피해야 하네. 그리고 지혜만이 이것을 어떻게 할 것인지 보여 줄 수 있네. 왜냐하면 적당한 것을 계산하기가 어렵기 때문이네. 우리는 질투로 인한 두려움이 우리를 경멸로 이끌지 않도록 조심해야 하네. 우리가 다른 사람들을 짓밟지 않으려 할 때, 그들이 우리를 짓밟을 수 있다고 생각하게 만들어서는 안 되네. 두려움의 대상이 사람들을 두려워하게 만드는 것이네. 경멸도 칭찬만큼이나 해롭기 때문에, 우리는 모든 일에서 발을 빼야 하네.

그렇기 때문에 우리는 철학에서 안식을 찾아야 하네. 철학을 공부한다는 것은 선한 사람의 눈에는 물론이고 약간 나쁜 사람의 눈에도 신성하게 보이기 때문이지. 대중을 설득하거나 사람들의 시선을 끄는 일은 적을 만들게 되지만, 철학은 평화롭고 자기 일에만 신경 쓰기 때문이지. 사람들은 철학을 경멸하지 않고, 심지어 악인에게도 존중받는 학문이네. 철학이라는 이름이 신성시되지 않고 숭배되지 않을 정도로 악이 강해져서 선을 위험에 빠뜨리는 일은 없을 것이네.

그렇지만 철학도 차분하고 적절하게 실천되어야 하네. 자네는 "그래, 좋아. 그렇다면 자네는 카토가 철학을 적절하게 실천한다고 생각하나? 그는 자신의 판단으로 내전을 진압했으니 말이네. 그는 광분한 족장들 사이로 뛰어들었네. 어떤 사람들은 폼페이우스를 반대했고 다른 사람들은 카이사르를 반대했을 때, 그는 그 사람들 모두를 동시에 반대했으니 말이네"라고 말할 걸세. 그에 대해 누군가는 당시에 현명한 사람이 정치에 참여하는 것이 과연 적절했는가에 대해 이런 의문을 제기할 수도 있을 것이네. "카토, 당신은 도대체 무슨 생각을 하는 겁니까? 그것은 더 이상 자유의 문제가 아닙니다. 그것은 이미 오래전에 망가졌으니 말입니다. 문제는 나라를 통치할 사람이 카이사르인가 또는 폼페이우스인가 하는 것입니다. 당신이 왜 그 문제에 끼어드는 겁니까? 거기에서 당신이 할 일은 없습니다. 그들은 지도자를 선택하고 있습니다. 누가 이기든 당신이 무슨 상관입니까? 더 나은 사람이 이기겠지요. 그러나 이긴 사람이 더 나빠지는 것을 피할 수는 없을 겁니다"라는 의문 말일세. 나는 카토의 마지막 역할에 대해 이야기했네. 그러나 이전에도 그는 국가의 약탈과 관련한 일에 끼어드는 것이 허용되지 않았었네. 목소리를 높이고 쓸모없는 말을 내뱉는 것 외에 그가 무엇을 할 수 있었는가? 한때 그는 군중의 습격을 받고 군중이 뱉은 침을 맞으면서 회의장에서 내쫓겼고, 또 한때는 원로원 회의실에서 감옥으로 직행하기도 했었지.

그러나 현명한 사람이 과연 정치에 관심을 가져야 하는가에 대해서는 나중에 이야기하세. 지금 나는 권력에서 초래되는 불편함이 없이 모든 인간관계를 단절하고서 자기의 삶을 증진하고 인간의 권리에 대해 생각하며 은거해 살아가는 스토아 철학자들에 대해 생각해 보자는 걸세. 현명한 사람은 사람들의 관습을 방해하지도 않고, 또한 특이한 삶의 방식을 통해 사람들의 관심을 끌지도 않는다네.

"그렇다면 그가 이런 의도를 고수하는 경우에, 최소한 안전하기는 할까?" 나는 이런 금욕적인 삶의 방식이 건강을 가져오리라는 것은 장담할 수 있네. 사실상 금욕이 사람을 건강하게 만들기는 하니 말이야. 배가 항구에서 침몰할 수도 있는데, 공해상에서는 어떻겠는가? 다양한 문제들을 다루는 사람은 쉴 때도 안전하지 않을 것이니, 얼마나 많은 위험에 처하겠는가? 때로는 무고한 사람들이 죽는 일이 있으니, 그걸 누가 부정하겠는가? 그러나 죄를 지은 사람이 죽는 일이 더 많이 발생하네. 군인의 갑옷을 뚫고 치명타를 가하게 된다면, 군인의 기술이 부족한 것은 아니라네.

간단히 말해서, 현명한 사람이 자신의 모든 행동에 대한 이유를 생각하지만, 결과를 생각하는 것은 아니라는 것이지. 시작할 힘은 우리 자신에게 있고, 또한 운명이 문제를 결정하는 경우도 있지만, 나는 운명이 내게 형을 선고하도록 허용하지는 않을 것이네. 자네는 운명이 고통과 고난을 가져올 수 있다고 말할지도 모르겠네. 강도가 살인하면 처벌을 피할 수 없네.

이제 자네는 일상적인 도움에 손을 뻗치네. 나는 그 도움을 금으로 채울 것인데, 금을 언급했으니 그것을 어떻게 사용하고 벌어들이는 것이 자네에게 더 바람직한가 들어보게. "부를 가장 적게 필요로 하는 사람이 부를 가장 많이 즐기는 것이다"라는 것이네. 자네는 "그런 얘기를 한 사람을 알려주게"라고 말할 것이네. 나의 관대함을 보여주기 위해, 다른 학파의 금언을 칭찬하려 하네. 그것은 에피쿠로스 또는 메트로도로스 또는 그 학파의 누군가 했던 말이네. 그 말을 누가 했던 무슨 상관인가? 그건 모든 사람을 위한 것이니 말일세.

부를 열망하는 사람은 그로 인해 두려움을 느끼네. 그러나 누구도 불안을 동반하는 축복을 바라지 않네. 그는 항상 더 많은 것을 더하려고 노력하지. 그는 부를 증진하는 데 골몰하는 반면에, 그것을 어떻게 사용하는지 잊고 마네. 그는 외상값을 수금하고, 시장 가는 길을 닳게 만들고, 달력을 계속 넘기네. 그는 주인이 되기보다 수금원이 되는 것이지. 잘 있게.

편지 15

육체보다 중요한 영혼의 활동

옛 로마인들은 요즘에도 행해지는 관습을 갖고 있었네. 그들은 편지 서두에서 "그대가 잘 지낸다면, 좋은 일이네. 나도 잘 지내네"라고 말하곤 했네. 그러나 우리라면 "만약 그대가 철학을 공부한다면, 좋은 일이네"라고 말할 것이네. 이것이 좋다는 말의 의미이기 때문이지. 철학이 없이는 정신이 병들 것이고, 육체는 아주 강하지만 그것은 미치광이나 정신병자의 육체가 강한 것처럼 강할 뿐이네. 그렇다면 이것은 우리가 우선적으로 살펴야 하는 건강의 일종이고, 다른 종류의 건강은 두 번째인데, 자네가 육체적으로 좋기를 바란다면 약간의 노력이 필요할 것이네.

내 친구 루킬리우스, 사실상 근육을 키우고 어깨를 넓히고 폐를 튼튼히 하는 것은 교양을 갖춘 사람에게는 아주 어리석고도 부적절한 것이네. 왜냐하면 음식을 많이 먹는 것이 좋은 결과를 가져 오고 육체적으로는 힘줄을 단단하게 만들겠지만,, 우리가 튼튼한 황소와 힘이나 무게를 견줄 수는 없기 때문이지. 게다가 음식을 너무 많이 먹음으로써 우리는 영혼을 옥죄어 덜 활동적으로 만드네. 그러므로 육체는 가능한 통제하는 대신에, 영혼이 자유롭게 활동하도록 하게.

육체의 건강에 매진하는 사람들에게는 많은 불이익이 뒤따르네. 첫째, 운동은 영혼을 지치게 하고 집중을 해칠 뿐만 아니라 더 필요한 공부를 못하게 만드네. 둘째, 사람들의 예리함이 과식으로 인해 무뎌지네. 게다가 그들은 악인으로 낙인찍힌 노예들, 즉 (몸 바깥쪽에 바르는) 기름과 (몸 안쪽을 적시는) 술에 빠져 사는 사람들의 명령을 받네. 이 노예들은 땀을 흘리는 데서 하루의 만족감을 느끼고, 잃어버린 수분을 보충하려고 많은 양의 술을 마실 것이고, 게다가 급히 마시기 때문에 그들은 더 취할 것이네. 술을 마시고 땀을 흘린다는 것은 소화불량에 걸린 삶과 마찬가지네.

몸을 빨리 피곤하게 만듦으로써 시간을 절약할 수 있는 쉽고도 간단한 운동들이 있네. 시간은 우리가 늘 고려해야 하는 것이니 말이야. 이 운동들은 달리기, 아령 흔들기, 그리고 높이뛰기나 멀리뛰기 같은 뛰기, 또는 '성직자의 춤'이나 또는 이것들을 무시하는 표현으로 '세탁공의 도약'이라 불릴 수 있는 것이네. 이 가운데 하나를 연습 삼아 골라 보면, 그게 평범하고도 쉽다는 걸 알게 될 걸세. 그러나 자네가 무엇을 하든, 육체에서 정신으로 빨리 돌아오게. 정신은 적당한 노동으로 키워지기 때문에 밤낮으로 훈련해야 하며, 이런 훈련 형태가 춥거나 더운 날씨 또는 심지어 노령 때문에 방해되어서는 안 되네. 세월과 더불어 발전하는 선함을 수련하게. 물론 나는 자네가 항상 자네의 책과 자네의 글을 들여다보라고 말하고 싶지는 않네. 정신은 변화를 가져야 하지만, 불안하게 만들지 않는 종류의 변화여야 하네. (운동 종류 가운데 하나인) 쓰레기통을 타는 것은 몸을 흔들지만 공부를 방해하지는 않네. 우리는 읽거나 받아쓰거나, 말하거나 들을 수 있네. 산책도 이런 것들을 방해하지 않네.

내가 자네에게 소리의 크기나 어조를 높이거나 낮추는 연습을 하지 못하게 한다고 해서, 자네가 목소리 연습을 경멸할 필요는 없네. 자네가 그다음에 걷기를 배우고 싶다고 가정해 보세. 자네가 굶주림으로부터 들어 보지도 못했던 기교를 배운 사람을 받아들인다면, 자네는 걷는 방법을 가르쳐 주고, 씹는 방법을 지켜보고, 또한 그를 인내하고 믿음으로써 그가 뻔뻔함이 유지되도록 허용한 그런 사람을 갖게 되는 걸세. 자네는 "그래서 어떻다는 건가? 최대한으로 소리를 지르면서 목소리 연습을 시작하라고?"라고 말할 걸세. 아니네. 논쟁을 벌이는 사람이 일상적인 대화 어조로 시작하고 그런 뒤에 최대한으로 소리를 높이듯이, 쉬운 단계부터 소리를 높여가는 것이 자연스러운 것이네. 어떤 연설자도 연설을 시작하자마자 "도와주세요. 시민 여러분!"이라고 소리 지르지는 않네. 그러므로 자네의 내면뿐만 아니라 자네의 목소리가 제안하는 것에 따라, 자네가 그런 행동을 하고 싶을 때, 자네의 내적인 충동이 이끄는 대로 한때는 큰 소리로 다른 때는 작은 소리로 목소리를 높이게. 목소리를 억제하고 소리를 낮출 때, 목소리를 갑자기 꺾지 말고 부드럽게 내리도록 하게. 목소리는 높고 낮은 크기의 중간이 되어야 하고, 또한 무지한 촌사람이 그러는 것처럼 갑작스러운 소리를 내서도 안 되네. 우리가 하려는 것은 목소리를 훈련하려는 것이 아니라 목소리를 통해 우리를 훈련하게 하려는 것이네.

나는 자네의 고민을 조금도 해결하지 못했기에, 그에 대한 작은 보상으로 아주 탁월한 그리스어 격언을 하나 선물하겠네. "어리석은 삶은 감사할 줄 모르고 불안해 하는 삶이다. 그것은 전적으로 미래를 향해 있다"라는 격언일세. 자네는 누가 그런 말을 했냐고 물을 텐데, 이전에 말했던 것과 같은 사람일세. 그런데 자네는 어리석은 삶이 뭐라고 생각하나? 광대들인 바바와 이시오의 삶인가? 아니네, 그가 의미한 것은 우리 자신의 삶이네. 왜냐하면 우리는 우리의 맹목적 욕구로 인해 우리 자신을 해롭게 할 모험에 빠지지만, 우리를 결코 만족시키지 못할 것이기 때문이네. 다시 말해서, 만약 우리가 어떤 것에 만족할 수 있다면, 우리는 이미 오래전에 만족했을 것이네. 또한 우리는 아무것도 욕구하지 않는 것이 얼마나 즐거운 것인지, 만족하면서 운에 의존하지 않는 것이 얼마나 고귀한 것인지를 알지 못하네. 그러니 자네가 얼마나 많은 야망들을 획득했던가를 계속 상기시키게, 루킬리우스.

자네 앞에 놓인 많은 것들을 볼 때, 얼마나 많은 것들이 뒤에 남아 있는가를 생각하게. 신들이 감사하고, 과거의 삶이 고맙다면, 자네가 얼마나 많은 사람들을 추월했는가를 생각하게. 그러나 다른 사람들이 무슨 상관이겠는가? 자네는 자네 자신을 추월했는데 말이네.

자네가 그런 힘이 있다면, 통과하길 욕구하지 않을 그런 한계를 정하게. 그렇게 하면 이 모든 위험한 것들에서 멀어질 수 있을 것이네. 그것들은 그것들을 획득한 사람들에게보다 그것들을 원하는 사람들에게 더 좋아 보이지. 만약 그것들 속에 실질적인 어떤 것이 있다면, 그것들은 조만간 자네를 만족시킬 것이네. 그러나 그것들은 단지 그것들을 마시는 술꾼의 갈증만을 일으키네. 현란한 구경거리를 멀리하게. 미래의 불확실한 운명이 가진 것과 관련하여, 내가 갈망하지 말아야 한다고 나 자신에게 요구하지 않고 운명의 여신에게 달라고 요구하는 이유가 무엇인가? 그리고 내가 왜 갈망해야 하는가? 인간의 삶이 허망하다는 것을 잊고서 재산을 쌓아야 하나? 내가 무엇 때문에 고생해야 하나? 오늘이 자네의 마지막 날이라고 상상해 보게. 아니, 하루가 남아 있다고 상상해 보게. 잘 있게.

편지 19

은퇴의 시기

자네에게서 편지를 받을 때마다, 내 가슴이 뛴다네. 자네의 편지가 나를 희망으로 채워 주기 때문이네. 그것은 자네에 대한 단순한 자신감이 아니라 확신이네. 나는 자네가 편지를 계속 보내주길 간청하고 또한 기도하네. 내가 친구에게 더 이상 무엇을 요구할 수 있겠나? 가능하다면 자네가 말하는 모든 일에서 도망가고, 그럴 수 없다면 떨쳐내게, 우리는 많은 시간을 헛되이 낭비했네. 이미 늙었으니 우리의 가방을 싸기 시작하세. 그런다고 해서 누가 우리를 시기하지는 않을 걸세. 우리는 바다에서 살았으니, 항구에서 죽도록 하세. 은퇴하여 명성을 얻으려 노력해야 한다고 조언하려는 것은 아니네. 은퇴는 자랑할 일도 아니고 숨길 일도 아니기 때문이지. 먼저 숨길 일이 아니라고 말하는 것은 자네가 사람들의 광기를 비난하고, 그런 뒤에 은신처로 숨어 들어가 사람들의 기억에서 잊혀야 한다고 주장하는 것이 아니라는 것이네. 자네의 은퇴가 드러나지 않는다면, 오히려 드러나게 만들어야 한다는 것이지.

둘째, 처음부터 선택을 구속받지 않은 사람들은 자신들의 삶이 어둠 속에 묻힌 채로 지나가길 바라야 하느냐는 다른 문제에 대해 고민할 것이네. 자네의 경우에는 선택이 자유롭지 못하네. 자네의 능력과 열정, 자네의 매력적인 글, 그리고 자네가 유명하고 중요한 사람들과 나누었던 우정은 자네를 세상사에 참여하게 했지. 자네는 한순간에 명성을 얻었네. 이제 자네는 자네 자신을 깊은 어둠 속으로 끌어들이고 완전히 숨어 버릴 수도 있네. 그렇지만 자네가 이전에 했던 행동들은 자네를 드러나게 할 수밖에 없을 것이네. 자네는 계속 어둠 속에 숨어 있지는 못할 것이고, 자네가 어디로 날아가든 과거의 반짝임이 함께할 것이네.

아무에게도 미움받지 않고, 어떤 상실감도 없고, 또한 어떤 정신적 고통도 없이, 자네는 평화를 요구할 수도 있네. 자네가 남기고 싶지 않다고 생각하는 어떤 것을 자네는 뒤에 남길 것인가? 자네의 고객들? 그러나 이 사람들 가운데 누구도 자네의 환심을 사려 하지 않을 것이네. 그들은 단지 자네에게서 무언가를 얻으려 할 걸세. 사람들이 예전에는 친구들을 구하려 했지만, 이제 그들은 재산을 구하려 하네. 만약 외로운 노인이 유언장의 내용을 바꾸면, 아침 방문객은 다른 문을 두드릴 것이네. 적은 비용으로 중요한 것들을 살 수는 없으니, 진정한 자기 자신을 남기는 것이 좋은가 또는 단순히 재산의 일부를 남기는 것이 좋은가를 생각해 보게. 고향의 좁은 환경 속에서 늙어 갈 특권을 갖고, 운명이 자네를 그렇게 높은 자리까지 올려놓지 않았더라면 좋았을 것이네. 자네의 빠른 성공이 자네를 건강한 삶에서 멀어지게 했고, 자네의 고향과 자네의 직위, 그리고 그것들이 약속했던 모든 것들에서도 멀어지게 했지. 자네는 더 중요한 일들을 하게 될 것이고, 그 후에 또 다른 것들을 하게 될 것이네.

결과가 어떨 것이라 생각하는가? 자네가 갈망할 것이 아무것도 남지 않을 때까지 왜 기다리는가? 그런 날은 결코 오지 않을 것이네. 우리는 운명을 얽히게 만드는 연속된 원인들이 있다고 생각하네. 이와 마찬가지로 연속된 욕구들이 있다는 것을 자네도 잘 알겠지. 우리는 다른 사람이 끝나는 곳에서 시작하네. 자네는 자네의 비참함과 자네의 습관이 결코 스스로 끝나지 않을 곳에 빠지고 말았네. 피부가 벗겨져 쓰라린 목을 멍에에서 빼내게. 그것을 항상 지고 있는 것보다 단번에 잘라 버리는 게 낫다는 것은 분명할 것이네.

개인으로 돌아가면 모든 규모는 작아지겠지만, 삶은 가득 채워질 것이네. 그렇지만 사면을 가로막은 잡일들이 자네를 만족시키지는 못할 수도 있네. 자네는 가난하지만 충족된 삶을 원하는가, 아니면 부유하고 공허한 삶을 원하는가? 성공은 탐욕스러울 뿐만 아니라 다른 사람들의 탐욕에도 노출되어 있네. 아무것도 자네를 만족시키지 못한다면, 자네 자신도 다른 사람들을 만족시키지 못할 것이네. 자네는 "내가 어떻게 벗어날 것인가?"라고 말할 것이네. 자네가 원하는 방식으로 벗어나면 되네. 자네가 돈을 벌기 위해 얼마나 많은 위험을 감수했고, 또한 명성을 얻기 위해 얼마나 많은 고통을 감수했는가를 생각해 보게. 이제 자네는 은퇴를 위해 무언가를 해야 하네. 그렇지 않으면 자네는 삶의 겸허함이나 평온함을 통해서도 아무도 벗어나지 못했던 해외의 행정 업무와 뒤이은 국내의 직무에 고립되어 늙어 갈 것이네. 자네가 바라는 은둔의 삶과 그것이 어떻게 관련되는가? 세상에서 자네의 지위는 정반대의 것을 바라는데, 만약 지금이라도 자네의 지위가 더 높아진다면 어떻겠는가? 그러나 자네가 더 성공하게 되면 자네의 두려움도 더 커질 것이네.

나는 정상의 자리에 섰을 때 "가장 높은 정상에도 천둥은 친다"라는 옳은 말을 했던 마에케나스[34]를 언급하고 싶네. 어떤 책에서 이런 말을 찾았느냐고 자네가 묻는다면, 《프로메테우스》라는 것을 말해 주겠네. 그는 단지 가장 높은 정상도 천둥 번개가 둘러쌀 수 있다는 것을 말하고자 했을 뿐이네. 자네 같은 사람이 그처럼 타락한 삶을 선택하려 할 정도로 권력이 그만큼의 가치가 있겠는가? 만약 성공이 마에케나스의 힘줄을 끊지 않았더라면, 사실상 그의 남성을 무력하게 만들지 않았더라면, 그는 로마의 웅변술이 따르는 위대한 양식을 남겼을 수도 있는 탁월한 사람이

었네. 자네가 당장 돛을 낮추고 해안을 따라 항해하지 않는다면 (마에케나스가 너무 늦게 하려고 했던 것을 하지 않는다면), 결국 그 와 같은 결말이 자네를 기다릴 것이네.

마에케나스의 이 말이 자네에 대한 나의 빚을 탕감해 줄 수 도 있을 것이네. 그러나 나는 자네가 내게 반박하고, 그처럼 대략 적이고 품질 떨어지는 돈으로 내 빚을 갚는 것을 수용하지 않으 리라는 것을 잘 아네. 어쨌든 나는 에피쿠로스의 말을 인용하겠 네. 그는 "그대는 무엇을 먹고 마실 것인가의 문제보다 누구와 함 께 먹고 마실 것인가의 문제에 대해 생각해야 한다. 친구가 없이 고기를 먹는 것은 사자나 늑대의 삶과 같기 때문이다"라고 말했네.

자네가 세상에서 멀어지지 않는다면, 이런 선택의 자유를 갖 지 못할 것이네. 그렇게 하지 않는다면 자네는 탐욕스런 방문객 들 가운데서 보조자가 골라 준 사람들만을 손님으로 맞이하게 될 것이네. 그러나 접견 장소에서 고르거나 밥을 먹는 자리에서 시 험하는 것은 잘못이네. 재산이 많은 바쁜 사람에게 가장 심각한 불운은 그 자신이 남들에게는 친구가 아닌데 남들이 자기 친구 들이라고 믿고, 자신이 베푸는 호의가 친구를 얻는 데 효과적이 라고 생각한다는 것이네. 하지만 어떤 사람들은 자신들이 더 많 은 호의를 받을수록, 호의를 베푼 사람을 더 미워하네. 가벼운 빚 은 빚쟁이를 만들지만, 무거운 빚은 적을 만든다네. 자네는 "뭐라 고? 그러면 호의를 베푸는 것이 우정을 낳지 못한다는 건가?"라고 물을 걸세. 우리가 마구 호의를 베푸는 대신에 호의를 베풀 대상을 선택할 수 있다면, 호의가 우정을 낳기도 하네. 그러므로 자네가 자신의 판단에 따라 살기 시작할 때까지, 어떤 사람이 무엇을 받느냐보다 그것을 누가 받느냐가 더 중요하다는 현명한 사람의 조언을 생각해 보게. 잘 있게.

편지 21

편지에 언급하는 이름

자네가 편지에서 말했던 사람들과 여전히 문제가 있다는 건가? 자네의 가장 큰 문제는 자네 자신이 아닌가. 스스로를 가장 괴롭히는 것이 본인일 테니 말이네. 자네는 자신이 무엇을 원하는지 알지 못하고, 또한 올바른 방향으로 나아가기보다 감탄하는데 익숙해져 있네. 자네는 참된 행복이 어디에 있는지 알지만, 그것을 쟁취할 용기는 없는 것으로 보이네. 무엇이 자네를 방해하는지 스스로 깨닫질 못하는 것 같으니, 내가 말해 주겠네.

자네는 자네가 벗어나려는 환경이 아주 대단하다고 생각하네. 그래서 자네가 즐기고 싶어 하는 이상적인 상태를 상상할 때면, 마치 자네가 초라하고도 비참한 상황으로 빠져들기라도 하는 것처럼 자네의 현재 삶이 자신을 붙잡고 있는 것이지. 이것은 잘못된 생각이네, 루킬리우스. 현재의 삶에서 다른 삶으로 간다는 것은 발전을 의미하네. 단순한 밝음과 진짜 햇빛이 다르듯이, 이두 가지 삶에도 차이가 있네. 진짜 햇빛은 그 내부에 명확한 근원이 있지만, 밝음의 빛은 다른 곳에서 나오는 것이지. 하나는 외부에서 들어온 조명에 의한 것이라서 그 빛의 근원과 대상 사이에 서 있는 사람이 금방 짙은 어둠 속에 빠지게 되지만, 다른 하나는 빛이 내부에서 나오네.

자네를 빛나게 만들고 탁월하게 만드는 것은 자네 자신의 탐구네. 에피쿠로스의 말을 인용하겠네. 그는 이도메네우스[35]에게 편지를 써서 그로 하여금 화려한 삶에서 벗어나 분명하고도 변함 없는 명성을 기억하게 하려고 노력했네. 당시에 이도메네우스는 국무대신으로서 중요한 문제들을 다루었지. 에피쿠로스는 "만약 그대가 명성에 끌린다면, 내 편지들이 그대가 소중히 여겼던 것들과 그대가 소중히 여겨지도록 만들어 줬던 것들보다 그대를 더 유명하게 만들 것이오"라고 말했네. 에피쿠로스가 거짓말을 했던 것일까? 만약 에피쿠로스가 이도메네우스의 이름을 자신의 편지에 언급하지 않았더라면, 누가 이도메네우스를 알았겠는가? 모든 귀족들과 총독들은 물론이고 심지어 이도메네우스가 간절히 소망했던 직위를 부여했던 왕조차도 그를 완전히 잊었을 것이네. 아티쿠스[36]라는 이름이 잊히지 않고 남아 있는 것은 키케로의 편지들 때문이네. 아그리파[37]라는 사람을 사위로 삼은 것, 티베리우

---

[35] 기원전 325년~기원전 270년경, 에피쿠로스의 친구이자 제자로서 많은 철학적이고 역사학적인 저술을 남겼다고 하나 전해지지 않고 있다.
[36] 기원전 110년~기원전 32년, 부유하지만 비정치적 성향의 로마인으로서 키케로의 오랜 친구.
[37] 기원전 63년~기원전 12년, 로마 장군이자 정치인. 키케로의 친구. 아티쿠스의 사위.

스[38]라는 사람을 손녀의 남편으로 삼은 것, 카이사르가 증손자였다는 것은 아티쿠스에게 아무런 도움이 되지 않았을 것이네. 키케로가 그를 자신과 관련짓지 않았다면, 그의 이름은 그런 위대한 이름들 사이에서 언급되지 않았을 것이네. 시간의 깊이가 우리를 가릴 것이고, 소수의 위대한 인물들만이 그 너머로 머리를 내밀고, 결국은 침묵의 영역으로 빠지겠지만 잊히지 않고 자신의 자리를 지키려 애쓸 것이네.

에피쿠로스가 자기 친구에게 약속할 수 있었던 것을 나는 자네에게 약속하겠네, 루킬리우스. 나는 자자손손 영향을 미치고, 내 이름만큼 오래 지속될 이름들을 가져왔네. 베르길리우스[39]는 두 명의 청년에게 영원히 기억할 것을 약속했고, 그 약속을 지켰지.

행복한 두 사람이여. 만약 내 노래가 힘을 가졌다면. 당신들의 이름들은 시간을 기록하는 우리의 책에서 결코 지워지지 않겠지만, 아이네아스의 부족은 흔들리지 않는 바위 위에 신전을 유지하고, 로마의 아버지는 제국을 유지할 것이네.

---

38 기원전 42년~서기 37년, 아티쿠스의 사위인 아그리파의 딸 아그리피나와 결혼한 로마 황제(서기 14~37년)로서, 전체 이름은 '티베리우스 율리우스 카이사르 아우구스투스'.

39 기원전 70년~기원전 19년, 로마 시인이자 최고의 라틴어 문학가.

사람들이 운명 때문에 발전할 때, 사람들이 다른 권력자의 일원이거나 대리인일 때, 그들의 영향력이 강하고 또한 그들의 저택은 그들이 권력을 유지하는 한 풍족할 것이지만, 그 후에는 기억에서 빠르게 사라질 것이네. 지식인들을 위한 존경심이 커지고, 그 사람들 자체를 기릴 뿐만 아니라 그들에 대한 기억과 관련된 모든 것이 오랫동안 전해질 것이네.

이도메네우스가 내 편지에서 공짜로 소개되지 않으려면, 자신의 주머니에서 돈을 꺼내 지불해야 할 것이네. 퓌토클레스[40]를 저속하고 애매한 방식으로 부유하게 만드는 것이 아니라 부유하게 만들라고 이도메네우스에게 권했던 유명한 말은 사실상 에피쿠로스가 이도메네우스에게 했던 말이네. 에피쿠로스는 "만약 그대가 퓌토클레스를 부유하게 만들길 원한다면, 그에게 더 많은 돈을 더해 주지 말고 욕구를 줄여 주게"라고 말했네. 이 말은 설명할 필요가 없을 정도로 분명하고, 보충할 필요가 없을 정도로 유창하네. 나는 자네가 이것을 부자들에 대한 이야기로만 생각하지 말라고 경고하고 싶네. 그 말을 어디에 적용하든 그 가치는 같으니 말이네. "만약 자네가 퓌토클레스를 명예롭게 만들길 원한다면, 그에게 쾌락을 더해 주지 말고 욕구를 줄여 주게." "만약 자네가 퓌토클레스를 '최선을 다하는 삶을 사는 노인'으로 만들고

자 한다면, 그에게 세월을 더해 주지 말고 욕구를 줄여 주게." 이 말들이 에피쿠로스에게만 적용된다고 생각할 이유는 없네. 그것들은 공통된 속성이니 말일세. 사람들이 원로원에서 하려고 하듯이, 나는 우리가 철학에서 해야 한다고 생각하네. 즉, 내가 어느 정도 인정하는 것을 누군가 제안했을 때, 나는 그가 두 부분으로 제안하길 그에게 부탁하고, 나는 내가 승인하는 부분에 투표할 것이네. 따라서 나는 나쁜 동기 때문에 그에게 의지하는 사람들에게 증명할 수 있도록 에피쿠로스의 뛰어난 이야기들을 반복하게 되어 오히려 기쁘게 생각하네. 나는 그들이 그들 자신의 사악한 행동에 대한 차단막을 그에게서 찾을 수 있다고 생각하네. 즉, 그들이 어떤 학파를 따르든 상관없이 명예롭게 살아야 한다는 것이네. 그의 정원으로 가서 그곳에 새겨진 글을 읽어보게. "이방인이여, 이곳은 머무르기에 좋은 곳이네. 여기에서 우리의 최고선은 쾌락이네"라는 글을 말일세.

그 집의 친절한 관리인은 자네를 위해 준비할 것이네. 그는 보릿가루로 자네를 환영하고, 다음과 같은 말을 하며 충분한 물을 제공할 것이네. "제대로 즐기지 못했습니까? 이 정원은 그대의 욕구를 불러일으키는 것이 아니라 오히려 그것을 억제하고, 음료들로 그대의 갈증을 불러일으키는 것이 아니라 오히려 돈이 들지 않는 자연적 치유책으로 치유합니다. 나는 이것을 즐기며 늙어 왔습니다." 나는 욕구를 멈출 무언가를 우리에게 부여하려

고 하는 위안을 거부하는 욕구에 대해 이야기하는 것이네. 우리
가 늦추거나 확인하고 억제하는 다른 특별한 욕구들에 대해, 나
는 쾌락이 자연적인 것이지 필수적인 것은 아니라는 점을 경고하
려 하네. 자네는 그것에 아무것도 빚진 것이 없네. 자네가 쓴 것
은 모두 자네에게 주는 공짜 선물이네. 자네의 위장은 조언을 듣
지 않고 자네를 귀찮게 할 것이네. 그러나 그것은 단순히 귀찮은
채권자는 아닐 것이네. 자네가 할 수 있는 것이 아니라 해야 하는
것을 그것에 준다면, 자네는 적은 비용으로 그것을 멀리 보낼 수
있을 것이네. 잘 있게.

편지 24

정신적인 삶의 가치

    자네는 광분한 적대자가 자네를 위협하는 소송의 결과가 염려된다고 말했네. 자네는 내가 긍정적인 결과를 만들어내고, 희망 속에서 기다릴 수 있도록 조언해 주길 바라는 것이지. 문제를 일으키고, 문제가 생겼을 때 머지않아 다가올 역경을 예견하고, 미래에 대한 두려움 때문에 현재를 망칠 이유가 무엇인가? 사실상 미래에 불행해질 것이기 때문에 지금 불행해야 한다는 것은 분명히 어리석은 일이지. 그러나 나는 다른 경로를 통해 자네에게 마음의 평화를 주겠네. 만약 자네가 모든 걱정을 늦출 수 있다면, 자네가 두려워하는 것이 어쨌든 분명히 발생하리라 가정해 보세. 문제가 무엇이든, 그걸 자네 자신의 마음에서 측정해서 두려움의 양을 측정하게. 이렇게 하면 자네가 두려워하는 것이 그다지 심각하지 않거나, 또는 오래 지속되지 않는 것임을 알게 될 것이네. 또한 자네는 자네를 뒷받침할 사례들을 모으는 데 많은 시간을 소비하지 않아도 될 것이네. 모든 나이에 그런 것들이 산출되었기 때문이네. 자네가 국내외의 일들을 기억해 보면, 많은 업적을 이루었거나 많은 시도를 기울였던 중요한 사례들이 떠오를 것이네.

자네가 이 재판에서 진다면, 추방되거나 감옥에 가는 것보다 더 심각한 일이 생기겠나? 화형이나 사형을 당하는 것보다 더 나쁜 운명이 있겠나? 그런 처벌들을 하나하나 생각해 보고, 그런 처벌들을 반대했던 사람들을 증인으로 소환하게. 그 사람들을 찾아 헤맬 필요는 없고, 단지 선택하기만 하면 되네. 루틸리우스[41]는 마치 잘못된 평결을 제외하고는 아무것도 자기를 힘들게 하는 것이 없는 것처럼 유죄 선고를 받아들였네. 메텔루스[42]는 용기 있게 추방을 받아들였고, 루틸리우스는 심지어 기뻐하며 받아들였네. 그러나 메텔루스는 돌아와 국가에 봉사했고, 루틸리우스는 당시에 아무도 술라에게 싫다는 말을 못했음에도 불구하고 그의 소환을 거부했지. 몇몇 사람들이 감옥에 있던 소크라테스에게 탈옥할 기회를 줬을 때, 그는 사람들과 담론을 펼치고 그것을 거부했네. 그가 그곳에 머물렀던 것은 죽음과 투옥이라는 가장 극심한 두 가지 두려움을 지우기 위해서였네. 무키우스[43]는 자기 손을 불

41 기원전 158년~기원전 78년, 로마 정치인, 웅변가, 역사학자.

42 기원전 1세기경 활동, 로마 장군이자 정치인.

43 용기를 상징하는 전설상의 인물. 기원전 508년에 로마와 전쟁 중이던 클루시움 (에트루리아)의 왕 라르스 포르세나가 로마를 포위하자, 무키우스가 로마 원로원의 승인을 얻어 그를 살해하기 위해 영지로 침투했다가 체포되었다. 무키우스는 자신의 육체가 하찮지 않다는 것을 보이기 위해 손을 불에 집어넣고도 아랑곳하지 않는 모습을 보이지 않았으며, 이런 용기에 감동한 포르세나는 그를 풀어 주었다고 한다.

에 집어넣었네. 손이 타들어 가는 것은 물론 고통스럽지만, 그런 고통을 자신에게 가하는 것은 얼마나 더 고통스러웠겠는가? 자네는 병사로서의 용기는 가졌으나 죽음이나 고통에 대해 아무런 교육을 받지 않은 사람이 실패한 시도에 대한 처벌로 그런 것들이 가해질 때 어떤 감정을 느꼈으리라 생각하나? 그는 적군의 화로에서 조금씩 떨어져 나가는 자신의 오른손을 지켜보며 서 있었고, 적군이 불을 치울 때까지 살이 벗겨져 뼈만 남을 때까지 손을 빼지 않았다고 하네. 그가 그곳에서 더 성공적인 어떤 것을 이룰 수도 있었겠지만, 그보다 더 용감한 것은 없었다네. 잔인한 사람이 위험을 가하는 것보다 용감한 사람이 위험을 이용하는 것이 훨씬 열정적인 것 아니겠는가? 포르세나[44]는 자기를 살해하려다 실패했던 무키우스가 그 자신을 용서한 것보다 더 기꺼이 그를 용서했다네.

자네는 "모든 학파가 그런 이야기를 하고 있네. 죽음에 대한 경멸과 관련하여 자네는 카토를 언급하겠지"라고 말할 것이네. 마지막 밤에 그가 자신의 머리맡에 칼을 두고 읽었던 플라톤의 책에 대해 내가 이야기하지 않을 이유가 없겠지? 그는 마지막 순간에 필요한 두 가지 도구를 생각했는데, 하나는 그를 기꺼이 죽게 만드는 것이고, 다른 하나는 그렇게 할 수 있게 만드는 것이었

---

44   에트루리아(오늘날 이탈리아 중부 투스카니)의 왕으로 로마를 포위했던 전설상의 인물.

지. 공적인 일들이 이처럼 충격적이고 절박한 수단들을 통해 해결되었을 때, 카토는 아무도 자신을 마음대로 죽이거나 구할 특권을 갖지 못하도록 했지. 마지막 날의 학살에도 불구하고 깨끗이 보관했던 칼을 뽑으면서, 그는 "운명의 여신이여, 그대는 내가 노력했던 것을 모두 거부함으로써 아무것도 이루지 못했다네. 나는 지금까지 나 자신의 자유가 아니라 국가의 자유를 위해 싸웠고, 또한 나는 자유롭게 살기 위해서가 아니라 자유로운 사람들 사이에서 살기 위해서 그렇게 끈질기게 노력했던 것이네. 이제 사람들의 일이 나아질 가망이 없으니, 카토를 안전한 곳으로 안내하게!"라고 소리치면서, 자기 몸에 치명상을 가했네. 의사들은 상처를 살핀 뒤에, 카토의 피와 힘은 줄었으나 용기는 전혀 줄지 않았다고 말했네. 이제 카이사르에게는 물론이고 자기 자신에게도 분노한 그는 다치지 않은 손으로 상처 부위를 찌르면서 세상의 모든 힘에 저항하는 고귀한 정신을 묵살하기보다는 쫓아 냈다네.

내가 이 사례들을 언급하는 것은 내 지혜를 보여주기 위한 것이 아니라 자네가 더 끔찍하다고 생각되는 것에 대응할 용기를 갖도록 하기 위한 것일세. 더 나아가 의연한 사람들은 영혼이 마지막 숨을 쉬는 바로 그 순간을 경멸했다는 것을 보이고, 또한 다른 점들에서 비겁했던 어떤 사람들이 이런 점에서는 가장 용감한 사람들과 같은 용기를 가졌다는 것을 보임으로써, 나는 자네에게 더 쉽게 용기를 갖도록 하려는 것이네. 폼페이우스의 장인인 스키피오[45]의 예를 들어보세. 그는 역풍을 맞아 아프리카 해안으로 밀려갔고, 자신의 함선이 적의 손에 놓였다는 것을 알게 되었네. 그래서 그는 칼로 자기 몸을 찌르고, 사령관을 찾는 적들에게 "사령관은 잘 있다!"라고 말했네. 이 말은 그를 조상들의 수준으로 올려놓았고, 운명이 아프리카의 스키피오에게 부여했던 영광이 끝나지 않게 했네. 카르타고를 정복한 것은 위대한 행동이었지만, 죽음을 정복한 것은 더 위대한 행동이었지. "사령관은 잘 있다!"라니 말이야! 그렇지 않았다면 장군은 죽어야 하지 않았나? 특히, 카토의 장군들 가운데 한 사람이라면 말이네. 나는 자네에게 역사를 설교하거나 온 시대에 걸쳐 죽음을 경멸했던 사람들의 사례들을 보여 주려 하지는 않겠네. 다만 우리가 탄식하는 부주의한 방종을 지녔던 우리 자신의 시대를 돌아보게. 그곳에는 죽음으로 자신의 불운을 끝맺음했던 모든 위치, 모든 계층, 그리고 모든 나이의 사람들이 포함될 것이네.

  루킬리우스, 죽음의 중재로 인해 우리가 아무것도 두려워할 필요가 없으니, 죽음에 두려워할 것이 거의 없다는 내 말을 믿어도 좋네. 따라서 적군이 위협할 때, 불안해 하지 말게. 자네의 양심이 자네에게 자신감을 주겠지만, 자네의 소송 외에 중요한 많은 것들이 있으니, 완전히 정의롭기를 희망하고 완전히 불의한

45　기원전 95년~기원전 46년경, 로마 장군이자 원로원 의원.

것에 대항하기 위해 준비하게. 그러나 다른 무엇보다, 방해하고 혼란스럽게 하는 모든 것에서 벗어나고, 각각의 경우에 근본적인 것이 무엇인가를 알려고 해야 한다는 점을 기억하게. 그렇게 함으로써 자네는 그것들이 실제로 두려운 것을 제외하고는 두려워할 아무것도 포함하지 않는다는 것을 알게 될 것이네. 어린아이들에게 발생하는 것이 다만 조금 더 큰 어린아이들인 우리에게도 발생한다는 것을 말일세. 어린아이들이 매일같이 함께 놀던 사랑하는 사람들이 가면을 쓰고 나타날 때, 그들은 정신을 잃을 정도로 겁을 먹지. 우리는 사람들의 가면은 물론이고 물건들의 가면도 벗겨 내어 각자의 모습을 드러내야 하네.

"죽음이여, 검과 불과 그대 주변의 사형집행인들을 내게 보여 주는 이유가 무엇입니까? 그대의 참된 모습을 숨기고 어리석은 사람을 겁주는 거짓된 모습을 치우세요. 그대는 내 하인과 하녀가 최근에 경멸했던 죽음이 아닙니까! 채찍과 고문 도구를 펼쳐 놓는 이유가 무엇입니까? 육체의 마디마디를 고문할 도구와 사람을 조각조각 찢어 놓을 도구를 진열하는 이유가 무엇입니까? 우리를 아연실색하게 만들 이것들을 치워 버리세요. 사람의 몸이 고문대에서 찢길 때 신음과 비명이 침묵하고 끔찍한 소리가 새어 나가지 않도록 명령하세요. 그대는 단지 통풍에 걸린 사람이 경멸하고, 소화불량에 걸린 사람이 입에 달고 사는 것을 참아 견디고, 또한 여자가 아이를 낳을 때 감내하는 고통일 뿐입니다. 내가 그대를 견뎌 낼 수 있다면 그대는 하찮을 것이고, 내가 그대를 견뎌 낼 수 없다면 그대는 짧을 것입니다." 자네가 가끔 들었고 또한 가끔 말했던 이 말들을 생각해 보게. 더 나아가 자네가 들었고 또한 말했던 것이 결과적으로 옳다는 것을 입증해 보게. 왜냐하면 종종 우리 학파에 대한 상당히 불명예스러운 비난, 즉 우리가 행위에 대한 철학이 아니라 말에 대한 철학을 다룬다는 비난이 있기 때문이네.

자네는 지금 이 순간 우리의 머리 위에 죽음이, 또는 추방이, 또는 슬픔이 걸려 있다는 것을 아는가? 우리는 이런 위험들을 갖고 태어나지. 모든 일은 생겨날 일이 생겨나는 것임을 생각해 보세. 내가 하라고 조언했던 것을 자네가 이미 했다는 것을 알고 있네. 이제 자네의 영혼이 이처럼 하찮은 불안들에 잠식되게 하지 말라고 말하고 싶네. 그렇게 잠식되면, 영혼은 무뎌질 테고 그것이 일어나야 할 때 일어날 힘이 거의 없을 것이기 때문이네. 개인적인 문제를 대중적인 문제로 돌리게. 우리의 하찮은 육체들이 사멸적이고 유약하다는 것을 자신에게 말하게. 고통은 부당하거나 거만한 힘에서만 나오는 것이 아니네. 우리의 쾌락 자체가 고통이 되기도 하고, 잔치가 소화불량을 가져오고, 만취가 근육의 마비나 중풍을 가져오고, 성욕이 발과 손, 그리고 온몸의 관절에 영향을 주기도 하네.

나는 가난한 사람이 될 수도 있고, 그런 뒤에 나는 여러 사람

가운데 한 사람이 될 걸세. 나는 추방될 수도 있고, 그런 뒤에 나는 내가 보내진 장소에서 나 자신이 태어났다고 생각할 걸세. 나는 쇠사슬에 묶일 수도 있네. 그런 뒤에는 무엇인가? 나는 속박에서 벗어난 것인가? 대자연이 내 몸에 이 무거운 짐을 안겨 주었네. 자네가 "나는 죽음을 당할 것이네"라고 말하는데, 이것은 "나는 질병의 위험에 처하지 않을 것이네. 나는 감옥에 갇힐 위험에 처하지 않을 것이네. 나는 죽음의 위험에 처하지 않을 것이네"라고 말하려는 것이지. 나는 여기에서 에피쿠로스의 주장을 번복하면서 지하세계의 공포는 근거 없다고 말할 정도로, 즉 익시온[46]은 수레바퀴 위에서 돌지 않고, 시시포스[47]는 바위를 언덕 위로 밀치고, 사람의 내장은 매일 복구되고 또 먹히지 않는다고 말할 정도로 어리석지는 않네. 케르베로스[48]와 어둠, 그리고 살이 없는 뼈에서 모든 악귀의 모습을 무서워할 정도로 어리석은 사람은 없지. 죽음은 우리를 잡아먹거나, 또는 해방시킨다네. 만약 우리가 해방된다면, 육체의 부담이 없이 더 나은 미래가 우리를 기다릴 것이며, 만약 우리가 잡아먹힌다면, 선과 악도 모두 사라지고 아무것

---

46 그리스 신화의 부족인 라피타이의 왕. 제우스의 아내인 헤라에게 흑심을 품고 불온한 행동을 했던 데 분노한 제우스가 그를 지옥에 떨어뜨려서 영원히 멈추지 않는 수레바퀴에 매달았다.

47 그리스 신화의 코린토스의 왕. 제우스의 분노를 사서 저승에 간 뒤에 저승의 신마저 속인 죄로, 계속 아래로 떨어지는 무거운 바위를 끊임없이 산 정상으로 올려야 하는 형벌을 받았다.

48 그리스 신화에 나오는 지옥의 문을 지키는 개로서, 산 자는 들어가지 못하게 하고 죽은 자는 나가지 못하게 했다.

도 남은 것이 없을 것이네.

　여기에서 자네의 글을 인용하게 해 주게. 처음에 자네가 그걸 쓸 때, 자네는 다른 사람들과 다르지 않은 것을 제안하고 있었지. 말과 의미가 다르다는 것은 무시할 수 있을 것이네. 그리고 말과 의미가 다르다는 것을 얼마나 더 무시할 수 있을까? 어느 날 자네는 우리가 어느 날 갑자기 죽는 것이 아니라 서서히 죽음을 향해 나간다는 당연한 이야기를 했던 것을 기억하네. 우리는 매일 죽는다는 것이지. 매일매일 우리의 삶은 조금씩 우리에게서 떨어져 나가고, 우리가 자랄 때도 우리의 삶이 기울어진다는 것이지. 우리는 우리의 유아 시절을, 그리고 소년 시절을, 그리고 청년 시절을 잃고 있지. 어제부터 세더라도, 지난 모든 시간은 이미 잃어버린 시간이네. 우리가 지금 소비하는 바로 그 날도 우리 자신과 죽음이 함께 갖는 것이지. 물시계를 비우는 것은 마지막 물방울이 아니라 이전에 흘러나간 모든 방울들이네. 이와 마찬가지로 우리가 존재하기를 멈추는 마지막 시간이 그 자체로서 죽음은 아니네. 그것은 단지 그 자체로서 죽음의 과정을 완성하는 것이지. 우리는 그 순간에 죽음에 도달하지만, 우리는 오랜 시간 동안 그 길에 있었던 것이지. 그 상황을 설명하면서, 자네는 습관적인 표현을 사용해서 이렇게 말했네. 왜냐하면 자네는 항상 인상적이지만, 진리를 적절한 말로 표현할 때보다 더 신랄한 경우는 전혀 없기 때문이네.

단 하루도 죽음이 오지 않는 날은 없네.

우리를 데려가는 죽음은 단지 모든 것의 마지막일 뿐이네.

나는 자네가 내 편지보다 자네 자신의 글을 읽길 바라네. 왜냐하면 그렇게 할 때, 우리가 두려워하는 이 죽음이 유일한 죽음이 아니라 마지막 죽음이라는 것이 자네에게 분명할 것이기 때문이네. 나는 자네가 찾고 있는 것을 아네. 자네는 내가 편지 속에 무엇을, 어떤 지혜로운 사람의 감동적인 말을, 어떤 유용한 계율을 넣었느냐고 묻고 있네. 그래서 나는 자네에게 우리가 논의했던 그 주제에 대한 어떤 내용을 보내 주겠네. 에피쿠로스는 죽음을 두려워하는 사람들에게 그랬듯이, 죽음을 갈망하는 사람을 호되게 나무라면서 이렇게 말했네. "그대가 죽음을 향해 달리게 만든 것은 그대의 삶의 방식인데, 삶에 지친다고 해서 죽음을 향해 달리는 것은 어리석다"라고 말이네. 그리고 또 다른 곳에서, 그는 "그대가 자신의 평화로운 삶을 빼앗은 것은 죽음에 대한 두려움 때문이기에, 죽음을 추구하는 것이 아주 어리석다는 것이다"라고 말하네. 또한 우리는 위의 말들과 같은 맥락에서 세 번째 말을 덧붙일 수 있을 것이네. 그것은 "죽음에 대한 두려움에서 자신들을 죽음으로 내모는 사람들은 생각이 없거나, 아니면 미친 것이다"라는 말이네.

이 말들 가운데 어떤 것에 대해 자네가 생각하든, 자네는 죽음과 삶을 모두 감내하기 위해 자네의 마음을 강건하게 해야 하네. 왜냐하면 우리는 경고도 하고 강건하게도 할 필요가 있기 때문이네. 삶을 지나치게 사랑하거나 미워하지 말아야 한다는 것이지. 이성이 우리의 삶을 끝내라고 조언하더라도, 반성하지도 않고 서두르지도 않고 그 충동을 받아들여서는 안 되네. 현명하고도 용기 있는 사람은 삶에서 급하게 도망치지 말고 오히려 그것을 돌파구로 삼아야 하네. 그리고 무엇보다 그는 많은 사람들이 지닌 위약함을 피해야 하네. 내 친구, 루킬리우스, 사람들이 많은 것들에 대해 반성하지 않듯이, 죽음에 대해서도 반성하지 않네. 이것은 종종 무기력하고도 게으른 사람들의 발목을 잡지만, 열정적이고도 훌륭한 사람들의 발목을 잡기도 한다네. 전자는 삶을 거부하게 되고, 후자는 삶을 경멸하게 되지.

다른 사람들은 삶에 대한 혐오감보다는 같은 것들을 하고 보는 지루함에 의해 영향을 받네. 우리는 이런 것 때문에 철학에 대한 충동에 빠져들기도 한다네. 우리는 "얼마나 오랫동안 같은 것들을 견뎌야 하나? 나는 잠에서 깨어나고, 잠이 들고, 허기를 느끼고 만족감을 느끼며, 추위에 떨고 더위에 땀을 흘리네. 어떤 것도 끝이 없고, 모든 것들이 순환되네. 그것들은 도망치고 그것들이 추구된다네. 밤은 낮의 발꿈치에 가깝고, 낮은 밤의 발꿈치에 가깝지. 여름이 끝나면 가을이고, 겨울은 가을을 뒤따르고, 겨울은 봄으로 완화되는 것이지. 모든 대자연은 오직 돌아오기 위해 이런 식으로 지나가는 것이지. 내가 새롭게 하는 것은 아무것도 없고, 내가 새롭게 보는 것은 아무것도 없네. 조만간에 나는 이 모든 것에도 질릴 것이네." 삶이 단순히 넘쳐 난다고 생각하지 않고 고통스럽다고 생각하는 사람들이 많이 있네. 잘 있게.

편지 26

죽음을 만날 준비

나는 늙음이 내 앞에 있다고 얼마 전에 자네에게 말했는데, 지금 늙음이 이미 내 뒤에 놓여 있는 것을 보니 겁을 내게 되네. 내 지난 세월에 대해, 또는 내 육체에 대해 다른 이름이 있을 것도 같네. 왜냐하면 늙음이란 것은 삶의 시간을 의미하기 때문이지. 자네는 나를 낡은 부류, 즉 끝이 다가온 사람들에 포함시킬 수도 있을 것이네.

그렇지만 자네가 알듯이, 나는 나 자신에게 고마움을 느끼고 있네. 왜냐하면 내 나이가 내 육체에는 영향을 미쳤다고 느껴지지만, 내 정신에는 아무런 해를 입히지 않았기 때문이지. 내 잘못들과 이 잘못들에 대한 외부의 도움들만이 늙었고, 내 정신은 튼튼하고 육체와 별다른 관련이 없다는 사실에 기쁨을 느끼네. 내 정신은 그것의 짐을 거의 모두 내려놓았지. 그것은 초롱초롱하고, 나와 더불어 늙음에 대해 논의하고 있네. 그것은 늙음이 꽃이 피는 시기라고 주장한다네. 그 주장을 받아들이고, 정신이 그 장점을 최대한으로 활용하도록 하세. 정신은 내가 생각하게 만들며,

또한 영혼의 이런 기질의 평화로움과 온건함이 얼마나 지혜의 덕택이고, 얼마나 내 삶의 시간 덕택인지에 대해 생각하게 만드네. 또한 그것은 내가 하지 못해서 기쁜 것을 마치 내가 거부하는 것처럼 다룸으로써, 내가 하지 못하는 것과 내가 하길 원하지 않는 것을 조심스럽게 구분하게 만드네. 사실 끝내야 하는 것이 끝나지 않는다면, 왜 그것을 불만스러워하거나 단점으로 생각하는가? 자네는 "그렇지만 그것은 축소되고 퇴색되거나, 또는 정확히 말하자면 사라질 가능성이 있는 가장 큰 단점이네. 왜냐하면 우리는 갑자기 고통받고 쓰러지는 것이 아니라 약화 되는 것이고, 또한 어느 정도는 세월이 우리의 힘을 줄어들게 만드는 것이네"라고 말하겠지. 그러나 대자연이 줄을 놓아버린다면, 개인의 적절한 안식처로 미끄러져 들어가는 것보다 더 좋게 끝나는 것이 있을까? 충격적이고도 갑작스러운 삶의 끝남에 고통이 있는 것은 아니네. 다만 점진적인 사그라짐이라는 떠남의 다른 방식이 더 쉬워 보인다는 것이지.

마치 시험을 보는 날이 가까워지고 지난 삶을 판결하는 날이 온 것처럼, 나는 어쨌든 스스로를 지켜보고 또한 나 자신과 이렇게 교감하고 있네. "우리가 말이나 행동으로 지금까지 보여줬던 것은 아무 쓸모가 없다. 이 모든 것은 내 영혼에 대한 사소하고도 거짓된 맹세에 불과하며, 많은 허풍으로 포장되어 있다. 나는 내가 얼마나 많이 발전했는가를 판단할 권한을 죽음에게 남길 것이다. 그렇게 해서 모든 장식과 겉치례를 버리고, 내가 단순히 용감한 감정을 주장하는 것인지 또는 내가 실제로 그렇게 느끼는가에 대한 판단, 즉 내가 운명에 반대하여 주장했던 그 모든 대담한 위협들이 가식이고 익살인가에 대한 판단을 내게 남길 때, 나는 그날을 비겁하지 않게 준비하고 있을 것이다. 세상의 견해를 버려라. 그것은 항상 흔들리고, 항상 두 가지 입장을 모두 취하기 때문이다. 죽음은 그대의 문제에 대해 마지막 판단을 전할 것이다. 내가 의미하는 바는 이렇다. 그대의 논쟁들과 지적인 이야기들, 현명한 사람의 가르침에서 얻은 그대의 조언들, 그대의 세련된 대화, 이 모든 것들은 영혼의 진정한 힘에 대한 증거를 제공하지 못한다. 가장 소심한 사람조차 대담한 연설을 할 수 있다. 그대가 과거에 했던 것은 그대가 마지막 숨을 거둘 때만 드러날 것이다. 나는 조건들을 받아들이며, 그 판단을 두려워하지 않는다." 이것은 나 자신에게 하는 말이지만, 이 말을 자네에게도 하고 있다고 생각해 주기를 바라네. 자네는 나보다 젊지만, 그게 무슨 상관인가? 우리의 나이는 고정된 게 아니네. 자네는 죽음이 어디에서 자네를 기다리고 있는지 알지 못하네. 그러니 어디에서든 그것을 만날 준비를 하게.

나는 편지를 멈출 생각을 하고 있었고, 내 손은 마지막 문장을 준비하고 있었네. 그러나 나는 계산을 마치고, 편지를 보낼 우편료를 마련해야 하네. 내가 필요한 돈을 어디에서 빌릴 것인가를 말하지 않는다고 생각해 보게. 자네는 내가 누구의 금고에 의존할지 알 것이네. 내 주머니에서 지불할 것이니, 잠시만 기다리게. 그동안 에피쿠로스가 이런 말로 나를 도와줄 것이네. '죽음에 대해 생각하라' 또는 오히려 자네가 그런 표현을 선호한다면 '천국으로의 이주에 대해 생각하라'라고 해야겠네. 의미는 분명하네. 어떻게 죽는가에 대해 철저하게 배우는 것은 훌륭한 일이라는 것이네.

자네는 오직 한 번만 사용될 수 있는 문장을 배우는 것이 지나치다고 생각할 수도 있네. 그러나 바로 그렇기 때문에 우리가 어떤 하나의 것에 대해 생각해야만 하는 것이네. 우리가 어떤 것에 대해 정말로 아는가를 전혀 입증할 수 없다면, 우리는 항상 그것에 대해 배우고 있어야 하네. 그가 '죽음에 대해 생각하라!'고 말할 때, 그는 우리에게 자유에 대해 생각하길 바라는 것이네. 죽는 방법을 배운 사람은 억압당하는 것(노예가 된다는 것)에 대해 배우지 못한 것이네. 그는 모든 외부의 권력 위에 있거나, 어쨌든 그는 그 너머에 서 있는 것이네. 감옥과 감시와 빗장이 그에게 무엇을 의미하는가? 그의 탈출구는 분명하네. 우리를 삶에 묶어 놓는 단 하나의 사슬은 바로 삶에 대한 사랑이네. 이 사슬을 완전히 제거할 수는 없지만, 어느 정도 줄일 수는 있을 걸세. 그렇게 함으로써 상황이 허락될 때, 언젠가 우리가 해야만 하는 일을 준비하는 것을 지연하거나 방해하는 것은 전혀 없을 것이네. 잘 있게.

편지 28

잘못의 깨달음

자네 혼자만이 이런 경험을 했다고 생각하는가? 마치 그것이 유일한 것이라도 되는 듯이, 그처럼 오랜 여행과 그처럼 많은 경치의 변화를 경험한 후에 자네가 마음의 우울함과 중압감을 떨칠 수 없다는 사실에 놀랐는가? 자네에게는 기후의 변화보다 영혼의 변화가 필요하네. 자네는 광활한 바다를 건넜고, 또한 베르길리우스가 "땅과 도시는 후미에 남아 있다"라고 말하지만, 자네가 어디로 여행하든 자네의 잘못은 자네를 따를 것이네. 소크라테스도 불만을 토로했던 사람에게 같은 말을 했네. 그는 "자네가 항상 자네를 자네와 함께 데리고 다니는데, 세계여행이 자네를 돕지 않는 것을 왜 궁금하게 여기는 것인가?"라고 말했네. 자네를 방황하게 만드는 이유는 늘 자네의 발꿈치 뒤에 있네.

새로운 지역을 보는 것이 어떤 즐거움을 주는가? 또는 흥미로운 도시와 장소를 탐사하는 것이 어떤 즐거움을 주는가? 자네의 모든 움직임은 불필요하네. 자네는 이런 여행이 왜 자네에게 도움이 되지 않느냐고 묻는 것인가? 그것은 자네가 혼자 있기 때문이네. 자네는 마음의 짐을 벗어야 하네. 그렇게 할 때까지, 어떤 장소도 자네를 만족시키지 못할 걸세. 자네의 현재 상태는 베르길리우스가 언급한 여성 예언자의 상태와 비슷하다는 것을 생각하게. 그녀는 흥분되고 분노하고 있으며, 또한 그녀 자신의 것이 아닌 많은 영감을 포함하고 있다고 하네. 그는 "그 여성 사제는 고함을 치고 있네, 아마도 그녀는 그 위대한 신을 마음에서 떨쳐 버리지 못할 것이네"라고 말했네. 그렇지만 배 안의 화물이 움직이지 않을 때는 아무 문제가 되지 않다가, 화물이 이리저리 움직일 때는 배가 움직이는 방향으로 더 급히 기울게 되듯이, 자네는 자네에게 부과된 짐을 벗기 위해 여기저기로 움직이지만, 그것은 자네의 불안함 때문에 더 문제가 되네. 자네가 하는 것은 무엇이든 자네에게 불리한 영향을 미치며, 자네의 불안감은 자네를 해칠 것이네. 왜냐하면 자네는 병든 사람을 뒤흔들기 때문이네.

문제가 제거되기만 한다면, 자네가 지구의 끄트머리에 있을지라도 모든 장소의 변화가 즐거워질 걸세. 자네가 미개척지의 어떤 모서리에 있든, 그 장소가 아무리 험악하더라도 자네에게는 쾌적한 거주지일 것이네. 자네가 어디를 가느냐보다 자네가 어떤 사람이냐는 것이 문제일세. 그렇기 때문에 우리는 마음을 어떤 한 장소의 보증인으로 삼아서는 안 되네. 이런 믿음을 갖고 살게. "나는 우주의 한쪽 구석에서 태어난 것이 아니고, 이 세계 전체가 내 나라다"라고 말일세. 만약 자네가 이런 사실을 분명하게 보았다면, 예전 경치들의 지루함으로 인해 자네가 새로운 경치들을 보면서도 매번 방황하기만 하고 아무런 이익을 얻지 못하더라도 놀라지 않을 것이네. 왜냐하면 자네가 새로운 경치들을 온전히 자네의 것이라고 믿었더라면, 그 경치들이 매번 자네를 즐겁게 할 것이기 때문이네.

그러나 사실상 자네는 여행하는 것이 아니네. 자네가 찾는 것(잘 사는 것)이 어디에서나 발견됨에도 불구하고, 자네는 단지 한 곳에서 다른 곳으로 장소를 옮기며 떠돌아다니고 또한 쫓기고 있네. 광장보다 사람이 더 많은 곳이 있을까? 그러나 필요하다면, 자네는 그곳에서도 조용히 살 수 있네. 물론 내가 스스로 선택하는 것이 가능하다면, 나는 광장이 보이거나 이웃하는 곳에서 멀리 도망칠 것이네. 건강하지 못한 장소들이 가장 건강한 육체를 해칠 수 있듯이, 건강한 정신이 아직 완전하지 못하고 회복되고 있다면, 어떤 것들은 그처럼 건강한 정신에도 해가 될 것이네.

나는 고난으로 가득한 삶을 승인하는 깊은 물을 헤쳐 나가고, 강한 정신력으로 삶의 어려움과 매일같이 싸우는 사람과 의견을 달리하네. 현명한 사람은 그 모든 것을 감내하겠지만, 그것을 선택하지는 않을 것이네. 그는 전쟁보다 평화를 선호할 것이네. 자네가 다른 사람들의 잘못에 대해 논쟁해야만 한다면, 자네 자신의 잘못을 제거하는 것은 아무런 도움이 되지 않네. 누군가 이렇게 말했네. "소크라테스를 둘러싼 30인의 참주들이 있었지만, 그들은 그의 정신을 깨뜨릴 수 없었다"라고. 그러나 얼마나 많은 주인들이 있든 무슨 상관인가? 오직 한 종류의 노예제도가 있고, 얼마나 많은 수의 압제자들이 있든 그것을 경험하는 사람은 자유롭다네.

이제 중단할 시간이 되었지만, 내가 의무를 다하기 전에는 아직 그럴 수 없네. "죄에 대한 지식은 구원의 시작이다"라는 에피쿠로스의 이 말은 소중한 말처럼 들리네. 왜냐하면 자신이 죄를 지었다는 것을 모르는 사람은 교정을 바라지도 않기 때문이네. 자네가 자신을 새롭게 하기 전에 자네는 자신이 잘못했다는 것을 알아야 하네. 어떤 사람들은 자신들의 잘못을 자랑스러워하네. 자네는 자신들의 악덕을 마치 미덕인 듯이 생각하는 사람이 자신의 길을 교정할 어떤 의지를 갖고 있다고 여기는가? 그러므로 자신의 죄를 고발하고, 가능한 죄를 저질렀음을 입증하게. 처음에는 고발자로서, 그런 뒤에 판사로서, 마지막으로는 중재자로서 활동하게. 그리고 때로는 자신에게 대해서도 가혹해야 하네. 잘 있게.

사랑과 우정

내가 자네에게 탐구에 집중하라고 강하게 주장했던 것은 내 이기적인 생각이었네. 나는 자네의 우정을 바라지만, 이것은 자네가 시작했던 것처럼 자네 자신을 계속해서 발전시키지 않는다면 내게 일어나지 않을 일이네. 지금 자네가 나를 사랑하지만, 자네는 아직 나의 친구가 아니네. 자네는 "그렇다면 이것들이 다른 것들인가?"라고 말하겠지. 그렇네, 그것들은 상당히 의미가 다르네. 물론 친구는 자네를 사랑하네. 그러나 자네를 사랑하는 사람이 모든 경우에 자네의 친구는 아니네. 따라서 우정은 항상 도움이 되지만, 사랑은 때때로 해를 끼치기도 하네. 다른 어떤 이유를 위해서가 아니라 사랑하는 방법을 배우기 위해 자네 자신을 완성하려 노력하게.

따라서 자네가 다른 사람의 이익을 위해 무언가를 배운다면, 나를 이롭게 하도록 서두르게. 우리 두 사람이 한마음이고, 또한 우리의 나이 차이가 그리 크진 않지만, 내 나이로 인해 약해지는 내 힘의 어떤 부분이 자네의 젊음에서 내게 전해지리라고 상상함으로써, 나는 이미 이익을 얻고 있네. 그러나 나는 현실에 기뻐하고 싶네. 우리는 사랑하는 사람들과 떨어져 있을 때도 그들에 대해 즐거움을 느끼지만, 그런 즐거움은 가볍고 순간적이네. 그들을 바라보고, 그들이 함께하고, 그들과 교류하는 것이 살아 있는 즐거움을 주네. 우리가 보고 싶은 사람을 보는 것은 물론이고 보고 싶은 종류의 사람을 본다면, 이것은 어쨌든 사실이지. 자네 자신을 아주 값어치 있는 선물로 내게 주게. 그리고 자네도 언젠가는 죽을 것이니, 내가 늙은이라는 것을 생각해서 좀 더 속도를 내도록 하게.

서둘러서 나를 찾게. 그렇지만 그에 앞서 자네를 서둘러서 찾게. 나아가게. 그리고 다른 무엇보다 자네 자신과 일관되기 위해 노력하게. 그리고 자네가 무언가를 이루었는지 알게 될 때, 자네가 어제 원했던 것과 같은 것을 오늘 원하는지 생각해 보게. 의지가 변한다는 것은 마음이 바다에 있는 것과 같네. 즉, 바람의 경로에 따라 다양한 방향으로 향한다는 것이지. 그러나 정착되어 견고한 것은 장소를 옮기지 않는다네. 이것이 완전히 지혜로운 사람의 축복받은 운명이고, 또한 어느 정도는 발전해서 나아간 사람의 운명이기도 하네. 그렇다면 이 두 부류의 사람들이 어떤 차이가 있는가? 하나는 분명히 움직이고 있지만, 그것의 위치를 바꾸지는 않고 단지 그것이 있는 곳에서 위아래로 움직이며, 다른 것은 전혀 운동하지 않는 것이네. 잘 있게.

편지 36

기다림의 미학

자네의 친구를 격려해 주게. 그가 은퇴라는 그늘을 찾아 명예로운 경력을 포기했으며, 또한 더 많은 것을 이룰 수 있음에도 불구하고 다른 무엇보다 평온함을 선호했다는 이유로 그를 질책하는 사람들을 당당하게 멸시해도 좋다고 말일세. 그가 자신의 관심거리를 추구하는 것이 얼마나 현명했는가를 그를 시기하는 사람들에게 매일같이 입증하라고 전해 주게. 시기받는 사람들은 계속해서 그들을 지나쳐 갈 것이네. 어떤 사람들은 대열에서 밀려날 것이고, 어떤 사람들은 넘어질 것이네. 성공은 격변하는 것이네. 그것은 자신을 괴롭히는 것이지. 그것은 한 가지 이상의 방법으로 사람들의 머리를 흔들어 놓네. 그것은 서로 다른 사람들에게 서로 다른 목표들을 추구하게 만드네. 그것은 어떤 사람들에게는 권력을 추구하게 만들고, 다른 사람들에게는 사치스러운 삶을 추구하게 만들고, 또한 그것은 어떤 사람들에게는 바람을 불어넣어 느슨하고도 완전히 무기력하게 만들지.

이에 대해, 누군가 "그렇지만 어떤 사람들은 자신의 성공을 잘 지켜가고 있습니다"라고 반론을 제기하겠지. 그건 사실이네. 그것은 어떤 사람들이 자신들의 술병을 잘 지켜 나가고 있는 것과 같다는 말이지. 그렇다면 자네의 친구를 질책하는 사람들은 군중에 둘러싸인 사람이 행복하다고 그를 설득할 이유가 없는데도, 그들은 물웅덩이로 달려가 물을 빼내고 진흙탕을 만드는 군중처럼 그에게 몰려가네. 그러나 자네는 "사람들이 내 친구를 쓸모없고 게으른 사람이라고 부른다네"라고 말하네. 자네가 알듯이, 어떤 사람들은 터무니없는 말을 하지만 정반대의 것을 의미하기도 하네. "그들은 그를 성공한 사람이라고 부르곤 했네." 그렇다면 그는 성공한 사람이었는가? 어떤 사람들은 그를 거칠고도 우울한 사람이라고 생각하지만 내게는 상관없네. 아리스톤[49]은 자신이 쾌활하고 상냥하기보다 우울한 청년이 되길 선호한다고 말하곤 했네. 그는 "왜냐하면 처음에 강하고 신맛이 나는 술은 좋은 술이 되지만, 처음에 좋은 맛이 나는 술은 오래 지속되지 못하기 때문이죠"라고 말했네. 사람들이 그를 우울하다고 말하고 그 자신의 출세에 적이 되더라도 내버려 두게. 품위에 도움이 될 덕에 집중하고 배움을 이어 나간다면, 그의 우울함은 나중에 좋은 결과로 이어질 수도 있으니 말이네. 내가 말하는 배움은 보슬비처럼 살짝 내리는 비가 아니라 정신이 흠뻑 적실 정도의 배움

---

49   기원전 300년~미상, 그리스 철학자로서 스토아 철학의 금욕적인 삶을 버리고 쾌락에 빠졌다고도 전한다.

이네. 이제 배울 시간이네. "뭐라고, 배우지 않아도 될 시간이 있다고?" 전혀 그렇지 않네. 그러나 모든 연령대에 공부하는 것은 훌륭하지만, 모든 연령대에 배우는 것이 바람직하지는 않네. 노인이 초보적인 것을 배우는 것은 부끄럽고도 어리석은 일이네. 청년 시기에는 지식을 쌓고 노인이 되어서는 그것을 이용해야 하네. 따라서 만약 자네가 자네 친구를 가능한 훌륭한 사람으로 만들려면, 자네는 자네 자신에게 가장 도움이 되는 일을 해야 하네. 사람들은 우리가 추구하고 퍼뜨려야 할 그런 친절함, 즉 주는 사람이나 받는 사람에게 모두 이득이 되는 친절함이 있다고 말하네. 그런 것이 가장 좋은 것임은 분명하네.

그가 장담했으니 선택의 여지가 없네. 채무자와 타협하는 것은 유망한 미래와 타협하는 것보다 덜 부끄러운 일이네. 사업가가 빚을 갚으려면 성공적인 항해를 해야 하고, 농부는 비옥한 토지와 적절한 기후를 가져야 하네. 그러나 자네 친구가 진 빚은 단순한 의지만으로도 완전히 갚을 수 있네. 운명은 성품에 아무런 영향을 미치지 못하네. 일의 결과가 어떻게 되든, 그가 잃거나 얻음이 없이 같은 태도가 유지된다고 느끼도록 그의 마음을 통제해서 완전히 평화로운 상태로 끌어올리게 하게. 그에게 이런 자산이 가득하면 그는 자신의 운명을 넘어설 것이고, 그에게 부의 일부나 전부를 잃는 일이 생기더라도 그는 약해지지 않을 것이네.

만약 자네의 친구가 파르티아에서 태어났더라면, 그는 어렸을 때부터 활을 만들었을 것이고, 만약 독일에서 태어났다면, 그는 즉시 기다란 창을 휘둘렀을 것이며, 만약 우리 조상들의 시대에 태어났다면, 그는 말을 타는 방법을 배우고 맨주먹으로 적을 공격했을 것이네. 이것이 국가 체계가 개인에게 요구하는 것이네. 그렇다면 자네의 친구는 무엇을 배워야 하는가? 나는 그가 모든 무기와 모든 종류의 적에 대항하는 데 도움이 되는 것, 즉 죽음에 대한 경멸을 배워야 한다고 말하겠네. 왜냐하면 죽음에는 공포를 야기하는 무언가가 있다는 것을 아무도 의심하지 않을 것이고, 따라서 그것은 대자연이 그 자체의 존재를 사랑하게 만든 우리의 정신마저 고통스럽게 하기 때문이네. 그렇지 않다면 모든 사람들이 자신들의 삶을 보존하려 하듯이, 우리 스스로 준비하고, 우리의 용기를 북돋우고, 일종의 자발적인 본능을 통해 우리가 지향해야 할 것을 대면하는 일을 할 필요가 없을 것이네. 또한 장미꽃 속에 눕는 것이 필요하더라도 그런 것을 배우는 사람은 아무도 없을 것이네. 그러나 그는 고문에 굴복하지 않기 위해서가 아니라 그 목적을 이루기 위해 자신을 강하게 만드네. 따라서 잠은 때때로 버팀목에 기대어 있는 사람들에게 천천히 다가오기 때문에, 그는 부상을 당하더라도 필요한 경우에는 자신의 창에 기대지 않고 참호에서 망을 볼 것이네.

죽음에는 아무것도 해로운 것이 없네. 왜냐하면 그것이 해로우려면 그것이 해롭기 위한 무엇인가를 이미 가져야 하기 때문이네. 그러나 자네가 더 오래 사는 삶을 갈망한다면, 우리의 시선에서 사라지고 사물들의 세상으로 다시 스며든 대상들, 그것들이 나왔고 또한 곧 다시 나올 대상들 가운데 어떤 것도 말살되지 않았다는 것을 기억하게. 단지 그것들의 과정이 끝날 뿐, 그것들은 소멸하지 않을 것이네. 그리고 우리가 두려워하고 꺼리는 죽음은 다만 삶을 방해할 뿐이지 빼앗지는 않네. 우리가 대낮의 빛으로 다시 복귀할 때가 있겠지만, 사람들이 과거에 대한 망각 속에서 기억을 찾을 수 없다면 그것을 원하지 않을 것이네.

그러나 나는 소멸한 듯이 보이는 모든 것이 단지 변화한 것이라는 사실에 대해 뒤에서 더 자세히 설명하겠네. 자네는 돌아올 운명이니, 편한 마음으로 떠나게. 제 자리로 돌아오는 것들을 지켜보게. 자네는 하늘의 별이 꺼지지 않고, 위아래로 바뀐다는 걸 보게 될 것일세. 여름이 가면, 또 다른 세월이 다시 데려올 것이네. 겨울이 가라앉으면, 적절한 시기에 다시 돌아올 것이네. 밤이 태양을 가렸지만, 낮이 밤을 다시 이길 것이네. 행성들은 이전의 행로를 따를 것이고, 하늘의 한 부분은 끊임없이 떠오르고 다른 부분은 가라앉을 것이네. 한 마디 더하자면, 죽음을 두려워하지 말게. 이성이 우리의 어리석음으로 인해 우리에게 마음의 평화를 제공하지 못한다면, 아주 부끄러운 일이네. 잘 있게.

편지 37

이성이라는 지배자

자네는 좋은 사람이 되겠다고 약속했네. 자네는 선서를 통해 전사가 되었는데, 그것은 올바른 정신을 갖기 위한 가장 강력한 사슬이지. 이런 행동이 연약하고도 쉬운 군대 생활이라고 생각하는 사람은 자네를 놀릴 것이네. 자네를 속이지 않겠네. "화형을 당하거나 감금되거나, 또는 칼을 맞고 죽겠다!"라는 가장 영광된 이 맹세의 말은 가장 수치스러운 말과 같네. 그러나 자신들의 힘을 경기장에 대여하고 자신들의 피로 지불할 음식을 먹는 사람들에게 부과된 것은 그들이 원하지 않더라도 어려움을 겪게 된다는 것이네. 전사들은 무기를 내려놓고 군중의 자비를 구할 수도 있지만, 자네는 무기를 내려놓지도 않고 자네의 목숨을 간청하지도 않겠지. 자네는 굴복하지 않고 꼿꼿하게 서서 죽어야 하네. 몇 날이나 몇 년을 더 사는 것이 무슨 소용이 있겠나? 우리는 태어나는 순간부터 벗어날 수 없네. 자네는 "어떻게 나 자신을 자유롭게 할 것인가?"라고 물을 걸세. 우리는 필수품이 없이는 살 수 없지만, 그것을 극복할 수는 있네.

"길은 힘으로 만들어진다"라고 하는데, 이 길은 철학에 의해서 제공되는 것이네. 그러니 자네가 안전하고 근심이 없고 행복하고자 한다면, 그리고 마침내 자네가 가장 중요한 자유를 원한다면, 철학으로 나아가게. 이 목표를 얻을 다른 방법은 없으니 말일세. 어리석음은 저열하고, 비굴하고, 비열하고, 굴종적이고, 가장 잔인한 많은 열정들에 드러나 있네. 때로는 하나씩, 때로는 한꺼번에 지배하는 엄격한 감독자들인 이 열정들은 지혜에 의해 자네에게서 제거될 수 있네. 이 지혜만이 유일하게 진정한 자유라네. 저쪽으로 이어지는 하나의 똑바른 길만이 있으며, 자네는 헤매지 않을 것이네. 한결같은 걸음으로 나아가게. 그리고 자네가 모든 것을 통제하게 되면, 자네 자신을 이성의 통제하에 놓게. 만약 이성이 자네의 지배자가 되면, 자네는 많은 사람들의 지배자가 될 것이네. 자네는 이성에게서 무엇을 해야 하고, 어떻게 해야 하는지를 배우게 될 것이네. 자네는 어떤 사람이 갈망하는 것을 어떻게 갈망하게 되었는가를 아는 사람을 내게 말하지 않아도 되네. 그가 여기까지 도달한 것은 숙고가 아니라 충동을 통해서였네. 우리가 운명에 저항하는 것만큼 자주 운명도 우리에게 저항하네. 걷지 않고 끌려가는 것과 사건의 소용돌이 속에서 멍한 상태로 갑자기 "내가 여기에 어떻게 도달했는가?"라고 묻는 것은 부끄러운 일이네. 잘 있게.

편지 40

철학자의 태도

내게 편지를 자주 보내 주어서 고맙네. 자네가 할 수 있는 유일한 방법으로 자네의 진정한 모습을 내게 보여 주고 있으니 말이네. 나는 자네의 편지를 받으면서 우리가 함께 있다고 느끼지 않은 적이 없네. 만약 같이 있지 않은 친구들을 그린 그림들이 우리의 기억을 새롭게 하고, 피상적이고 공허한 위로를 통해 그들에 대한 우리의 회한을 덜어줌으로써 우리를 기쁘게 하는 것들이라면, 그 친구들에 대한 실제의 흔적과 실제의 자취를 전해 주는 편지들은 얼마나 더 기쁜 것들이겠나? 우리가 대면할 때 가장 달콤한 것은 편지 위에 찍은 손자국으로 전해지네. 그가 직접 썼다는 표시지.

자네는 세라피오[50]라는 철학자의 강의를 들었다고 말했네. 그가 자네의 저택에 도착했을 때, 자네는 "그는 자신의 말들을 상당히 급히 전달하는 습관이 있네. 그리고 그것들을 하나씩 진행되

---

50   신원 및 생존 연대 미상.

게 하지 않고, 그것들을 모아서 서로 부딪치게 만드네. 그런데 그는 하나의 목소리가 모두 내뱉기에 부적절한 양의 말들을 내뱉네"라고 말했네. 나는 철학자가 이렇다는 데 동의하지 않네. 그의 연설은 그의 삶과 마찬가지로 침착해야 하지만, 앞뒤 살피지 않고 급히 내뱉는 말들은 결코 질서가 잡혀 있지 않네. 그래서 눈보라가 쉼 없이 몰아치는 듯한 급격한 호메로스의 형식은 젊은 이야기꾼에게 할당되는 것이지. 노인의 웅변술은 부드럽게 흐르며, 꿀보다 더 달콤하다네.

따라서 강압적이고 급하고 많은 말을 하는 방식은 중요하고도 진지한 주제를 논의하고 가르치는 사람에게보다 사기꾼에게 더 적절하다는 내 말을 기억하게. 그가 말을 아껴서도 안 되고 급히 해서도 안 된다는 것이며, 또한 그가 귀를 혹사해서도 안 되고 귀를 막아서도 안 된다는 것이지. 사실 얇고 빈약한 말은 듣는 사람을 덜 집중하게 만들고, 너무 느려도 지루하네. 그렇지만 우리 곁을 스쳐 날아간 말보다는 오래 기다린 말이 더 쉽게 이해되네. 사람들은 학생들에게 가르침을 전달하기 위해 말하지만, 이해되지 않는 것은 전달되지 않는다네.

또한 진리를 다루는 말은 장식도 없고 평범하네. 이러한 대중적인 형식은 진리와 관계가 없네. 대중적인 형식의 목적은 군중을 감동하게 만들고, 들을 준비가 되어 있지 않은 귀를 신속히 매료시키기 위한 것이지. 그것은 논의를 위한 것이 아니라 박탈하기 위해서란 말이네. 그렇다면 그런 말은 어떻게 스스로 지배될 수 없는 다른 것들을 지배할 수 있을까? 우리의 마음을 치유하기 위해 이용된 모든 말은 우리에게 충분히 이해된다고 말할 수 있지 않을까? 그러나 치료제가 작용하는 데는 시간이 걸리네.

　게다가 이런 종류의 말은 대체로 공허하고 무의미하며, 그것의 가치보다 많은 소음을 내네. 나를 두렵게 하는 것은 완화되어야 하고, 나를 초조하게 하는 것은 진정되어야 하고, 나를 속이는 것은 내쫓아야 하고, 방종은 억제되어야 하고, 탐욕은 질책받아야 하네. 이 과정들 가운데 어떤 것이 빠른 속도로 생겨날까? 어떤 의사가 환자를 지나가는 길에 치료할까? 앞뒤 가리지 않고 급히 내뱉는 말도 즐거움을 주지 못할까? 그렇다네. 하지만 자네가 가능하다고 생각하지 않았던 속임수를 보고 대체로 만족하듯이, 자신의 언어로 말하는 사람의 말을 한 번 듣는 것으로 충분한 경우도 있네. 그 안에서 우리는 무엇을 배우고 모방하고자 하는 걸까? 우리는 완전히 엉망이라서 제대로 이해할 수 없는 말을 하는 사람들에 대해 무슨 생각을 해야 할까? 언덕길을 내려갈 때 몸의 가속도로 인해 멈추고자 하는 지점에 멈추지 못하고 몇 걸음 더 나가서 멈추는 것과 마찬가지로, 이러한 말의 속도도 그 자체를 조절하지 못하며, 또한 철학에도 적합하지 않네. 왜냐하면 철학은 말들을 마구 토해 내는 것이 아니라 조심해서 배치해야 하는 것이고 또한 한 단계씩 나아가는 것이기 때문이네.

자네는 "그렇지만 철학도 때로는 목소리를 높여야 하지 않는가?"라고 말할 것이네. 물론 그렇네. 그러나 성품의 존엄성은 유지되어야 하는데, 이것이 그처럼 격렬하고 과도한 힘으로 인해 제거되는 것이네. 철학이 강한 힘을 갖게 하지만, 잘 통제해야 하네. 철학이 끊임없이 흐르게 해야 하지만, 결코 급류가 되어서는 안 되네. 그리고 나는 웅변가에게도 이처럼 빠른 말, 즉 돌이킬 수 없고 마구 앞으로만 나아가는 말을 허용하지 않을 것이네. 종종 경험 없고 훈련받지 않은 배심원들이 그것을 어떻게 이해하겠나? 웅변가가 자신의 힘을 보이고자 하는 욕구로 인해, 또는 통제할 수 없는 감정으로 인해 휩쓸려 갈 때, 심지어 그런 때에도 그는 자신의 속도를 빠르게 하거나 귀가 견딜 수 있는 것보다 더 큰 정도까지 말들을 쌓아서는 안 되네.

그러므로 자네가 어떻게 말할 것인가에 대해서보다 얼마나 많이 말할 것인가를 추구하는 사람들을 고려하지 않는다면, 그리고 자네가 말을 더듬는 비니시우스[51]처럼 말하기를 스스로 선택한다면, 자네는 올바르게 행동하는 것일세. 비니시우스가 어떻게 말하느냐고 아셀리우스[52]에게 물었을 때, 그는 "서서히"라고 말했네. (그건 그렇고 이건 바리우스[53]의 말이네. 그는 "나는 자네가 그

---

51   신원 및 생존 연대 미상.
52   신원 및 생존 연대 미상.
53   신원 및 생존 연대 미상.

를 왜 '달변가'라고 말하는지 모르겠네. 글쎄, 그는 세 단어를 한꺼번에 말하지도 못하는데 말이네"라고 말했네.) 자네는 왜 비니시우스가 하는 방식으로 말하기를 선택하지 않는가? 그러나 물론 비니시우스가 말하는 것이 아니라 구술하듯이 말을 한 단어씩 끌어낼 때, "이보게, 자네는 아무 말도 안 할 건가?"라고 말했던 사람처럼, 바보 같은 어떤 사람이 끼어들 수도 있을 것이네. 사실상 나는 그것이 나은 선택이라 생각하네. 왜냐하면 내 생각에는 지각 있는 사람이라면, 당대 가장 유명한 웅변가였던 하테리우스[54]의 속도는 피해야 하기 때문이지. 하테리우스는 결코 주저하지 않았고, 결코 멈추지 않았네. 그는 오직 한 번만 시작했고, 오직 한 번만 멈췄네.

그러나 나는 말의 어떤 형식들이 대체로 다양한 국가들에도 적용된다고 생각하네. 자네는 그리스인들의 억제되지 않은 형식을 인내할 수도 있지만, 우리는 글을 쓸 때도 쉼표와 마침표에 익숙해 있네. 로마의 웅변술을 유명해지게 만든 우리의 동료 키케로[55]도 천천히 말하는 사람이었네. 로마 언어는 그 자체를 자세히 검토하고, 무게를 달고, 또한 무게의 가치가 있는 어떤 것을 제공하지. 삶과 지식, 그리고 (이것들보다는 덜 중요하지만) 그의 웅변

---

54 기원전 63년경~서기 26년, 로마 정치인이자 웅변가.

55 기원전 106년~기원전 43년, 로마 정치인, 작가, 웅변가. 국민이 주권을 갖는 공화정을 꿈꿨으나, 반대파에 의해 살해되었다.

술로 잘 알려진 사람인 파비아노스는 하나의 주제를 급하게 논의하기보다는 효율적으로 논의하곤 했네. 따라서 자네는 그것을 속도보다는 편의라고 부를 수 있을 것이네. 나는 현명한 사람에게서 이런 성질을 발견하지만, 나 자신이 그것을 요구하지는 않네. 나는 그의 말이 그저 지껄여지기보다 의도적으로 발언되는 것이길 바라지만, 그의 말이 방해되지 않고 진행되도록 놓아두세.

그러나 자네가 겸손함을 잃은 뒤에야 이런 형식을 연습하는 데 성공할 수 있다는 뒤의 문제, 즉 자네가 얼굴에서 모든 수치심을 씻어 내고 자네 자신이 말하는 것을 듣길 거부해야 한다는 문제를 벗어나야 한다고 자네를 겁주는 또 다른 이유가 있네. 왜냐하면 그 경솔한 흐름은 자네가 비판하고 싶을 많은 표현들을 동반할 것이기 때문이네. 한 번 더 말하지만, 자네는 그것을 획득하고 그와 동시에 수치심을 보존할 수는 없네. 더구나 자네는 매일 연습하고, 자네의 관심을 주제에서 말들로 옮길 필요가 있네. 그러나 말들이 자네에게 손쉽게 오고 또한 아무런 노력이 없이 흘러갔을지라도, 그것들은 통제되어야 하는 것이네. 대체로 적절한 속도가 철학자에게 적합하듯이, 긴급하지만 성급하지는 않은 말도 그렇지. 따라서 내 이야기의 핵심은 이것이네. 즉, 자네가 말하는 속도를 늦춰야 한다고 말하는 것이네. 잘 있게.

편지 48

철학자의 역할

자네가 여행하면서 내게 보냈던 편지, 그 여행만큼이나 긴 편지에 대한 답장은 나중에 하겠네. 나는 은퇴해야겠고, 또한 내가 자네에게 어떤 종류의 조언을 해 줄 수 있는가에 대해 생각해야겠네. 왜냐하면 내게 상의를 하는 자네 자신도 그렇게 할 것인가에 대해 오랫동안 생각했을 것이기 때문이네. 그런데 문제를 제기하는 것보다 해결하는 데 더 많은 숙고가 필요하다면, 나는 얼마나 더 오랫동안 생각해야 할까? 그리고 하나가 자네에게 이익이 되고 다른 하나가 내게 이익이 될 때, 이것은 특히 옳은 것이네. 내가 에피쿠로스 철학자로 위장해서 말하고 있는 것인가? 그러나 사실상 자네에게 이익이 되는 것이 내게도 이익이 되네. 왜냐하면 자네와 관련된 문제가 또한 내 문제가 되는 것이 아니라면, 나는 자네의 친구가 아닐 것이기 때문이네. 우정은 우리의 모든 문제들에 대해 우리 사이에 동반자 관계를 설정한다네. 개인에 대해 좋거나 나쁜 운명 같은 것은 없네. 그리고 자기 자신에게만 관련되고 모든 것을 자기의 유용성 문제로 변형시키는 사람은 누구도 행복하게 살 수 없을 것이네. 자네가 자네 자신을 위해 살고자 한다면, 자네는 자네의 이웃을 위해 살아야 하네. 세심한 돌봄으로 유지되는 동료애는 우리를 서로 어우러지게 하고, 또한 인간이 공통적으로 어떤 권리를 갖게 하네. 그리고 이것은 또한 위에서 내가 말하기 시작했던 것과 관련된 우정에 기초하는 더 밀접한 동료애를 소중히 하는 데 큰 도움이 될 것이네. 왜냐하면 동료와 많은 것을 공유하는 사람은 친구와 모든 것들을 공유하는 것이기 때문이네.

그리고 내 멋진 친구, 루킬리우스, 그것과 관련해서, 나는 자네의 영리한 변증론자들이 '친구'라는 단어가 얼마나 다양한 방식으로 사용되는가를 내게 설명하는 것보다 내가 친구 또는 동료를 어떻게 도와야 하고 '사람'이라는 단어가 얼마나 많은 의미들을 갖는가 등의 문제에 대해 내게 조언하도록 만들고 싶네. 지혜와 어리석음이 어떻게 반대 방향으로 갈리는지 보게. 어느 것에 참여해야 할까? 자네는 내가 어떤 쪽을 선택하길 원하나? 한쪽에서는 '사람'이 '친구'와 동일한 의미를 갖지만, 다른 쪽에서는 '친구'가 '사람'과 동일한 의미가 아니네. 한쪽에서는 친구를 자신의 이익을 위해 필요로 하지만, 다른 쪽에서는 자기 자신을 친구의 이익이 되게 하려 하지. 자네가 내게 해 줘야 할 것은 말을 왜곡하고 음절을 갈라놓는 것이네. 내가 기묘한 어떤 전제들을 고안하고 거짓 추론을 통해 그것들에 진리에서 야기되는 오류를 보태지 않는다면, 나는 바람직한 것과 피해야 할 것을 구분할 수 없을 것이네. 나는 부끄럽네. 우리와 같은 늙은 사람들이 그처럼 심각한 문제를 다루면서 장난을 치니 말일세.

'쥐'는 하나의 음절이네. 쥐는 치즈를 먹네. 그러니까 하나의 음절이 치즈를 먹는 것이지. 내가 이 문제를 해결하지 못한다고 가정해 보세. 그런 무지의 결과로서 어떤 위험이 내 머리 위에 걸려 있는지 보게. 내가 어떤 궁지에 빠져 있는 건가! 의심할 것도 없이 내가 조심하지 않는다면, 나는 언젠가 쥐덫으로 음절들을 잡거나, 또는 내가 부주의해지면, 한 권의 책이 내 치즈를 전부 먹어 버릴 걸세. 아마도 다음과 같은 삼단논증이 여전히 더 빠를 것이네. "쥐는 하나의 음절이다. 그런데 하나의 음절은 치즈를 먹지 않는다. 그러므로 쥐는 치즈를 먹지 않는다." 이것은 어린아이의 헛소리 같지 않은가! 이런 종류의 문제를 풀기 위해 우리가 머리를 맞대야 하나? 수염이 자랄 때까지 이 문제를 고민해야 하는 것인가? 이것이 우리가 창백하고 수척한 얼굴로 가르쳐야 할 문제인가?

자네는 철학이 인간에게 무엇을 제공하는지 정말로 아는가? 철학은 조언을 제공하지. 죽음은 한 사람을 불러내고, 가난은 다른 사람에게 피해를 주며, 세 번째 사람은 다른 사람의 부나 그 자신의 부로 인해 고통을 받네. 이 사람은 불운에 몸서리를 치며, 다른 사람은 자신의 성공을 벗어나고 싶어 하네. 어떤 사람들은

129

사람들에 의해 학대받고, 다른 사람들은 신들에 의해 학대받네. 자네는 왜 이런 문제들을 내게 안겨 주는가? 지금은 농담할 때가 아니네. 자네는 불행한 사람들에게 조언을 주기로 되어 있네. 자네는 바다에서 위험에 처한 사람들, 포로가 된 사람들, 병들고 가난한 사람들, 그리고 단두대에 머리가 올려진 사람들을 돕겠다고 약속했네. 왜 외면하는 것인가? 무얼 하는 것인가?

자네가 장난을 걸고 있는 상대는 두려워하고 있네. 그를 도와서 그의 목에 걸린 올가미를 벗겨 내게. 사람들이 온 사방에서 자네에게 팔을 뻗고 있네. 망쳐졌거나 망쳐질 예정인 자신들의 생명을 구해 달라고 애원하면서 말일세. 그들의 모든 희망과 도움은 자네에게 달려 있네. 그들은 그처럼 심한 탈진 상태에 있는 자신들을 구해 달라고, 그리고 흩어져 방황하는 자신들에게 밝은 진리의 빛을 비춰 달라고 부탁하고 있네. 대자연이 무엇을 필요한 것으로 만들고, 또한 무엇을 필요하지 않은 것을 만들었는지 그들에게 말해 주게. 대자연이 부여한 법칙들이 얼마나 단순한지 그들에게 말해 주게. 이 법칙들을 따르는 사람들에게 삶이 얼마나 즐겁고 막힘없는지, 그리고 대자연보다 사람들의 의견을 신뢰하는 사람들에게 삶이 얼마나 씁쓸하고 당혹스러운지 말해 주게.

사람들이 가진 짐들 가운데 어떤 부분을 자네가 덜어 줄 것인지 먼저 보여 줄 수 있다면, 나는 자네의 논리 규칙이 사람들의 짐들을 덜어 주는 데 약간의 쓸모가 있다고 생각할 것이네. 이 규칙들 가운데 무엇이 갈망을 제거하는가? 아니면, 그것을 조절하는가? 그것들이 단순히 아무 쓸모가 없다고 말할 것인가? 그것들은 상당히 해롭네. 자네의 고귀한 성품이 그런 문제들에 관여할 때 손상되고 약해진다는 것을 나는 자네가 원할 때마다 분명하게 말해 줄 수 있네.

운명에 맞서 전쟁에 가기로 되어 있는 사람들에게 어떤 무기들이 제공되고, 또한 얼마나 허술한 장비가 제공되었는지를 말하기가 부끄럽네. 이것이 최고선을 향한 길인가? 철학은 그런 ('만약 그렇다면', 또는 '만약 그렇지 않다면'과 같은) 쓸데없는 말들과 함께, 그리고 심지어 배심원들의 수치와 비난이 되는 불만들과 함께 진행될 것인가? 자네가 질문하는 사람을 의도적으로 함정에 빠뜨릴 때, 자네는 그 사람이 기술적인 오류를 범해 소송에서 진 것처럼 보이게 만드는 것 외에 다른 어떤 일을 하고 있는가? 그러나 판사가 재판에서 진 사람들을 이런 식으로 복귀시켜 주듯이, 철학은 불만의 희생자들을 그들의 이전 상황으로 복귀시켜 줄 수 있을 것이네. 자네는 왜 자신의 강력한 약속들을 포기하는가? 그리고 금의 반짝임이 칼의 번쩍임보다 내 눈을 더 황홀하게 하지는 않는다는 것을 자네가 보장하고, 따라서 내가 모든 사람들이 바라면서도 두려워하는 것을 용기 있게 짓밟을 수 있다는 강한 긍지를 갖고 있음에도 불구하고, 자네는 왜 문법학자들의 기초적인 문제들에 비굴해지는가? 이 질문에 대해 자네는 무슨 말을 하겠나? "이것이 하늘에 이르는 길이라고?"

내가 신과 같아지리라는 것을 철학이 내게 약속하고 있기 때문이지. 나는 이것을 위해 소환되었네. 이 목적을 위해 내가 왔다는 것이지. 철학이여, 그대의 약속을 지키시오!

내 친구, 루킬리우스. 그러니 철학자들이라 불리는 사람들의 이러한 예외들과 반론들에서 가능한 멀리 떨어져야 하네. 솔직함과 단순함은 좋은 선들에 어울리네. 오랜 세월이 자네에게 남았을지라도, 필요한 것들을 충분히 갖기 위해서라도 자네는 그것을 검소하게 소비해야만 하네. 그러나 현재 상황은 자네의 시간이 아주 부족하고, 지나치게 많은 것들을 배운다는 것은 미친 짓이 아니겠는가. 잘 있게.

죽음에 대한 공포

내 친구, 루킬리우스. 어떤 사람이 기억을 자극하는 장소를 보고서야 친구를 떠올린다면, 그는 게으르고도 부주의한 사람일 것이네. 그러나 친숙한 옛 경치들이 마음속에 오랫동안 저장된 것을 자극하지만 기억을 되살리지는 못하고 다만 수면 상태에서 깨우기만 하는 장소들도 있네. 이런 식으로 조문객들의 슬픔이 흐르는 시간에 따라 가라앉았더라도, 죽은 사람의 노예나 옷이나 집이 그 슬픔을 새롭게 하기도 하네.

우리는 캄파니아에 있는데, 특히 나폴리와 자네의 고향인 폼페이우스의 경치가 자네에 대한 나의 그리움을 새롭게 하는 것이 놀랍기만 하네. 자네가 바로 내 눈앞에 서 있다네. 나는 자네와 헤어졌던 곳에 있네. 나는 자네가 눈물을 참으면서, 감정을 억누르려 하는 순간 다시 차올라 추스르지 못하던 모습을 보고 있네. 나는 자네와 조금 전 헤어졌던 것 같네. 우리가 기억을 이용하기 시작한다면, '조금 전'이 아닌 것이 어디 있겠나? 내가 젊었을 때 철학자 소티온의 학교에서 공부했던 것이 '조금 전'이었고, 내가 법정에서 변론을 펼쳤던 것이 '조금 전'이었고, 내가 변론을 펼치고자 하는 욕구를 잃었던 것이 '조금 전'이었고, 또한 내가 그 능력을 잃었던 것이 '조금 전'이었네. 뒤를 돌아보는 사람들이 더 분명히 보듯이, 시간의 흐름은 무한히 빠르네. 우리가 현재에 열중할 때, 앞으로 날아가는 시간의 흐름이 너무도 조용해서 우리가 그걸 알아채지 못하는 것이지. 모든 지나간 시간은 같은 곳에 있네. 그것은 모두 우리에게 같은 면을 보여 주고, 또한 그것은 함께 놓여 있네. 모든 것이 같은 심연으로 미끄러져 들어가네. 게다가 전체가 짧은 순간에 발생하는 사건은 긴 간격들을 포함할 수 없네. 우리가 살아가면서 소비하는 시간은 한 점에 불과하네. 아니, 하나의 점보다도 작네. 그러나 대자연은 아주 미세한 이 시간의 점을 표면적으로는 더 긴 시간처럼 만들어서 우리를 놀렸다네.

대자연은 그것의 한 부분을 떼어 내서 하나를 유년 시절로, 다른 것은 소년 시절로, 다른 것은 청년 시절로, 다른 것은 완만한 비탈길로 만들었네. 말하자면, 청년 시절을 노인 시절로 만든 것이지만, 노인 시절 자체는 또 다른 것이라네. 그처럼 짧은 길에 얼마나 많은 계단을 만들어 놓은 것인가! 내가 여행길에 오른 자네를 환송한 것이 조금 전이었네. 그러나 이 '조금 전'은 우리가 공유하는 아주 짧은 삶의 일부를 구성하며, 우리는 그것이 곧 모두 끝나게 되리라는 것을 생각해야 하네. 시간이 그렇게 빨리 가는 것처럼 보이지 않았던 시절도 있었네. 지금 그것이 믿을 수 없을 정도도 빨라 보이는 것은 아마도 내가 종착점에 가까워지고 있거나, 또는 내가 잃어 버린 것들에 관심을 갖고 나열하기 시작했기 때문일 수도 있네.

　이런 이유로 인해, 나는 시간의 많은 부분을 불필요한 것이라고 주장하는 사람들에게 더욱 화가 나네. 얼마나 조심스럽게 지키든, 시간은 필요한 것들에도 충분하지 못하네. 키케로는 자신에게 남은 날들이 두 배가 된다면, 서정시를 읽는 데 시간을 쓰지 않으리라고 선언했네. 그리고 자네는 변증론자들을 같은 부류로 생각할 수 있을 것이네. 그러나 그들은 더 감성적인 점에서 어리석네. 서정시는 분명히 경솔하네. 그러나 변증론자들은 자신들이 심각한 문제를 다루고 있다고 믿네. 우리가 변증술에 눈길을 보내야 한다는 것을 부정하지는 않지만, 그것은 단순한 눈길, 즉 문 밖에서 하는 눈인사 정도여야 하네. 그렇게 해서 변증술에 대한 탐구가 위대한 가치를 지닌 숨은 문제들을 포함하는 것처럼 기만당하거나 판단하지 않도록 해야 한다네.

　자네는 왜 자신에게 고통을 주고, 해결하기보다 경멸하는 것이 더 현명한 어떤 문제 때문에 말라 가야 하는가? 병사가 방해받지 않고 안심하면서 여행할 때, 그는 여행 중에 사소한 것들을 신경 쓸 수도 있네. 그러나 적이 뒤에서 다가오기 때문에 빨리 움직여야 한다는 명령을 받게 될 때, 그는 자신이 평화롭고 여유로운 순간에 모았던 모든 것을 던져 버려야 할 필요성을 느끼는 것이지. 나는 논란이 되는 단어의 어조를 탐색하거나 그에 대한 나의 현명함을 시험할 시간이 없네.

모여드는 사람들, 빠르게 닫힌 문들을 보라.
그리고 전쟁을 위해 갈고 닦은 무기들을….

나는 주변에 들리는 전쟁 소음을 움츠러들지 않고 들을 강건한 심장이 필요하네. 그리고 모두가 나를 미쳤다고 생각하는 것은 옳다네. 노인과 여성이 방어를 위해 바위들을 쌓아 올릴 때, 성문 내부에 갑옷을 입은 청년들이 공격을 위해 명령을 기다리거나 심지어 요구할 때, 적의 창들이 우리 성문 안에서 떨리고 또한 땅이 참호와 그 밑의 갱도로 인해 울릴 때, 나는 그곳에 편하게 앉아 "우리는 우리가 잃어버리지 않은 것을 갖고 있다. 그런데 우리는 뿔피리를 잃어버리지 않았다. 그러므로 우리는 뿔피리를 갖고 있다"라는 문제와 이런 종류의 짓궂은 농담을 바탕으로 만들어진 몇 가지 다른 문제들에 대해 생각하고 있었네. 그러나 만약 내가 그런 종류의 문제에 힘을 쓰고 있다면, 자네의 눈에는 내가 미친 것처럼 보일 수도 있을 것이네. 왜냐하면 지금도 나는 포위된 상태에 있기 때문이네. 하지만 앞의 경우에 나를 위협했던 것은 외부로부터의 위험과 적으로부터 나를 떼어 냈던 성벽에 불과했네. 그러나 지금 치명적인 위험은 나의 존재 내부에 있네. 무엇을 해야 할까? 죽음은 나를 뒤따르고, 삶은 도망치고 있네. 이런 문제를 헤쳐 나갈 수 있는 무언가를 가르쳐 주게. 내가 죽음에서 벗어나려고 애쓰길 멈추고, 삶이 내게서 벗어나려고 애쓰길 멈추도록 해 주게. 난관에 직면할 용기를 주게. 피할 수 없는 것들에 직면해서도 평정심을 갖도록 해 주게. 내게 할당된 시간제한의 압박을 덜게 해 주게. 삶에서 좋은 것이 얼마나 오래 사는가에 의존하지 않고 우리가 그것을 어떻게 이용하는가에 달려 있다는 것을 보여 주게. 또한 장수한 사람이 단명할 수도 있거나, 또는 실제로 단명하는 경우도 많다는 것을 보여 주게. 내가 잠을 자기 위해 누울 때, "자네는 다시 깨어나지 않을 수도 있네!"라고 말해 주게. 그리고 내가 깨어났을 때, "자네는 다시 잠들지 못할 수도 있네!"라고 말해 주게. 내가 집을 나갈 때, "자네는 돌아오지 못할 수도 있네!"라고 말해 주게. 그리고 내가 돌아왔을 때, "자네는 다시 나가지 못할 수도 있네!"라고 말해 주게. 만약 오직 바다 항해에서만 삶과 죽음 사이의 공간이 아주 좁다고 생각한다면, 자네는 잘못 생각하는 것이네. 그렇지 않네. 그 사이의 거리는 어디에서나 좁다네. 죽음은 자신이 아주 가까이 있다는 것을 모든 곳에서 보여 주지는 않지만, 그것은 모든 곳에서 가까이 있네.

이러한 불분명한 공포를 내게서 없애 주게. 그러면 자네는 내가 자신을 위해 준비한 교훈을 내게 더 쉽게 전달할 것이네. 우리가 태어날 때 대자연은 우리를 가르칠 수 있는 존재자로 만들었고, 완전하지는 않지만 완전해질 수 있는 이성을 우리에게 부여했네. 나와 함께 정의와 경건함과 검소함, 그리고 두 종류의 순수함, 즉 다른 사람을 피하는 순수함과 자기 자신을 돌보는 순수함에 대해 논의해 보세. 만약 자네가 나를 옆길로 이끌어 가길 거부한다면, 나는 내가 겨냥하는 목표에 더 쉽게 도달할 것이네. 왜냐하면 한 비극 시인이 말하듯이, "진리의 언어는 단순"하기 때문이네. 그러므로 우리는 언어를 복잡하게 만들어서는 안 되네. 왜냐하면 큰일을 시도하는 정신에는 그런 영리함이 가장 적합하기 때문이네. 잘 있게.

죽음의 연습

내 답장이 늦어진 것은 건강이 좋지 않았기 때문이네. 갑자기 그랬다네. 자네는 "어디가 좋지 않았나?"라고 묻겠지. 자네에게는 물을 만한 충분한 이유가 있네. 내가 아픈 적이 없었기 때문이지. 그러나 나는 만성질환으로 시달리고 있으며, 왜 그리스어 병명으로 부르는지 모르겠으나 그 질환을 '천식(Ἀσθμα, 영어로는 Asthma)'이라고 부르는 것이 적절해 보이네. 왜냐하면 그것은 '호흡의 짧음'이라고 표현해도 충분하기 때문이네.

천식 증상은 돌풍의 주기와 마찬가지로 아주 짧은 주기로 발생하네. 그건 주로 한 시간 이내에 끝나지. 누가 그렇게 오랫동안 숨을 내쉬겠나? 나는 육신으로 겪을 수 있는 모든 불편과 위험을 겪었지만, 이보다 더 고통스러운 것은 없어 보이네. 그리고 당연히 다른 것들도 질병이라 불리겠지만, 이것은 일종의 지속된 '마지막 숨'을 쉬는 것 같네. 따라서 의사들은 그것을 '죽음의 연습'이라고 부르네. 왜냐하면 그 숨이 오랫동안 시도해왔던 것을 언젠가 마침내 이어서 할 것이기 때문이지. 자네는 내가 그걸 벗어났기에 지금 즐거운 마음으로 이 편지를 쓰고 있다고 생각하나? 건강을 그 정도로 회복했다고 해서 기뻐하는 것은, 피고가 재판을 연기하는 데 성공한 것을 마치 자신이 재판에서 승소한 것처럼 생각하는 것처럼 어리석을 것이네. 그러나 힘겹게 숨을 쉬는 도중에도 나는 결코 즐겁고 용감한 생각들을 확보하길 그치지 않았다네.

　나 자신에게 이렇게 말했네. "왜 죽음은 나를 이렇게 자주 시험할까? 그렇게 하도록 내버려 두자. 나 자신이 오랫동안 죽음을 시험했으니 말이야." 자네는 언제 그랬느냐고 물을 것이네. 내가 태어나기 전에 그랬다네. 죽음은 비존재이고, 나는 그것이 무슨 의미인지 이미 알고 있다네. 내 이전에 있었던 것은 내 이후에 다시 있을 것이네. 이 상태에 어떤 고통이 있다면, 우리가 대낮의 빛으로 들어오기 이전의 과거에도 그런 고통이 있었을 것이네. 그러나 사실상 우리는 그때 아무런 불편을 느끼지 못했네. 그리고 나는 자네에게 이렇게 묻고 싶네. "자네는 등잔이 불이 켜지기 전보다 불이 꺼졌을 때가 더 나쁘다고 믿었던 사람을 가장 어리석다고 말하지 않겠는가?"라고. 우리도 또한 불이 꺼지고 불이 켜지는 것이라네. 고통의 시간은 그 중간이고, 양쪽에는 더 깊은 평화가 있네. 왜냐하면 내 친구, 루킬리우스, 내가 크게 틀리지 않았다면, 죽음이 사실은 우리를 앞서기도 하고 다시 우리를 뒤따르기도 하는데, 그것이 오직 뒤따르기만 한다고 생각하는 것은 잘못이기 때문이지. 우리가 태어나기 전에 존재했던 어떤 것이 있었다면, 그것은 죽음이네. 왜냐하면 우리가 전혀 시작하지 못하는 상태와 우리가 중단하는 상태의 결과가 모두 비존재라면, 그 두 가지 상태들 가운데 어떤 상태든 상관이 없기 때문이네.

　나는 이처럼 힘이 되는 조언들로 끊임없이 나 자신을 조용히 응원했네. 왜냐하면 나는 말할 힘이 없었기 때문이지. 그렇지만 그처럼 짧은 간격으로 쉬었던 숨을 서서히 더 큰 간격으로 쉬게 되었고 헐떡임도 줄었다지. 지금까지도 천식은 없고, 숨을 정상적으로 쉬고 있네. 여전히 숨 쉬는데 끊김과 지체가 있긴 하지만 말일세. 정신이 숨을 못 쉬는 게 아니라면, 그 정도로 만족하네. 이 자신감을 받아들이게. 나는 마지막 순간이 오더라도 결코 두려워하지 않을 것이네. 나는 이미 준비가 되어 있고, 또한 하루를 미리 계획하지 않네. 그러나 자네는 삶을 즐거워하면서도 죽음을 주저하지 않는 사람을 칭찬하고 닮으려 하는가? 쫓겨날 때 떠나는 것에는 무슨 장점이 있겠는가? 그러나 여기에도 장점이 있네. 나는 사실상 쫓겨나고 있지만, 그것은 마치 내가 자의적으로 떠나는 것 같네. 그렇기 때문에 현명한 사람은 결코 쫓겨나지 않는 것이지. 왜냐하면 그것은 그가 떠나려 하지 않는 곳에서 제거되는 것을 의미하기 때문이네. 그는 필연성이 강제하려는 것을 자발적으로 함으로써 필연성을 벗어나는 것이네. 잘 있게.

편지 56

마음이 심란한 이유

공부하기 위해 스스로 은둔하는 사람에게 고요함보다 더 필요한 것이 있다고 내가 생각한다면 나를 욕해도 좋네. 내 귀를 울리는 소리의 종류가 얼마나 많은지 생각해 보게. 나는 대중목욕탕 저쪽 너머에 살고 있네. 그러니 내 청력 자체를 미워하게 만들 정도로 강한 소리 모음을 생각해 보게. 강건한 사람이 납으로 장식된 역기로 운동할 때, 그가 열심히 일하거나, 또는 열심히 일하는 척할 때, 나는 그가 힘쓰는 소리를 듣게 되네. 그리고 그가 참았던 숨을 쉴 때마다 나는 거친 소리를 헐떡거리는 것을 듣게 되네. 또는 나는 싸구려 안마에 만족해 있는 게으른 어떤 사람의 어깨를 계속 탁탁 두드리는 소리를 듣게 되는데, 손이 평평한 곳을 때리는가 또는 움푹한 곳을 때리는가에 따라 소리가 달라지네. 그런 뒤에 아마도 구기 시합의 심판이 점수를 외치는데, 그것이 마지막이네. 여기에 현장에서 잡힌 싸움꾼과 소매치기, 목욕탕에서 항상 자기 목소리를 듣고 싶어 하는 사람, 또는 수영장에서 큰소리를 내고 물을 튀기며 뛰어드는 사람, 크고 명료한 목소리를 가진 사람을 더할 수 있을 것이네. 갑자기 가늘고 날카로운 소리를 갖고 광고하기 위해 계속 소리를 내면서, 겨드랑이털을 뽑고 피해자를 대신 소리치게 만들 때를 제외하고는 혀를 전혀 쉬지 않고 털 뽑는 사람을 생각해 보게. 그런 뒤에 특별하고 독특한 어조로 자신들의 물품을 판매하는 빵 장수와 소시지 장수와 제과 제빵사, 간이식당의 모든 행상들의 다양한 외침을 듣네.

자네는 이렇게 말하겠지. "비록 인간의 끊임없는 인간의 일들이 우리의 크리시포스를 죽음으로 이끌었지만, 만약 자네의 마음이 그처럼 다양하고도 상충하는 소음들 사이에서도 확고하다면, 자네는 의지가 강한 사람이거나 완전히 귀먹은 사람일 것이네." 그러나 어떤 부족이 나일 폭포의 소음을 견딜 수 없어서 그 부족의 도시를 옮겼다는 이야기를 생각나게 하기도 하지만, 정말로 나는 파도 소리나 폭포 소리보다 그 소음에 더는 신경 쓰지 않네. 소음보다 이야기가 나를 더 산만하게 하는 것 같네. 왜냐하면 이야기는 주의를 필요로 하지만, 소음은 단지 귀를 채우고 귀 위를 때리기 때문이네. 나를 산만하게 하지 않는 주변의 소음에는 지나가는 마차, 같은 구역의 기술자, 근처의 톱 가는 사람, 또는 분수 근처에서 작은 파이프와 피리를 연주하는 사람 등이 포함되네.

더구나 간헐적인 소음이 지속적인 소음보다 더 나를 심란하게 하네. 그러나 지금까지 나는 그 모든 것에 대해 맞설 수 있도록 내 신경을 강하게 만들었기 때문에, 갑판장이 선원들에게 시간을 알리는 날카로운 소리도 견딜 수 있네. 왜냐하면 나는 마음을 집중하도록 만들었고, 그 외부의 것들로 벗어나지 못하도록 했기 때문이네. 내부에 소란이 없을지라도, 두려움이 내 가슴속에서 욕구와 다투지 않을지라도, 탐욕과 사치가 상충하지 않고 하나가 다른 하나를 괴롭히지 않을지라도, 외부의 모든 것이 소란스러울 수도 있네. 우리의 감정들이 소란스럽다면, 조용한 이웃에게는 어떤 이익이 있겠는가?

모든 것은 밤의 조용한 휴식 속에서 해결되었나니….

이것은 사실이 아니네. 왜냐하면 이성이 해결할 때를 제외하고는 조용한 휴식이란 있을 수 없기 때문이네. 밤은 소란을 제거하기보다는 야기하고, 단순히 우리의 걱정을 변화시키네. 사실상 잠자는 사람들의 꿈들은 그들의 낮들만큼이나 골칫거리네. 진정한 조용함은 마음의 평온한 상태가 펼쳐질 때네. 자신의 넓은 저택을 조용하게 만들고, 모든 시종들에게 어떤 소리도 들리지 않도록 조용히 하고 그에게 올 때는 발끝으로 걸으라고 지시하고 잠을 청하려 하는 불행한 사람을 생각해 보게. 그는 이리저리로 굴러다니며 조바심 속에서 잠깐이라도 자 보려고 하네. 그는 아무 소리가 나지 않았음에도 소리를 들었다고 불평한다네. 자네는 그 이유가 무엇인지 묻고 싶을 것이네. 그를 괴롭히는 것, 달래져야 하는 것은 그의 마음, 즉 해결되어야 하는 것은 마음의 갈등이네. 어떤 사람의 육체가 휴식하고 있다는 것이 그가 평온하다고 생각할 만한 이유는 아니네. 때로는 휴식 그 자체가 휴식이 아니기 때문이네. 그렇기 때문에 스스로 견딜 수 없는 이러한 나태 자체가 우리를 나쁜 상태로 몰아넣을 때, 우리는 움직여야 하고 또한 익숙한 일을 하면서 바쁘게 만들어야 하는 것이네.

유명한 장군들이 자신들의 부대가 반란을 일으키려 하는 것을 볼 때, 그들은 그들에게 일을 시킴으로써 통제하고, 또한 훈련을 시킴으로써 그들을 바쁘게 만드네. 그들이 바쁠 때, 그들은 반란을 일으킬 여유가 전혀 없으며, 휴식의 단점은 힘든 일을 통해 없어진다는 것은 명백한 상식이네. 비록 사람들은 내가 정치에 혐오감을 느끼고 반갑지도 않은 혐오감에서 은둔하려 한다고 생각했겠지만, 걱정과 권태가 나를 몰아간 은신처에서 나의 야망이 새롭게 발전하기도 한다네. 왜냐하면 나의 야망은 뿌리가 뽑혔기 때문에 약해진 것이 아니라 그것에 싫증이 났거나, 또는 아마도 계획의 실패로 인해 힘을 잃었기 때문일 것이네. 이것은 때때로 소멸되는 듯이 보이지만, 검소한 삶을 사는 사람들을 괴롭히고, 또한 금욕 생활을 하면서 우리가 실제로 비난하지는 않고 다만 뒤에 남겨 두었던 쾌락을 추가하는 사치와 관련해서도 마찬가지네. 그것이 더 은밀할수록, 그 힘은 더 강하다네. 숨겨지지 않은 모든 잘못들은 덜 심각하네. 숨겨졌던 질병이 드러나서 그 위력을 보일 때도 회복되고 있는 것이네. 탐욕, 야망, 그리고 정신의 다른 사악함도 그렇네. 그런 것들이 안전한 것들로 위장한 채 숨어 있을 때가 가장 위험하다는 것을 자네는 확신해도 좋네.

사람들은 우리가 은퇴했다고 생각하지만, 아직 그렇지 않네. 왜냐하면 만약 우리가 진정으로 은퇴했고, 물러나겠다는 신호를 보냈고, 또한 외적인 유혹을 경멸했다면, 내가 위에서 말했듯이 어떤 외적인 것도 우리를 혼란하게 하지 않을 것이네. 우리의 생각이 확고하고 확실해졌을 때, 어떤 종류의 사람이나 새의 노래도 그걸 방해하지 못할 것이네. 말이나 외부의 사건에서 시작된 생각은 불안정하고, 그 자체에 집중하지 못하니 말일세. 그것은 불안과 뿌리 깊은 두려움의 요소를 그 안에 포함하고 있으며, 또한 이것은 베르길리우스가 말하듯이 우리를 걱정거리로 만들기 때문이네.

예전에는 어떤 화살이나 무리를 지은 그리스인들도 내게 겁을 주지 못했지만, 지금 나는 모든 산들바람이나 모든 소리에도 몸서리를 친다네. 내게 맡겨진 나의 동료와 그 사람 때문에.

이 사람의 첫 번째 상태는 현명함이었네. 그는 휘둘린 창에도 놀라지 않았고, 무리를 지은 적들의 갑옷 부딪치는 소리에도 놀라지 않았으며, 또한 도시가 무너지는 소음에도 놀라지 않았네.

그 사람의 두 번째 상태는 자신의 관심사에 대해 염려하는 지식의 부족이었네. 그는 모든 소리를 위협으로 받아들이고 의기소침해졌으며, 아주 작은 소란에도 경악했네. 그가 두려워하는 이유는 그에게 맡겨진 짐 때문이었네. 많은 책임이 따르고, 많은 짐을 짊어진 행복한 사람들 가운데 한 사람을 고르게 되면, 자네는 '자신에게 맡겨진 동료와 그 사람 때문에 두려워하는' 그를 보게 될 것이네.

그러므로 어떤 외침도 자네에게 아무런 영향을 미치지 못할 때, 그리고 어떤 말이 아첨이든 위협이든 또는 자네 주변에서 의미 없는 소음으로 윙윙대는 공허한 소리든 상관없이, 그것이 자네에게 아무런 충격을 주지 못할 때, 자네는 평온함을 느낄 것이네. 자네는 "그렇다면 때로는 단순히 소란을 피하는 것이 더 간단한 문제가 아닌가?"라고 말할 것이네. 나도 그걸 인정하네. 그래서 나는 여기서 이사를 할 것이네. 나는 단지 나 자신을 시험하고, 연습시켜 보고 싶었을 뿐이네. 오뒤세우스(율리시즈)[56]가 동료들을 위해 사이렌[57]에 대항할 수 있는 간단한 방법을 찾았는데, 내가 더 고통을 당할 필요가 있겠나? 잘 있게.

---

56   그리스 신화의 인물로서, 트로이 목마의 고안자이다.
57   여자의 모습으로 선원들을 유혹한다고 말해지는 그리스 신화 속의 위험한 존재.

여행이 안겨 주는 생각

내가 바이아에서 나폴리로 돌아가야 했을 때, 폭풍우가 몰아치고 있으니 배를 이용한 또 다른 여행은 피해야 한다고 나 자신을 쉽게 설득했네. 그러나 도로가 온통 진흙탕이었지만 그래도 여행을 계속할 수밖에 없다고 생각했네. 그날 나는 운동선수의 삶을 살아야 했네. 진흙을 묻히는 것에서 시작하여, 나폴리의 터널에서는 모래를 뒤집어써야 했네. 그 감옥보다 더 긴 곳은 있을 수 없었고 그 횃불들보다 더 어두운 것도 있을 수 없어서, 어둠 속에서 보는 것이 아니라 어둠을 볼 수밖에 없었지. 그러나 그곳에 있는 빛은 야외에서도 답답하고 불편할 정도로 먼지가 가리고 있었네. 자네 생각에는 먼지가 뭉쳐서 뒤범벅되었을 뿐만 아니라 환기되지 않고 닫힌 그곳이 어땠을 것 같나? 우리는 두 가지의 상충하는 불편을 동시에 인내해야 했네. 같은 도로에서 같은 날 진흙과 먼지를 통과하면서 힘겹게 움직여야 했다는 것이네.

그러나 그 어둠은 내게 생각할 재료를 제공해 주었네. 흔하지 않은 일의 독특함과 불편함으로 인해, 나는 약간의 정신적 충격을 받았고, 또한 두려움이 동반되지 않은 변화를 느꼈네. 물론 나는 완전한 사람도 아니고 또한 중간 정도의 사람도 아니기 때문에, 내가 지금 자네에게 나 자신에 대해 이야기하는 것은 아니네. 나는 운명도 어쩌지 못하는 사람을 말하는 것이네. 그런 사람의 마음도 흥분으로 고통받을 것이며, 색깔을 바꾸게 될 것이네. 왜냐하면 내 친구, 루킬리우스, 어떤 용기로도 피할 수 없는 그런 어떤 감정들이 있을 것이기 때문이지.

대자연은 용기가 얼마나 쉽게 소멸되는가를 생각하게 만드네. 따라서 용감한 사람은 형편없는 경험들에 놀라며, 갑작스런 일들에 몸서리를 치며, 엄청나게 높은 벼랑의 한쪽 끝에 서서 내려볼 때 어지러움을 느낄 것이네. 이것은 그가 겁쟁이라서 그런 것이 아니라 이성으로도 극복할 수 없는 자연적인 감정이라서 그런 것이네. 이것이 자신들의 피를 기꺼이 흘릴 준비가 되어 있는 용감한 사람들도 다른 사람들의 피를 차마 눈 뜨고 보지 못하는 이유라네. 어떤 사람들은 금방 다친 상처를 치료하는 걸 보고 쓰러지거나 기절하고, 다른 어떤 사람들은 곪고 있는 오래된 상처를 치료하거나 보고서 그와 마찬가지로 충격을 받지. 또한 어떤 사람들은 칼로 인한 상처를 보는 것보다 차라리 칼을 맞는 것이 더 쉽다고 생각하네.

따라서 내가 말했듯이, 나는 어떤 변화를 경험했지만, 그것을 혼돈이라고 부를 수는 없을 것이네. 그런 뒤에 햇빛이 다시 비추자 뜻밖에도 다시 즐거워졌네. 그리고 나는 어떤 대상들을 많이 또는 조금이라도 두려워한다는 것이 얼마나 어리석은가에 대해 생각하기 시작했네. 왜냐하면 그것들은 모두 같은 방식으로 끝나기 때문이지. 우리에게 무너져 내리는 것이 감시탑이든 산이든 아무런 차이가 없기 때문이지.

자네는 그것들이 아무런 차이가 없다는 것을 알 것이네. 그런데 두 가지 사고가 모두 치명적이지만, 산이 무너지는 것을 훨씬 더 무서워하는 사람들이 있을 것이네. 자네는 내가 지금 무거운 어떤 것에 짓눌린 사람의 영혼은 자유롭게 떠날 기회를 갖지 못했기 때문에, 그것이 견디지 못하고 금방 짓이겨질 것이라고 주장하는 스토아 철학자들을 언급하고 있다고 생각하나? 나는 지금 그들을 언급하는 게 아니네. 내가 그렇게 하고 있다고 생각하는 사람들은 틀린 것이네.

불은 그것을 짓누르는 물건의 구석들로 빠져나가기 때문에 그것을 짓이길 수 없으며, 이와 마찬가지로 공기는 채찍이나 주먹으로 손상을 입히거나 칼로 자를 수도 없고, 그것이 위치하는 물건 주변으로 다시 돌아온다네. 이와 마찬가지로 미세한 입자들로 이루어진 영혼은 육체 안에 잡아 두거나 부수지 못하지만, 아주 미세하기 때문에 그것을 짓누르는 대상을 통과해서 벗어날 수 있지. 번개와 마찬가지로, 그것이 얼마나 넓게 치거나 비추든 상관없이 좁은 통로로 돌아온다네. 따라서 불보다 훨씬 더 미세한 영혼은 육체의 어떤 부분을 통해서든 벗어날 방법이 있네. 그러므로 영혼이 죽는 것이든 아니든, 우리는 이런 결론에 도달하게 되네. 이것을 믿어도 좋네.

만약 육체가 죽은 뒤에 영혼이 살아남는다면, 영혼은 어떤 경우든 죽지 않을 것이네. 왜냐하면 그것은 소멸하지 않기 때문이네. 불사의 규칙은 예외를 허용하지 않으며, 영원히 존재하는 것에 해를 끼칠 수 있는 것은 아무것도 없기 때문이네. 잘 있게.

편지 60

쓸모 있는 사람

나는 소장을 접수하고, 소송을 걸고, 화가 나 있네. 자네는 여전히 자네의 간병인, 자네의 보호자, 자네의 모친이 자네를 위해 무엇을 기도했는지 알고 싶은가? 그들이 어떤 나쁜 것을 위한 기도를 했는지 아직 이해하지 못하는가? 아아, 우리 자신의 가족들이 가진 소망이 우리에게 얼마나 적대적인가? 내 나이가 되면, 우리의 어린 시절부터 사악한 것만이 우리와 함께 해왔다는 것이 전혀 놀랍지 않을 것이네. 왜냐하면 우리는 우리 부모들의 저주 속에서 자랐기 때문이네. 우리 자신을 위한 우리의 외침, 어떤 것도 바라지 않는 우리의 외침에 신들이 귀 기울이게 하세.

언제까지 우리는 마치 우리가 여전히 우리 자신을 지탱하지 못하는 것처럼 신들에게 요구할 것인가? 언제까지 우리는 마을의 큰 시장들을 곡식으로 채울 것인가? 언제까지 사람들을 우리를 위해 그것을 모을 것인가? 언제까지 많은 배들이 어떤 하나의 바다에서 오지 않는 필수품들을 한 끼 식사를 위해 운반할 것인가? 황소는 아주 적은 목초지에 만족하고, 하나의 숲이 한 무리의 코끼리에게 충분하지만, 인간은 육지와 바다 모두에서 양식을 구하네.

무슨 말을 하겠는가? 대자연이 우리에게 크지 않은 이 육체를 줄 때 채워지지 않는 위장을 줬고, 그래서 우리는 가장 크고도 가장 게걸스러운 동물들의 탐욕을 능가하는가? 전혀 그렇지 않네. 실제로 대자연을 만족시키는 것은 얼마나 작은 양인가? 대자연은 아주 적은 양으로도 만족하네. 그처럼 많은 비용이 드는 것은 위장의 굶주림이 아니라 우리의 허세네. 살루스티우스[58]의 표현처럼, 그것은 인간이 아니라 동물에 포함되는 '탐욕의 노예들'로 간주하세. 그 가운데 어떤 것들은 동물이 아니라 시체에 포함되네. 사람이 다른 많은 사람들에게 유용할 때, 그는 살아 있다고 할 수 있네. 자신을 쓸모 있게 만드는 사람이 정말로 살아있다는 것이네. 그러나 구멍으로 기어들어 무기력한 삶을 사는 사람들은 마치 자신들의 무덤에서 살기라도 하는 것처럼 자신들의 집에서 살아가네. 그런 사람들은 그들이 죽기 이전에 이미 죽어 있는 것이기 때문에, 자네가 그 집의 대리석 문패에 묘비명을 적어 줘도 좋을 것이네. 잘 있게.

---

[58]　기원전 86년~기원전 34년, 로마 역사학자.

떠나기 위한 준비

우리가 오랫동안 바랐던 것에 대한 욕구를 멈추세. 최소한 나는 이렇게 하네. 최소한 나는 어렸을 때 바랐던 것에 대한 욕구를 늙은 뒤에야 멈췄네. 이 하나의 목표를 위해 나는 밤낮을 보냈네. 내 지병을 치유하는 것이 나의 목표였고, 내 사고의 목표였네. 나는 살기 위해 매일같이 노력했지. 마치 그것이 마치 완전한 삶이라도 되는 듯이 말일세. 나는 그것이 마치 마지막이라도 되는 것처럼 그것을 움켜쥐려 하지는 않았지만, 나는 그것이 마치 마지막이라도 될 수 있는 것처럼 생각했네. 마치 이 편지를 쓰는 동안에 죽음이 나를 불러내기라도 하는 것처럼 생각하면서, 지금 이 편지를 자네에게 쓰고 있네. 나는 내가 떠날 미래의 시간에 대해 크게 염려하지 않기 때문에, 나는 떠날 준비가 되어 있고, 또한 나는 삶을 즐길 것이네.

내가 늙기 전에, 나는 잘살려고 노력했네. 이제 나는 늙었고, 잘 죽으려고 노력할 것이네. 잘 죽는다는 것은 기쁘게 죽는다는 것을 의미하네. 어떤 것도 억지로 하지 않도록 하게. 어떤 사람에게 강제적인 것도 그가 기꺼이 하는 것이라면 결코 강제적인 것이 아니네. 이것이 내가 의미하는 것이네. 명령에 기꺼이 복종하는 사람은 의지와 반대로 행동하는 노예적인 부분을 벗어난 것이네. 명령에 따라 어떤 것을 하는 사람은 불행하지 않네. 그러나 자신의 의지와 반대되는 어떤 것을 하는 사람은 불행하네. 그러므로 상황에 의해 요구되는 것을 욕구하겠다고 결심하고, 무엇보다 슬퍼하지 않고 목적에 대해 생각하도록 결심하도록 하세.

우리는 삶을 준비하기 전에, 죽음을 준비해야 하네. 삶은 잘 준비되어 있지만, 우리는 그 준비에 너무 욕심을 부린다네. 무언가가 항상 부족한 듯이 보이고, 또한 항상 부족한 듯이 보일 것이네. 충분히 오래 산다는 것은 우리의 세월에 의존하는 것도 아니고 우리의 나날에 의존하는 것도 아니네. 이 정도면 충분하네. 나는 죽음을 기다리네. 잘 있게.

편지 62

나 자신의 주인

많은 일들이 자유로운 탐구를 방해하는 것처럼 보이게 만드는 사람들은 거짓을 보이는 것이네. 그들은 할 일을 꾸미고 과장하며, 또한 자신들의 일을 만들어 내네. 루킬리우스, 나는 말이야, 나는 자유롭네. 정말로 자유롭고, 내가 어디에 있든, 나는 나의 주인이네. 왜냐하면 나는 일에 굴복하기보다 나를 빌려주기 때문이네. 그리고 나는 시간 낭비를 변명하려 하지도 않네. 그리고 나는 어디서든 명상을 하고 건전한 생각을 하네. 친구들과 시간을 보낼 때, 나는 혼자 있는 시간을 멈추지도 않고 또한 특별한 경우나 내 지위에서 야기되는 문제와 관련하여 알게 된 사람들과 길게 시간을 보내지도 않네.

그러나 나는 가장 좋은 친구들과 시간을 보내네. 그들이 어떤 지역에서 살았든 또는 그들이 몇 살이든 상관없이, 나는 내 생각들이 그들에게 전달되게 하네. 예를 들어, 나는 가장 훌륭한 사람인 데메트리우스와 동반하고, 그와 이야기하기 위해 보라색으로 염색된 예복을 포기하고 반나체가 되며, 그를 높이 존경했네. 내가 그를 존경하면 안 될 이유가 무엇인가? 그는 결함이 전혀 없는 듯했네. 모든 것들을 경멸하는 것은 사람의 능력이지만, 모든 것들을 소유하는 것은 어떤 사람의 능력도 아니네. 부자가 되는 가장 빠른 길은 부자를 경멸하는 것이네. 그러나 우리의 친구 데메트리우스는 마치 모든 것들을 경멸하는 방법을 배운 것처럼 보일 뿐만 아니라 마치 그것들을 다른 사람들이 소유하도록 넘겨준 것처럼 보이기도 하네. 잘 있게.

편지 63

친구의 죽음과 애도

자네의 친구 플라쿠스[59]가 세상을 떠났다는 소식을 듣게 되어 슬프지만, 나는 자네가 너무 많이 슬퍼하지는 않길 바라네. 나는 전혀 슬퍼하지 말라고 요구하지는 못하겠으나, 그것이 더 낫다는 것은 분명하네. 그러나 어떤 사람이 운명이 도달할 수 있는 것보다 더 멀리 나아가지 않았다면, 누가 그처럼 견고한 정신을 가질 수 있겠나? 그런 사람도 이런 일을 당하겠지만, 그것은 한 번에 불과할 것이네. 그렇지만 우리가 지나치게 많은 눈물을 흘리지만 않는다면, 그리고 우리 자신의 노력을 통해 그것을 확인했다면, 우는 것이 용서될 수도 있을 것이네. 우리가 친구를 잃었을 때, 눈이 마르게도 하지 말고 눈물이 너무 많이 흐르게도 하지 말게. 우리는 눈물을 흘릴 수도 있지만, 통곡을 해서는 안 되네.

가장 위대한 그리스 시인인 니오베[60]도 음식 생각을 했다고 말하는 부분에서 하루 동안 눈물을 흘릴 권리를 허용했는데, 자

59　기원전 65년~기원전 8년, 로마 시인.

네는 내가 자네에게 제시한 규율이 너무 지나치다고 생각하나? 자네는 애도와 과도한 눈물의 이유를 알고자 하는가? 그것은 우리가 사별의 증거를 눈물에서 찾으며, 슬픔을 이기지 못하고 단지 그것을 내보이기 때문이네. 누구도 혼자 슬퍼하지는 않네. 우리의 부적절한 어리석음을 부끄러워해야 하네. 우리의 슬픔에도 이기적인 요소가 있네.

자네는 "그러면 내가 어떻게 해야 하나?"라고 말할 걸세. 자네가 그에게 주는 것이 오직 자네가 슬퍼하는 동안만 지속된다면, 그것은 단기 기억이 분명하네. 조만간에 자네 이마의 주름이 웃음에 의해 펴질 것이네. 모든 죽음이 위로받을 때, 심지어 가장 강렬한 슬픔이 약해질 때, 나는 긴 시간을 바라보고 있는 것이 아니네. 자네가 스스로 지켜보는 것을 멈추자마자, 자네가 생각해왔던 슬픔의 모습은 희미해질 것이네. 지금 자네는 자네 자신의 고통을 계속 지켜보고 있네. 그러나 자네가 지켜보고 있는 동안에도 그것은 자네에게서 멀어지고 있으며, 그것이 강렬할수록 그것은 더 빠르게 사라질 것이네.

우리가 잃어버린 것들에 대한 기억이 즐거운 기억이 되도록 하게. 고통이 없이는 생각할 수 없는 어떤 것으로 기쁘게 돌아갈

---

60 그리스 신화에 나오는 테바이의 왕 암피온의 아내로서, 인간인 자신의 자식들이 레토 여신의 남매보다 더 훌륭하다고 자랑했다가 화가 난 레토 여신에 의해 14명의 아이들이 모두 살해되었고, 니오베는 비통함에 울다가 돌이 되었으나 그 후에도 돌에서 계속 눈물이 흘렀다고 전한다.

수 있는 사람은 아무도 없네. 이것은 우리가 사랑했고 우리가 잃어버린 것들의 이름은 고통과 함께 우리에게 다가오지만, 이 고통조차도 그것만의 기쁨을 갖는 것을 피할 수 없는 것과 같네. 왜냐하면 우리의 친구 아탈로스가 종종 말했듯이, "친구들에 대한 기억은 사과의 신맛이 달콤한 방식으로, 또는 아주 오래 숙성된 술의 쓴맛이 우리를 기쁘게 하는 것처럼 기쁘지만, 어느 정도의 시간이 흐른 뒤에 우리를 아프게 했던 모든 것은 희미해지고 완전한 기쁨만"이 남기 때문이지. 만약 우리가 그를 믿는다면, "살아 있는 친구들에 대해 생각하는 것은 꿀과 빵을 즐기는 것과 같고, 죽은 친구들에 대한 기억은 비통함이 없지 않은 즐거움을 주네. 그러나 쓴맛과 신맛을 가진 이것들조차 위를 자극하는 데 사용된다는 것을 누가 부정할 것인가?" 나는 그에게 동의하지 않네. 죽은 친구들에 대한 생각은 내게 달콤하고도 매력적이네. 왜냐하면 나는 그것들을 언젠가 잃을 것을 알면서 갖고 있었고, 나는 그것들을 잃었지만 여전히 가진 것처럼 느끼고 있기 때문이네.

그러니 내 친구 루킬리우스, 자네의 훌륭한 판단에 따라 행동하고 운명이 부여해 준 선물에 대해 잘못된 해석을 하지 말게. 운명은 우리에게서 빼앗아 가기도 하지만, 우리에게 주기도 하네. 친구들과 욕심껏 즐기게. 우리가 이 특권을 언제까지 가질 수 있을지 모르니 말일세. 우리가 멀리 여행을 떠날 때 얼마나 자주 그들을 떠나는지, 그리고 우리가 같은 장소에서 머무를 때 얼마나 자주 그들을 만나지 못하는지를 생각해 보세. 우리는 그들이 살아 있을 때 함께하지 못한 시간이 너무도 많다는 것을 알게 될 걸세. 그러나 자네는 친구들을 아주 무심하게 대하지만 그들을 가련하게 여겨 애도하고, 그들을 잃지 않으면 아무도 사랑하지 않는 사람들을 용인할 것인가? 사실상 그들이 그런 경우 그렇게 절제하지 않고 애도하는 이유는 자신들이 실제로 친구들을 사랑했었는가에 대해 다른 사람들이 의심할 것을 두려워하기 때문이네. 그들은 자신들이 가졌던 감정의 증거를 찾으려 하지만 이미 너무 늦은 것이지.

우리에게 다른 친구들이 있다면, 우리는 그들을 소중하게 대하거나 생각하지 않는 것이네. 왜냐하면 그들은 한 사람의 죽음을 위로하기에는 너무도 미약하기 때문이지. 다른 한편으로, 만약 우리에게 다른 친구들이 없더라도, 우리는 운명이 우리에게 상처를 입힌 것보다 더 큰 상처를 입힌 것이네. 운명은 우리에게서 한 명의 친구를 뺏었지만, 우리는 우리가 사귀지 못한 모든 친구를 뺏은 것이기 때문이지. 다시 말해서, 한 사람 이상의 사람을 사랑할 수 없는 사람은 그 한 사람조차 충분히 사랑하지 못하는 것이네. 만약 강도를 만나 하나밖에 없는 옷을 뺏긴 사람이 추위를 피할 방법이나 어깨를 덮을 무언가를 찾기보다 자신의 처지를 한탄하려 한다면, 자네는 그가 완전히 바보라고 생각하지 않겠나?

자네가 사랑했던 사람의 장례를 치렀으니, 사랑할 다른 사람을 찾게. 친구를 위해 울기보다는 새로운 친구를 찾는 것이 낫네. 내가 덧붙이려는 말이 상당히 진부하다는 것을 아네. 그러나 나는 그것이 흔한 말이라고 해서 생략하지는 않을 것이네. 비록 사람은 자진해서 슬픔을 끝맺지 않을지라도, 단순한 시간의 흐름으로도 슬픔을 끝맺곤 하네. 그러나 지각 있는 사람에게 가장 수치스러운 슬픔의 치료제는 슬픔에 지쳐 가는 것이네. 슬픔이 자네를 버리는 것이 아니라 자네가 슬픔을 버리기를 바라네. 그리고 비록 자네가 슬픔을 멈추고 싶어 할지라도, 그것을 오랫동안 유지하는 것이 불가능하므로 가능한 한 빨리 멈춰야 하네.

우리의 조상들은 여성의 경우에 애도 기간을 최대 일 년으로 규정했는데, 그들이 그렇게 한 것은 그처럼 오랫동안 애도하게 하기 위해서가 아니라 그들이 더 이상 애도하지 못하도록 하기 위해서였네. 남성의 경우에는 애도 자체가 명예롭지 못한 것으로 간주되었기 때문에 정해진 규칙이 없네. 그럼에도 불구하고 화장용 장작더미에서 끌어내거나 시신에서 떼어낼 수 없는 모든 불쌍한 여성들 가운데 한 달 내내 눈물을 흘린 사람을 한 사람이라도 말할 수 있겠는가? 슬픔만큼 빠르게 혐오되는 것은 없네. 슬픈 일이 생긴 지 얼마 되지 않았을 때는 그걸 위안해 주는 사람도 있고 함께 해 주는 사람도 있지만, 오래 지속될 때는 부적절한 것으로 여겨지기도 하는데, 이렇게 보는 것은 옳은 것이네. 왜냐하면 그것은 가식이나 어리석음이기 때문이지.

이런 말을 자네에게 쓰고 있는 것은 다른 사람이 아닌 바로 나라네. 나는 친한 친구 세레누스[61] 때문에 너무도 심하게 울었고, 따라서 내가 소망하는 바와 달리 나는 슬픔을 가누지 못했던 사람들의 부류에 포함되어야 하네. 그러나 오늘 나는 이러한 내 행동을 비난하며, 내가 그토록 심하게 애통해했던 주된 이유는 그가 나보다 먼저 죽을 수도 있다는 것을 전혀 상상하지 못했기 때문이네. 내게 떠올랐던 유일한 생각은 그가 나보다 젊다는 것, 그리고 그가 나보다 훨씬 젊다는 것이었네. 마치 운명이 우리의 나이에 따른 순서를 지켜 주기라도 할 것처럼 말일세.

그러므로 우리 자신의 죽음에 대해 계속 생각하듯이, 우리가 사랑하는 모든 사람들의 죽음에 대해서도 계속 생각해 보세. 예전에 나는 "내 친구 세레누스가 나보다 젊지만, 그게 무슨 상관인가? 그는 당연히 나보다 늦게 죽겠지만, 나보다 먼저 죽을 수도 있겠지"라고 말했어야 했네. 내가 그런 이야기를 하지 않았기 때문에, 운명은 준비되지 않은 내게 갑자기 치명타를 안긴 것이네. 지금은 모든 사람들이 죽는다는 것뿐만 아니라 그들의 죽음이 정해진 법칙에 따른 것이 아니라는 점을 생각해야 할 시간이네. 언제든 생길 수 있는 일은 오늘 생길 수도 있다는 것이지. 그러나 내 사랑하는 친구, 루킬리우스, 유감스럽게도 세상을 떠난 그 친

구가 도달한 목표에 우리도 머지않아 도달하리라는 것을 생각하세. 그리고 현명한 사람이 말한 이야기가 사실이고, 우리를 맞이하는 목적지가 있다면, 우리가 잃었다고 생각하는 사람은 아마도 다만 먼저 떠난 것에 불과할 걸세. 잘 있게.

편지 64

스승에 대한 존경심

어제 자네는 우리와 함께 있었지. 내가 '어제'라고 간단히 말하는 것이 자네는 불만스러울지도 모르네. 그래서 내가 '우리와 함께'라는 말을 붙인 것이네. 왜냐하면 자네는 항상 나와 함께 있기 때문이지. 더 많은 수증기와 연기, 즉 흔히 부자의 굴뚝에서 터져 나와 파수꾼을 겁먹게 하는 그런 종류의 연기가 아니라 손님이 왔다는 것을 의미하는 순한 연기는 몇몇 친구들이 방문하고 있다는 것을 보여 주었네. 저녁 식사에서 늘 그렇듯이, 우리는 다양한 주제에 대해 이야기를 나누었고, 어떤 특정한 주제에 대한 결론에 도달하기보다는 한 주제에서 다른 주제로 뛰어넘으며 이야기를 나누었지.

그런 뒤에 우리는 섹스티우스[62]가 쓴 책을 낭독했네. 그 자신은 부정하겠지만, 그는 대단한 사람이네. 정말로, 그가 가진 힘과 정신은 대단하네. 모든 철학자들이 그런 것은 아니네. 저명한 인

---

[62] 기원전 50년경에 활동한 로마 철학자로서 피타고라스주의와 스토아주의를 혼합한 학파를 설립했다고 전한다.

물이면서도 무기력한 글을 쓰는 사람들이 있네. 그들은 규칙을 정하고, 논쟁하고, 투덜거리기도 하지만, 기운이 전혀 없기 때문에 기운을 불러오지도 못한다네. 자네가 섹스티우스의 글을 읽게 되면, 자네는 "그는 살아 있네. 그는 강하네. 그는 자유롭네. 그는 평범한 사람이 아니네. 그는 내가 그의 책을 덮기 전에 많은 자신감을 안겨 주네"라고 말하겠지. 내가 그의 책을 읽을 때, 내가 어떤 정신 상태에 있는지를 자네에게 알려 줄 수 있을 것이고, 나는 모든 위험에 도전하고 싶어질 테고, 또한 나는 "운명의 여신이여, 왜 당신은 나를 기다리게 합니까? 나를 명단에 넣어 주세요. 보세요, 나는 당신을 위해 준비되어 있습니다"라고 외치고 싶네. 나는 인간이 자신의 가치를 증명할 시험 장소를 찾는 인간의 정신력을 전제하네.

그리고 순한 동물들 사이에서 나는 기도하네
거품을 문 수퇘지가 지나는 것을, 또는
한 마리의 황갈색 사자가 언덕에서 내려오는 것을

나는 극복할 무언가를, 나의 인내심을 시험할 무언가를 원하네. 왜냐하면 이것이 섹스티우스가 소유한 또 다른 탁월한 자질이기 때문이지. 그는 자네에게 행복한 삶의 장엄함을 보여 주지만, 그것을 얻는 데 절망하게 만들지는 않을 것이네. 그것이 높은 곳에 있지만, 인내심을 찾고자 하는 의지를 가진 사람은 그것을 얻을 수 있다는 것을 자네는 알 것이네.

그리고 덕은 자네가 그것에 감탄하게 만들고, 또한 그것을 가지려는 희망을 갖게 하네. 최소한 내 경우에는 지혜에 대한 성찰에 많은 시간이 걸리네. 내가 마치 처음 보기라도 하는 것처럼 종종 바라보는 하늘 자체를 응시하듯이, 나는 그것을 당황스러워하면서 지긋이 지켜보네. 이처럼 지혜의 발견들과 그것의 발견자들을 숭배하네. 선조들의 유산에 관여한다는 것은 즐거움이네. 그들이 이 보물을 남겨 준 것은 나를 위한 것이었네. 그들이 고생했던 것은 나를 위한 것이었네. 그러나 우리는 조심스러운 집주인의 역할을 수행해야 하네. 우리는 우리가 물려받는 것을 늘려가야 하네. 이 유산은 나에게서 후손들에게로 전보다 더 많이 전해져야 하네. 여전히 해야 할 일이 많고, 많은 것이 항상 남아 있을 것이며, 또한 앞으로 수천 년 동안 태어날 후손이 더 많은 어떤 것을 할 기회를 방해받지는 않을 것이네.

그러나 옛 주인들이 모든 것을 발견했을지라도, 한 가지는 항상 새로울 것이네. 즉, 다른 사람들이 발견한 것들을 적용하고 학문적으로 탐구하고 분류하는 것이 새로울 것이네. 눈을 치료하기 위한 처방전이 우리에게 전해져 내려왔다고 가정해보세. 그 외의 다른 것들을 내가 찾을 필요는 없을 것이네. 그렇지만 그럼에도 불구하고 이 처방은 특별한 질병과 질병의 특정한 단계에 적용되어야 하네. 이 처방으로 눈의 쓰라림이 완화되고, 다른 처방으로 눈꺼풀의 붓기가 줄어들고, 이것으로 갑작스러운 통증이나 왈칵 쏟아지는 눈물이 예방되고, 다른 것으로 시력이 더 좋아진다고 가정해보세. 그러면 이런 몇 가지 처방들을 혼합하고, 올바른 적용 시기를 기다리고, 각각의 경우에 적절한 치료를 제공해야 할 것이네.

정신의 치료제도 고대인들에 의해 발견되었지만, 그 방법과 치료 시기를 배우는 것이 우리가 할 일이네. 우리의 선조들은 많은 발전을 이루었지만, 문제를 완전히 해결하지는 못했네. 그러나 그들은 존경받을 자격이 있고, 신들처럼 숭배되어야 하네. 나의 열정에 불을 붙이기 위해 위대한 선조들의 조각상들을 보존해야 하고, 그들의 탄생일을 축하해야 하네. 그들을 계속 존경하고 감사해야 하네. 내가 스승들에게 표하는 공경심과 같은 공경심을 그처럼 위대한 축복을 처음으로 흘러나오게 했던 인류의 스승들에게도 표하고자 하네.

만약 내가 집정관이나 치안감을 만난다면, 나는 영광된 자리에 있는 사람이 받게 되어 있는 모든 영광을 그들에게 돌릴 것이네. 나는 말에서 내릴 것이고, 모자를 벗을 것이고, 또한 길을 양보할 것이네. 그렇다면 카토, 라일리오스, 소크라테스와 플라톤, 제논과 클레안테스도 정중하게 맞을 것인가? 나는 그들을 진심으로 숭배하며, 그런 위대한 이름들이 언급된다면, 그들에 경의를 표하기 위해 항상 자리에서 일어설 것이네. 잘 있게.

편지 67

좋은 삶과 바람직한 삶

상식적인 이야기를 해도 된다면, 봄이 서서히 스스로 드러내고 있다고 말하겠네. 그러나 더운 날씨가 예상되는 여름 주변에 있지만, 아직 서늘해서 언제쯤 여름이 올 것인지는 확실하지 않네. 종종 겨울 날씨로 다시 돌아가곤 하기 때문이지. 날씨가 얼마나 불확실한지 알고 싶은가? 나는 완전히 차가운 물을 사용하지 않고, 지금도 나는 따뜻한 물을 섞어 쓴다네. 자네는 "그것은 뜨거운 물을 참는 것도 아니고 차가운 물을 견디는 것도 아니네"라고 말하겠지. 그래, 그 말이 맞네. 내 친구, 루킬리우스. 내 나이가 되면, 내 몸의 자연적인 냉기에 이미 익숙해져 있네. 그건 한여름에도 녹지 않는다네. 그래서 나는 대부분 옷을 껴입고 있네. 그리고 나는 나를 침대에 머물게 하는 늙은 나이에 고마운 마음을 느끼곤 하네. 내가 이 점에 대해 늙은 나이에 감사하지 않을 이유가 무엇이겠는가? 나는 내가 바라지 말아야 할 것을 할 능력이 이제는 없네. 내가 하는 대부분의 대화는 책과의 대화라네. 자네의 편지를 받을 때마다, 나는 내가 자네와 함께 있는 걸 상상하고, 글로

169

답장을 하는 것이 아니라 말하는 듯한 느낌을 갖게 되네. 그러니 마치 우리가 서로 이야기를 나누는 듯이, 자네가 묻고 있는 문제가 어떤 것인지 함께 살펴 보세.

자네는 좋은 것이 모두 바람직하냐고 묻고 있네. 자네는 "고문을 받을 때 용감한 것이 좋은 것이라면, 용기를 갖고 화형대로 가는 것이나 병을 감수하며 견디는 것 같은 것들이 바람직하다는 결론이 나오네. 그러나 나는 그 가운데 어떤 것이 기도할 가치가 있다고 생각하지 않네. 어쨌든 채찍질을 당해 상처가 나거나 통풍으로 체형이 뒤틀리거나 고문으로 키가 커졌을 때, 소망을 이루었다고 말하는 사람을 나는 아직 본 적이 없네"라고 말하고 있네. 내 친구, 루킬리우스, 자네는 이 경우들을 구분해야 하네. 그러면 자네는 그것들 안에 바람직한 어떤 것이 있다는 것을 이해할 것이네. 나는 고문받지 않기를 바라지만, 만약 그것을 견뎌야 할 때가 온다면, 나는 용기 있고 명예롭고 씩씩하게 행동하려 할 것이네. 물론 나는 전쟁이 일어나지 않길 바라네. 그러나 만약 전쟁이 일어난다면, 나는 부상과 굶주림과 전쟁이라는 위기가 가져오는 모든 것을 견딜 것이네. 또한 나는 질병을 열망할 정도로 미치지는 않았지만, 만약 내가 병에 걸린다면, 나는 아마도 참을성이 없다는 걸 보여 주는 어떤 일도 하지 않을 것이고, 또한 남자답지 않은 어떤 일도 하지 않을 것이네. 결론은 난관이 바람직한 것이 아니라 난관을 참을성 있게 견디게 만드는 덕이 바람직하다는 것이네.

우리 학파의 어떤 사람들은 그런 모든 성질들 가운데 강한 인내심을 반대하지도 않지만 바람직하다고 생각하지도 않네. 왜냐하면 우리는 오직 기도를 통해 순수하고 평화롭고 문제가 없는 선을 찾아야 하기 때문이지. 개인적으로 나는 그들에 동의하지 않네. 왜냐고? 첫 번째는 바람직하지 않은 어떤 것이 좋다는 것은 불가능하기 때문이네. 또한 만약 덕이 바람직하다면, 그리고 만약 좋은 것 가운데 덕을 결여하는 것이 전혀 없다면, 모든 좋은 것이 바람직하다고 말해야 할 걸세. 끝으로, 고문받을 때조차 용감한 인내심은 바람직하기 때문이네. 여기에서 나는 자네에게 "용기는 바람직한 것이 아닌가?"라고 묻고 싶네. 그러나 용기는 위험을 경멸하고 도전하네. 용기 가운데서 가장 아름답고도 가장 감탄할 만한 부분은 그것이 화형대에서도 움츠리지 않고, 부상에도 불구하고 앞으로 나아가며, 또한 때로는 심지어 창을 피하지 않고 반대쪽 가슴으로 받아들인다는 것이네. 만약 용기가 바람직하다면, 고문을 참아 내는 인내심도 바람직할 것이네. 왜냐하면 이것이 용기의 일부이기 때문이지. 내가 제안했듯이, 이것들을 분리하기만 하면, 자네가 길을 잃게 될 일은 전혀 없을 것이네. 왜냐하면 바람직한 것은 단순한 고문의 인내가 아니라 용감한 인내이기 때문이네. 따라서 나는 '용감한' 인내를 바라는 것이고, 이것이 바로 덕이네.

171

자네는 "그렇지만 누가 그런 것을 스스로 바라겠나?"라고 말할 걸세. 어떤 기도들은 개방적이고 솔직하게 구체적인 것들을 요구하지만, 다른 기도들은 한 가지 제목하에 많은 요구들을 포함하고 또한 간접적으로 표현하네. 예를 들어, 내가 명예로운 삶을 바란다고 해 보세. 이제 명예로운 삶은 다양한 종류의 행위를 포함하네. 그것은 레굴루스[63]가 갇혀 있는 궤짝, 또는 카토가 자기 손으로 찢어발겼던 자신의 상처, 또는 루틸리우스의 추방, 또는 소크라테스를 감옥에서 천국으로 보냈던 독배를 포함할 것이네. 따라서 명예로운 삶을 위해 기도하면서, 나는 갖지 않는다면 삶이 결코 명예로울 수 없는 그런 것들을 위해 기도하네.

오, 그들은 세 번, 네 번 기도했네.
트로이의 아주 높은 성벽들 밑에 있는 그들은
부모의 눈앞에서 행복한 죽음을 맞이했네.

이 기도를 개인에게 부여하든, 또는 그것이 과거에 바람직했었다는 것을 인정하든 무슨 상관이겠는가? 데키우스[64]는 국가를 위해 자신을 희생했네. 그는 말에 박차를 가해 적진으로 뛰어들

---

63   미상~기원전 250년경, 로마 장군.
64   서기 201년~251년, 로마 황제.

어 죽임을 당했네. 그의 뒤를 이은 두 번째 데키우스는 부친의 용기를 따르고 이미 가훈이 되었던 성스러운 말을 재현했네. 그는 자신의 희생이 성공의 징조가 되기만을 바라는 한편, 고귀한 죽음을 바람직한 것으로 여기면서 전투의 중심으로 돌진했네. 자네는 용기 있는 행동을 하면서 영광되게 죽는 것이 가장 좋다는 것을 의심하는가? 어떤 사람이 고문을 용감하게 인내할 때, 그는 모든 덕들을 사용하는 것이네. 인내는 아마도 볼 수 있고 가장 명백한 유일한 덕일 것이네. 그렇지만 거기에는 용기도 있으며, 인내하고 감수하고 참는 것은 그것의 부분들이네. 예지력도 있네. 왜냐하면 예지력이 없이는 어떤 계획도 수립될 수 없기 때문이지. 피할 수 없는 것들을 가능한 용기를 내서 참아 내라고 사람들에게 조언하는 것이 바로 예지력이네. 자기 자리에서 벗어날 수 없고, 어떤 힘의 뒤틀림도 그 목적을 포기하도록 만들 수 없는 견고함도 있네. 또한 덕들은 전체적으로 갈라놓을 수 없는 결합이 있네. 모든 명예로운 행동은 단일한 덕의 결과지만, 그것은 원로원 전체의 판단에 따르는 것이네. 모든 덕들에 의해 승인된 것은 비록 한 사람만의 작업처럼 보이기도 하지만, 그것은 바람직한 것이라 할 수 있네.

뭐라고? 자네는 우리의 쾌락과 안락 중간에 오고, 우리의 문을 장식하는 그런 것들만이 바람직하다고 생각하나? 특징들이 드러나지 않는 어떤 선들이 있네. 기뻐하는 사람들의 무리가 아니라 경건하게 굴복하고 숭배하는 사람들의 무리에 의해 제공되는 어떤 기도들이 있네. 레굴루스가 카르타고에 도착할 수 있길 바라며 기도했던 것이 이런 종류의 것이 아니겠나? 영웅의 용기로 옷을 입히고, 일반인의 견해에서 조금 물러나 보게. 덕의 모습에 대한 적절한 개념을 구성하고, 과도하게 아름답고 장엄한 것을 구성해 보게. 우리는 이런 모습을 향이나 화환으로 숭배하지 말고, 땀과 피로 숭배해야 하네. 신성한 가슴 위에 죄에 물들지 않은 손을 올려놓고, 그를 죽일 만큼 깊지 않았던 상처를 찢어발겼던 카토를 보게! 그에게 무슨 말을 할 것인가? "모든 것이 그대가 원하는 대로 되길 바라네!"라고 말할 것인가, "나는 비통하네!"라고 말할 것인가, 아니면 "그대의 일에 행운이 함께 하길!"이라고 말할 것인가?

이와 관련하여, 나는 운명의 공격에 고통받지 않는 편안한 삶을 '죽은 바다(사해)'라고 불렀던 우리의 친구 데메트리우스를 생각하게 되네. 만약 자네가 자네를 자극하여 행동하도록 만들 아무것도 갖고 있지 않다면, 위협과 적대감으로 자네의 결심을 시험할 아무것도 없는 것이네. 만약 자네가 방해되지 않은 안락함에 의지한다면, 그것은 평온함이 아니라 연약함에 불과하네. 스토아 철학자 아탈로스는 "운명은 나를 편한 곳보다는 전쟁에 참여하게 했네"라고 말하곤 했네. 만약 내가 고문을 당한다면, 용감하게 인내하겠네. 모두가 좋네. 만약 내가 죽는다면, 용감하게 죽는다면, 그것도 좋네. 에피쿠로스의 말을 들어보게. 그는 그것이 사실상 즐겁다고 말할 걸세. 나 자신은 결코 그처럼 명예롭고 금욕적인 활동에 연약한 단어를 적용하지는 않겠네. 만약 내가 화형대로 가게 된다면, 나는 굴복하지 않고 가겠네. 내가 이것을 바람직하다고 여기지 않는 이유가 무엇인가? 그것은 불이 나를 태우기 때문이 아니라 그것이 나를 극복하지 못하기 때문이네. 덕보다 더 탁월하거나 더 아름다운 것은 아무것도 없네. 우리가 덕의 명령에 따라서 하는 모든 것은 좋기도 하고 바람직하기도 하다네. 잘 있게.

편지 68

눈에 보이는 것의 가치

나는 자네의 계획에 동의하네. 은퇴하여 자신을 휴식 속에 감추겠다는 계획 말일세. 그러나 그와 동시에 자네는 은퇴했다는 사실마저 감춰야 하네. 그러기 위해서는 자네가 스토아 철학자들의 계율은 아니더라도 그들의 사례를 따르는 것이 좋을 것이네. 그렇게 함으로써 자네는 자네 자신과 자네가 선택한 모든 이를 만족시킬 수 있을 것이네. 우리 스토아 철학자들은 사람들을 모든 경우에 또는 항상 또는 무조건 공적인 삶으로 밀어 넣지는 않네. 게다가 우리가 현명한 사람에게 가치 있는 공적인 삶, 즉 우주를 그에게 제공할 때, 그가 물러난다고 해도 그가 공적인 삶에서 멀리 떨어져 있는 것은 아니네. 그는 다만 그것의 아주 작은 모서리만을 버린 것이며, 더 크고 더 넓은 영역으로 들어간 것이네. 그리고 그가 천국에 자리를 잡았을 때, 그는 고관의 의자나 심판자의 자리에 올랐을 때 그가 앉았던 자리가 얼마나 낮은 자리였는가를 알게 될 것이네. 현명한 사람은 인간적인 것들뿐만 아니라 신적인 것들이 그의 시야에 들어왔을 때보다 더 활동적인 경우는 결코 없다는 것을 마음에 새기게.

이제 나는 자네에게 하려고 했던 조언, 자네가 자네의 은퇴를 뒤에 숨겨야 한다는 조언으로 돌아가겠네. '철학과 고요함'이라는 딱지를 자네 자신에게 붙일 필요는 없네. 자네가 의도하는 것에 '안 좋은 건강', '허약함', 또는 단순히 '게으름' 같은 다른 이름을 붙여 보게. 은퇴를 자랑하는 것은 단지 나태한 이기심이라 할 수 있네. 어떤 동물들은 은신처 근처의 발자국들을 혼란스럽게 만듦으로써 발견되지 않도록 만든다네. 자네는 같은 일을 해야 하네. 그렇지 않으면 자네의 흔적을 따라오는 사람이 항상 있을 테니 말일세.

많은 사람들이 보이는 것은 지나치면서도, 보이지 않거나 감춰진 것들은 찾으려 애쓰네. 잠긴 방이 도둑을 불러들이는 것이네. 눈에 보이는 곳에 놓인 것들은 싸구려로 보여서, 도둑은 눈에 드러난 것을 지나친다네. 이것이 세상의 법칙이고, 무지한 모든 사람들의 법칙이네. 그들은 감춰진 것들에 들어가기를 열망하네. 그러므로 은퇴를 자랑하지 않는 것이 가장 좋네. 그러나 사람들의 시선에서 숨거나 멀어졌다는 것을 너무 떠벌리는 것도 일종의 자랑이네. 그러저러한 어떤 사람이 타렌툼으로 낙향했고, 다른 사람은 나폴리에 은둔했다네. 세 번째 사람은 오랜 세월 동안 자기 집의 문턱도 넘지 않았네. 자네가 세상에서 은둔할 때, 자네의 일은 자기 자신과 이야기하는 것이지 다른 사람들로 하여금 자네에 대해 이야기하게 하는 것이 아니네. 그러면 자네는 무엇에 대해 이야기할 것인가? 사람들이 이웃들에 대해 이야기할 때 하고 싶어 하는 것에 대해서만 이야기하고, 혼자 있을 때는 자네 자신에 대해 나쁘게 이야기하게. 그렇게 하면 자네는 진실을 말하고 듣는 것에 모두 익숙해질 것이네. 그러나 특히, 자네가 느끼게 되는 것이 가장 큰 단점이라는 것을 생각하게. 모든 사람들은 자기 육체의 결함을 가장 잘 알고 있네. 그래서 어떤 사람은 토해서 위를 달래고, 어떤 사람은 자주 먹음으로써 위를 돌보고, 또 어떤 사람은 주기적인 금식을 통해 속을 비우거나 몸을 깨끗이 한다네. 통풍이 걸려 통증을 느끼는 사람들은 포도주나 뜨거운 목욕을 금한다네. 일반적으로 다른 점들에 대해 부주의한 사람들은 자신들에게 종종 괴롭히는 질병을 완화하기 위해 일상적으로 했던 일을 중단하기도 한다네. 따라서 우리의 정신에는 우리가 치료약을 발라야 하는 병든 부분들이 있네.

그렇다면 쉬는 시간에 나는 무슨 일을 하고 있을까? 나는 나 자신의 통증을 치료하려 노력하네. 만약 내가 부어오른 발이나 염증이 생긴 손 또는 마른 다리의 주름진 힘줄을 자네에게 보여 준다면, 자네는 내가 한 곳에서 조용히 누워 치료에 전념하도록 허용할 것이네. 그러나 내 문제는 이런 것들보다 훨씬 더 크지만, 나는 그것을 자네에게 보여 줄 수가 없네. 종양이나 궤양은 내 가슴 속 깊이 있네. 제발, 나를 칭찬하지는 말게. "아주 훌륭한 사람이네. 모든 것들을 경멸하는 방법을 배웠으니 말일세. 삶의 어리석은 행동들을 자신의 탈출구로 삼았으니 말이야!"라고 말하지 말게. 나는 나 자신을 제외한 어떤 것도 비난하지 않네. 자네가 도덕적으로 성장하기 위해서 내게 오고 싶어 할 이유는 없네. 자네가 여기에서 어떤 도움을 기대한다면, 자네는 잘못 생각하는 것이네. 여기에 사는 사람은 의사가 아니라 환자라네. 차라리 나는 자네가 나를 떠나면서, "나는 그가 행복한 사람이자 배운 사람이라고 생각했기에 그의 이야기를 들으려고 귀를 기울였는데, 내가 속았던 것이네. 나는 아무것도 보지 못했고, 내가 열망하고 내가 듣고자 했던 아무것도 듣지 못했네"라고 말하도록 만들겠네. 만약 자네가 그렇게 느끼고, 그렇게 말한다면, 자네는 성장한 것이네. 나는 자네가 나의 은퇴를 부러워하기보다 용서하길 바라네.

그리고 자네는 "세네카, 자네는 내게 은퇴를 권하는가? 자네는 에피쿠로스의 격언에 의존하는 것인가?"라고 묻겠지. 나는 자네가 남겨 놓은 더 위대하고 더 고귀한 것들을 할 수도 있는 은퇴를 권하는 것이네. 오만한 권력자의 문을 두드리는 것, 자식이 없는 노인들의 명단을 만드는 것, 공적인 삶에서 가장 강력한 권한을 행사하는 것과 같은 이런 종류의 권력은 혐오스럽고도 단명한 권력이네. 그리고 만약 자네가 그것의 참된 가치를 평가한다면, 그것은 저속하다고 말할 수 있을 것이네. 어떤 사람은 공적인 삶에서의 영향력이 나보다 클 것이고, 어떤 사람은 군대에서의 지위가 나보다 높을 것이고, 또 어떤 사람은 만나자고 하는 사람들의 수가 나보다 더 많을 것이네. 나는 그들과 경쟁할 수 없네. 그들의 영향력이 더 크니까 말일세. 그러나 나 자신이 운명을 넘어설 수 있다면 내가 그들보다 뒤진다 해도 그럴 만한 가치가 있는 것이네.

자네가 이 목적을 따르겠다고 오래전부터 생각했었으면 좋았을 것이네. 우리가 죽음 앞에서 행복한 삶을 논의하지 않았으면 좋았을 것이네. 그러나 지금이라도 늦추지 말게. 이제 우리는 불필요하고도 해로운 많은 것들이 있다고 말해지는 경험의 말을 들을 것이네. 왜냐하면 우리는 오랫동안 이것을 이성의 말로 생각했어야 했기 때문이네. 출발이 늦었다면 사람들이 해 오던 것을 계속하고, 속도를 높임으로써 잃어버린 시간을 보충하면 되네. 이러한 삶의 시기가 이런 것들을 추구하기에 가장 좋네. 왜냐하면 물이 끓고 거품이 생기는 시기는 이제 지났기 때문이네. 청춘의 사나운 열기 속에서 통제되지 않았던 잘못들은 이제 약해졌고, 그것들을 끄는 데는 약간의 노력만이 필요할 뿐이네.

자네는 "그렇다면 우리가 떠날 때까지 아무것도 배우지 못한 것이 언제, 그리고 어떻게 우리에게 이익이 될까?"라고 묻겠지. 그것은 내가 더 나은 사람이 되어 떠나는 방식으로 이익이 될 것이네. 그러나 많은 시도를 해보고 또한 지난 잘못들을 길고도 빈번히 후회함으로써 스스로 이겨 냈던 시기보다 삶의 모든 시기가 건전한 정신을 획득하기에 더 적합하다고 생각할 필요는 없네. 그리고 감정이 누그러진 후에 건강한 상태에 도달하게 되지. 지금이 바로 이런 보상을 받아야 할 때네. 지혜에 도달한 노인은 세월 때문에 그렇게 한 것이니 말일세. 잘 있게.

편지 69

삶의 여유

나는 자네가 부대를 옮기고 이곳저곳으로 허둥대며 돌아다니지 않았으면 하네. 그 이유는 다음과 같네. 첫째, 그렇게 자주 이사하는 것은 정신이 불안정하다는 것을 의미하기 때문이네. 그리고 그런 호기심과 방황을 그치지 않으면, 은퇴한 뒤에 정신이 통일되지 않네. 정신을 통제하려면, 먼저 육체의 방만한 움직임을 멈춰야 하네. 두 번째 이유는 가장 도움이 되는 치료란 중단되지 않는 치료를 의미하기 때문이네. 자네는 이전의 삶에 부여했던 평정과 망각이 깨지지 않게 해야 하네. 자네의 눈이 보았던 것을 잊을 시간을 주고, 자네의 귀가 더 건전한 말들에 익숙해질 시간을 줘야 하네. 자네가 넓게 휘저을 때마다, 자네는 이곳저곳으로 옮겨 다니면서도 옛 열망들을 되살려 줄 것들을 만나게 될 것이네.

사랑처럼 쉽게 다시 피어오르는 것은 없기 때문에, 옛사랑을 지우려고 노력하는 사람이 한때 소중했던 기억을 떠올리는 모든 것을 피해야 하듯이, 자신이 아주 정열적으로 열망하곤 했던 모든 것들에 대한 욕구를 한쪽으로 치워 놓는 사람은 자신이 버렸던 대상들로부터 눈과 귀를 돌려야 하네. 감정은 공격을 위해 금방 돌아오네. 감정은 모든 순간에 주목할 가치가 있는 눈앞의 대상을 알아챌 것이네. 동기를 부여하지 않는 삶이 반드시 나쁜 것은 아니네. 탐욕은 돈을 약속하고, 사치는 다양한 종류의 쾌락을 약속하고, 야망은 보라색 예복과 박수갈채, 그리고 박수갈채에서 나오는 영향력, 그리고 영향력이 미칠 수 있는 모든 것을 약속하네.

사악함은 그것이 제공하는 보상을 통해 자네를 유혹하네. 그러나 내가 이야기하는 삶에서 자네는 보상이 없이 살아야 하네. 일생의 삶은 사악함을 종속시키는 데 만족하지 않고, 오랫동안 지속된 사치를 통해 한껏 부풀어 오른 명예를 받아들이게 만드네. 지속적인 돌봄과 관심도 사람들을 완전하게 만들지는 못하네. 만약 자네가 내 조언에 귀 기울인다면, 죽음을 어떻게 받아들일 것인가를 숙고하고 실천하고, 또는 심지어 그 과정을 따라야 할 상황이라면, 그것을 어떻게 초대할 것인가를 숙고하고 실천하게. 죽음이 우리에게 오는 것과 우리가 죽음에게 가는 것에는 아무런 차이가 없네. 모든 무지한 사람들이 "스스로 죽는 것은 아름다운 일이다"라고 말하는 것은 틀린 말이란 점을 기억하도록 하게. 그러나 죽지 않는 사람은 아무도 없네. 하지만 더 나아가 이 문제를 생각해 보게. 자기가 죽을 때 외에 죽는 사람은 아무도 없네. 자네는 자네의 시간을 버리는 것이 결코 아니네. 왜냐하면 자네가 뒤에 남긴 것은 자네에게 속한 것이 아니기 때문이네. 잘 있게.

도움을 준 사람에게 감사하는 마음

철학에 헌신한 사람들이 고집스럽고 반항적이며, 또한 재판관이나 왕 또는 나라의 행정을 담당하는 사람들을 경멸한다는 생각은 잘못된 믿음이네. 오히려 그와 반대로, 그들보다 더 통치자에게 고마움을 느끼는 사람들은 없다는 것이 옳은 말이네. 통치자들이 다른 누구보다도 평정과 여가를 즐기도록 허용된 철학자들에게 더 많은 특권을 부여하기 때문이지. 이처럼 국가의 안전을 통해, 그리고 올바른 삶이라는 목표와 관련하여 많은 이익을 얻은 사람들은 이 선의 근원을 마치 부모를 존경하듯이 존경해야 하네. 그들은 통치자에게 많은 빚을 졌으면서도 그에게 더 많은 것을 기대하는 대중의 마음속에 있는 사람들이고, 채워지는 과정 중에 더 커지는 그들의 욕구를 어떤 관대함으로도 충족시키지 못하는 사람들보다 더 존중되어야 하는 것이지. 왜냐하면 다른 사람에게 받을 것만을 생각하는 사람은 자신이 받았던 것을 쉽게 잊어버리며, 탐욕은 배은망덕한 것만큼이나 나쁘기 때문이지. 게다가 공적인 삶을 사는 사람은 자기가 앞지른 사람들에 대해서는 생각하지 않고, 오히려 자기를 앞지른 사람들을 생각하네. 그리고 이 사람들은 자신들 앞에 있는 사람을 보는 것을 불쾌하게 생각하듯이, 자신들 뒤에 있는 많은 사람들을 보는 것도 그리 즐겁지 않다고 생각하네. 이것이 모든 종류의 야망이 갖는 문제네. 그것은 뒤를 돌아보질 않기 때문이지. 또한 야망만 변덕스러운 것이 아니라 사실상 모든 종류의 열망이 변덕스러운 것이네. 왜냐하면 그것은 그것이 끝나야 할 곳에서 시작되기 때문이지.

그러나 더 고귀한 일을 하기 위해 원로원과 법정과 모든 공적인 삶에서 은퇴한 올바르고도 순수한 사람은 안전하게 은퇴할 수 있게 해 준 사람들을 사랑하네. 그런 자신만이 그들에게 즉각적으로 감사할 수 있는 사람이고, 그들이 알지 못하는 사이에 그들에게 많은 빚을 진 사람이네. 사람들이 젊은 날의 방황에서 벗어날 수 있도록 도와준 스승들을 존중하고 숭배하듯이, 현명한 사람도 자신의 훌륭한 이론을 실천으로 옮길 수 있게 도와준 사람들을 존경하네. 그러나 자네는 "왕은 다른 사람들도 자신의 힘으로 보호한다네"라고 답하겠지. 누가 그걸 부정하겠나? 그러나 평온한 날씨로 인해 도움을 받은 선박의 승객들 가운데 어떤 사람이 많은 비싼 화물을 운송했다는 이유에서 선원에게 더 많은 빚을 졌다고 생각하듯이, 즉 그 상인이 다른 일반 승객보다 더 열정적으로 경의를 표하듯이, 향수와 보라색 천이나 황금 무게만큼이나 비싼 물건들을 취급하는 상인은 배의 중심을 잡기 위한 바닥짐에 불과한 싸구려 물건을 다루는 상인보다 더 다정하게 감사의 말을 전한다네. 이와 마찬가지로 모두에게 적용되는 이런 평정의 이익은 그것을 잘 활용하는 사람들에게 더 잘 느껴진다네.

전쟁보다 평화가 더 많은 문제가 되는 지배층 사람들이 많이 있네. 자네는 그들이 우리와 마찬가지로 평화를 누리지만 음주와 성적 욕망과 다른 범죄들에 빠져 있기 때문에, 그들의 평화가 전쟁을 통해서라도 중단되는 것이 더 낫다고 생각하는가? 그렇지 않네. 현명한 사람이 다른 사람들과 함께 누리는 혜택을 갚아야 할 이유가 없다고 믿는 것을 아주 불공평하게 생각하지 않는다면, 그것은 그렇지 않네. 나는 해와 달에 많은 빚을 졌지만, 그것들은 나만을 위해 떠오르는 것이 아니네. 계절들이 결코 내 이익을 위해 할당된 것은 아니지만, 나는 개인적으로 계절들과 그 계절들을 조절하는 신에게 신세를 지고 있네. 언젠가는 죽을 존재자들의 어리석은 탐욕은 소유물과 소유권을 구분하며, 일반 대중이 공유하는 것에 대해서는 아무런 소유권이 없다고 믿네.

그렇지만 우리의 철학자는 모든 인류와 함께 공유하는 것들이 더 진정한 의미에서 자기 것이라고 믿네. 그리고 이 가운데 일부라도 개개인에게 영향을 미치지 않는다면, 이것들은 공유되는 것이 아니라고 생각하네. 아주 조금이라도 공유된 것이 있다면 사람들은 동업자가 되네. 그러나 많은 좋은 것들이 각자가 조금씩 갖는 그런 방식으로 분할되지 않는 경우가 있네. 그것들은 전

187

체로서 각 개인에게 속하지. 곡식을 분배할 때, 사람들은 각자 약속된 양만을 받네. 연회와 고기 분배, 그리고 손으로 잡을 수 있는 모든 것은 부분들로 분할되네. 하지만 평화나 자유는 분할될 수 없는 것들이며, 이것들은 각 개인에게 속하는 것과 똑같은 양으로 모든 사람들에게 전체로서 속하는 것이지.

따라서 철학자는 이런 것들을 이용하고 즐길 수 있게 만들어 주는 사람에 대해 생각하며, 또한 국가의 끔찍한 요구가 무기, 보초 근무, 성벽 방어, 전쟁의 다양한 징수금을 요구할 때 자신을 면제해 주는 사람에 대해 생각하네. 대체로 철학은 이런 것을 가르치고, 받은 이익에 대한 빚을 명예롭게 인정하며, 또한 그것을 명예롭게 갚는다네. 그러나 때로는 인정하는 것 자체가 빚을 갚는다는 것을 의미하네. 그러므로 우리의 철학자는 자신이 풍부한 여가를 즐기고, 자신의 시간을 조절하고, 또한 공적인 업무로 인해 방해되지 않은 안식을 갖도록 해 준 통치자에게 큰 빚을 졌다는 것을 인정하네.

안내하라! 신이 내게 부여한 이 휴식으로,
그는 영원히 나의 신이 될지니.

그리고 그런 휴식조차 시인의 휴식과 마찬가지로 그 주재자에게 빚을 진 것이라면, 그의 위대한 혜택은 다음과 같네.

그대가 보듯이,

그는 내가 소 떼를 풀어놓고,

시골 갈대밭에서 내가 원하는 노래를 연주하게 했네.

신들을 신들로 만드는, 신들 사이에서 누린 이 편안함에, 자네는 얼마나 많은 가치를 부여하겠는가?

루킬리우스, 이게 내가 하고자 하는 말이고, 지름길을 통해 자네를 천국에 소환하고자 하는 것이네. 섹스티우스는 주피터(제우스)가 선한 사람보다 더 많은 힘을 가진 것은 아니라고 말하곤 했네. 주피터는 인간에게 줄 것이 더 많았지만, 선한 두 사람 가운데 더 부유한 사람이 더 선한 것은 아니며, 그와 마찬가지로 두 사람이 배를 조종하는 같은 기술을 가졌더라도, 우리는 더 현란하게 치장한 배를 더 좋다고 말할 것이네. 주피터가 선한 사람을 어떻게 능가하는가? 그는 더 오랫동안 선했네. 그러나 현명한 사람은 선한 사람이 덕을 가진 기간이 더 짧았다고 해서 그를 더 낮게 평가하지는 않는다네. 또는 현명한 두 사람을 살펴보세. 더 오래 살다 죽은 사람이 더 짧은 동안 덕을 가졌던 사람보다 더 행복한 것은 아니듯이, 신이 현명한 사람보다 더 오래 살았다고 해서 더 행복한 것은 아니네. 덕이란 것은 더 오래 산다고 해서 더 커지는 것은 아니기 때문이지. 주피터는 모든 것을 가졌지만, 분명히 그는 그것을 다른 사람들이 갖도록 나누어 주었네. 그에게 할

당된 유일한 용도는 그가 그것을 사용하는 모든 사람에게 즐거움을 가져온다는 것이네. 현명한 사람은 주피터와 마찬가지로 다른 모든 사람의 소유물을 하찮게 생각하며, 심지어 주피터가 그런 소유물을 사용하지 못한다는 점에서 더 자랑스럽게 생각한다네. 따라서 섹스티우스는 가장 영광된 길을 보여주면서 "이것이 '별들로 향하는 길'이다. 이 길은 검소하고 절제하고 또한 용기 있는 사람이 가는 길이다"라고 외쳤네.

신들은 신경질을 내거나 질투하지 않네. 그들은 인간들을 초대하고 자신들이 있는 곳까지 기어오르도록 손을 뻗치네. 자네는 인간이 신들에게 가까이 간다는 것에 놀랐나? 신은 실제로 인간들에게 오며, 사실상 더 가까이 인간들 안으로 들어오네. 인간의 어떤 정신도 신이 없이 선하지는 않네. 신적인 씨앗들은 인간의 육체에 흩어져 있으며, 만약 착한 농부가 그것들을 줍는다면, 그것들은 처음에 그랬던 것처럼 싹을 틔우고 그것들이 생겨났던 씨앗들처럼 자라날 것이네. 그러나 만약 그것이 나쁜 농부라면, 그는 척박하고 축축한 땅처럼 그것들을 질식시킬 것이고, 작물 대신에 쓰레기 같은 것을 산출할 것이네. 잘 있게.

마음의 평화와 자유

자네는 내 편지가 다소 소홀하게 쓴 것 같다고 불평했네. 그러나 잘난 체하면서 말하려는 것이 아니라면 누가 조심스럽게 말하겠나? 나는 자네와 내가 같이 앉거나 같이 걸으면서 서로 대화하는 방식으로 즉각적이고도 쉽게 편지를 쓰고 싶네. 그래서 내 편지들은 억압되거나 인위적인 것들을 전혀 갖고 있지 않네. 만약 그런 것이 가능하다면, 나는 내 감정들을 말하기보다 보여 주고 싶네. 내가 만약 어떤 것을 주장하더라도, 나는 발을 구르거나 손을 흔들거나 소리를 높이지 않을 것이네. 나는 그런 종류의 것을 웅변가에게 남기고, 내 감정을 윤색하거나 품위를 낮추지 않고 다만 그걸 자네에게 전달했다는 데 만족할 것이네. 나는 전적으로 이 한 가지 사실만을, 즉 내가 말하는 것을 느끼고, 또한 단지 그것을 느낄 뿐만 아니라 그것을 고집한다는 것을 자네에게 말해 주고 싶네. 남자가 연인에게 주는 것은 한 종류의 입맞춤이며, 그가 자녀들에게 주는 입맞춤은 다른 것이네. 그러나 신성하고 절제된 아버지의 포옹은 많은 애정을 보여 주네.

그러나 나는 아주 중요한 문제들에 대한 우리의 대화가 빈약하고 건조하길 원하지 않네. 왜냐하면 철학도 총명함을 포기하지 않기 때문이네. 그러나 우리는 단순한 말에 너무 많은 관심을 쏟아서는 안 되네. 이것을 내 생각의 핵심이라 해 보세. 우리가 느끼는 것을 말하고, 우리가 말하는 것을 느끼도록 하세. 이야기와 삶을 조화시키세. 어떤 사람을 볼 때와 들을 때가 모두 같다면, 그 사람은 자신의 약속을 지킨 것이네. 만약 그가 다만 하나의 같은 사람이라면, 우리는 그가 어떤 종류의 사람이고, 얼마나 큰 사람인지 알지 못할 것이네. 우리의 말은 기쁘게 하려는 것이 아니라 도움이 되려는 것이네. 그러나 만약 자네가 노력 없이 말을 유창하게 할 수 있다면, 만약 자네가 자연적인 재능을 갖거나 큰 어려움 없이 유창해진다면, 그것을 최대한으로 활용하고 가장 고귀한 용도에 적용하게. 그러나 그것이 그것 자체보다는 사실들을 보여주는 그런 종류의 것이 되도록 해야 하네. 그것과 다른 기술들은 전체적으로 총명함과 관련되지만, 우리는 여기에서 정신의 일을 수행하고 있네.

병든 사람은 말이 유창한 의사를 방문하지 않지만, 만약 그를 치료할 수 있는 의사가 뒤이을 치료에 대해 명쾌하게 설명하는 일이 발생한다면, 환자는 기분 좋게 그것을 받아들일 것이네. 그 모든 것에도 불구하고, 그가 말을 유창하게 하는 의사를 스스로 발견했던 데 대해서는 축하할 아무런 이유를 찾지 못할 것이네.

왜냐하면 그것은 외모가 잘생긴 숙련된 조종사와 다르지 않기 때문이지. 자네는 왜 내 귀를 간지럽히나? 자네는 왜 나를 즐겁게 하나? 내게는 다른 것이 필요하네. 나는 뜸을 뜨고, 수술을 받고, 음식 조절을 해야 하네. 그게 바로 자네가 여기 있는 이유라네. 나를 치료하는 것 말일세.

자네는 공공복리에 영향을 미치는 만성적이고 심각한 질병을 치료하기 위해 불려왔네. 전염병이 퍼질 때 의사가 하듯이, 자네에게도 해야 할 심각한 일이 있네. 자네는 언어에 관심이 있나? 자네가 일을 처리할 수 있다면 기뻐해도 좋네. 자네는 그 많은 것들을 언제 배울 건가? 자네는 자네가 배운 것을 언제 자네의 머릿속에 심어서 잊지 않도록 할 건가? 자네는 이 모든 것들을 언제 시험할 건가? 다른 학문들과 마찬가지로, 그 내용들을 기억만 하는 것으로는 충분하지 않네. 그 방법들을 현실에서 연습해야 하네. 이런 것들을 아는 사람이 행복한 것이 아니라 그것들을 하는 사람이 행복하기 때문이네.

자네는 "그렇다면 이러한 행복의 밑에는 정도의 차이들이 없는가? 지혜의 밑에는 내려가는 것만 있는가?"라고 말하겠지. 그러나 나는 그렇게 생각하지 않네. 왜냐하면 발전하는 사람은 여전히 바보들과 함께 불리며, 그가 그들과 분리되는 데는 긴 간격이 있기 때문이네. 발전하는 사람들 가운데는 중간에 큰 공간들이 있는데, 그것들은 어떤 철학자들이 믿듯이 세 가지로 분류되네. 첫째는 아직 지혜는 얻지 못했으나 그에 가까운 자리를 차지한 사람들이네. 그러나 멀리 떨어지지 않았다고 해도 여전히 밖에 있는 것이네. 자네가 묻는다면, 나는 이 사람들이 이미 모든 열정과 사악함을 포기한 사람들, 즉 어떤 것들이 수용되어야 하는가를 배운 사람들이라고 답하겠네. 그러나 그들의 자신감은 아직 시험되지 않았네. 그들은 자신들의 지혜를 아직 실행해 보지 못했으나, 지금부터 그들은 자신들이 벗어났던 잘못들로 다시 미끄러져 들어가지는 않을 것이네. 그들은 미끄러지는 곳이 없는 지점에 이미 도달했지만, 아직 그런 사실을 인지하지 못하고 있네. 내가 다른 편지에서 썼던 것으로 기억하네만, "그들은 자신들의 지식에 대해 무지하네." 그들 자신의 선을 즐기는 것이 그들에게 허용되었지만, 아직 그것을 확신할 수 없네. 어떤 사람들은 내가 이야기했던 이 부류를 발전하는 사람들의 부류라 규정하네. 즉, 그것은 정신의 질병들을 벗어나긴 했으나 아직 열정을 벗어나지는 못했고, 또한 여전히 미끄러운 장소에 서 있는 것으로 규정되네. 왜냐하면 미끄러운 장소에서 자기 자신을 완전히 빼낸 사람을 제외하고는 아무도 악의 위험들을 넘어서지 못하기 때문이네. 그러나 그 자리에 지혜를 받아들인 사람을 제외하고는 아무도 미끄러운 장소에서 자기 자신을 빼내지 못한다네.

전에 나는 정신의 질병들과 그것의 열정들이 어떤 차이를 갖는지 설명했던 적이 있네. 그리고 나는 그 질병들이 욕심과 야망처럼 완고하고 만성적인 악들이라는 것을 자네에게 한 번 더 상기시키겠네. 그것들은 정신을 너무 바짝 움켜쥐었고, 그것의 영원한 악들이 되기 시작했네. 간단히 정의하자면, 우리가 의미하는 '질병'은 판단의 끈질긴 왜곡이며, 따라서 조금 바람직한 것들이 상당히 바람직하다고 생각되네. 또는 자네가 원한다면, 우리는 그것을 오직 조금 바람직하거나 전혀 바람직하지 않은 것들을 너무 열정적으로 갈망하는 것, 또는 약하게 가치 평가되거나 전혀 가치 평가되지 말아야 할 것들을 너무 높게 평가하는 것으로 정의할 수도 있을 것이네. '열정들'은 반박 가능한 정신의 충동들로서 갑작스럽고 격렬한 것이네. 그것들은 상당히 자주 등장했으나 그것들이 질병을 야기했다는 사실은 거의 주목되지 않았네. 그것들은 단 한 번 발생하고 카타르가 아직 습관적이지 않을 때는 기침이 나지만, 주기적이고 만성적일 때는 폐결핵을 야기하는 카타르(코나 목 주변의 점막에 생기는 염증)와 비슷하네. 그러므로 우리는 가장 많이 발전한 사람들은 '질병들'의 영역을 넘어선다고 말할 수 있을 것이네. 그러나 그들은 여전히 완벽에 거의 가까울 때도 '열정들'을 느낀다네.

두 번째 부류는 정신의 가장 큰 문제들과 열정들을 버렸지만, 아직 확실하게 면역되지는 못한 사람들로 구성되네. 왜냐하면 그들은 여전히 이전 상태로 미끄러져 들어갈 수 있기 때문이네. 세 번째 부류는 다양한 종류의 유해함에서, 특히 중대한 유해함에서 벗어나 있지만, 모든 유해함에서 벗어난 것은 아니네. 예를 들어, 그들은 탐욕을 벗어났지만, 여전히 분노를 느끼네. 그들은 더 이상 성욕으로 인해 고통받지는 않지만, 여전히 야망으로 인해 고통받네. 그리고 그들은 더 이상 욕구를 갖지 않지만, 여전히 두려움을 갖고 있네. 그리고 그들이 두려워한다는 이유로 인해, 그들이 어떤 것들을 버틸 정도로 강함에도 불구하고 그들이 포기하는 어떤 것들이 있네. 그들은 죽음을 경멸하지만, 고통을 무서워하네.

잠시 이 주제에 대해 생각해 보세. 만약 우리가 여기에 포함된다면, 우리에게는 좋은 일일 것이네. 두 번째 단계는 우리의 자연적 재능들과 관련된 상당히 좋은 행운을 통해, 그리고 공부에 지속적이고 많은 노력을 기울임으로써 얻어지네. 그러나 세 번째 유형도 경시되어서는 안 되네. 자네 주변에 얼마나 많은 유해한 것들이 있는가를 생각해 보게. 어떻게 해서 벌어지지 않는 종류의 범죄는 없는 것인지, 유해함은 매일 얼마나 멀리 퍼지는지, 그리고 사람들은 집과 사회에서 얼마나 많은 범죄를 저지르는지 생각해 보게. 만약 우리가 가장 나쁜 사람들에 속하지 않는다면, 우리는 충분히 발전하고 있다는 것을 자네는 알 것이네.

자네는 이렇게 말하겠지. "그렇지만 나는 그보다 더 많이 발전하길 희망하네." 나는 우리가 그렇게 할 수 있길 장담하기보다는 희망해야 하네. 우리는 그렇게 할 수밖에 없으니 말이네. 우리는 많은 유해한 것들의 방해를 받고 있음에도 덕으로 나아가기 위해 애쓰고 있지. 이런 얘기를 하기는 부끄럽지만, 우리는 여유가 있을 때만 명예에 관심을 갖네. 그러나 우리의 선입견과 우리에게 바짝 붙어 있는 나쁜 것들을 떨쳐 낼 수만 있다면, 아주 훌륭한 보상이 우리를 기다리고 있을 것이네. 그러면 욕구나 두려움은 우리를 굴복시키지 못할 것이네. 두려움으로 방해받지 않고, 기쁨으로 망쳐지지 않은 우리는 죽음도 두려워하지 않고 신들도 두려워하지 않을 것이네. 우리는 죽음이 악한 것이 아니며, 신들도 악을 위해 존재하는 것이 아니라는 것을 알게 될 것이네. 해를 끼치는 것은 해를 당하는 것보다 더 큰 힘을 갖고 있지 않으며, 아주 좋은 것들은 해를 끼칠 힘을 전혀 갖고 있지 않네. 우리가 이처럼 낮은 곳에 있는 찌꺼기들로부터 높은 곳에 있는 숭고하고도 지대하고 고귀한 것들로 올라갈 수만 있다면, 우리는 그곳에서 마음의 평화를 얻고, 또한 모든 잘못이 제거될 때 완전한 자유를 얻을 수 있을 것이네. 자네는 이런 자유가 무엇이냐고 묻겠지. 그것은 인간이나 신을 두려워한다는 의미가 아니네. 그것은 사악함이나 과도함을 갈망한다는 의미가 아니네. 그것은 자기 자신을 지배하는 지대한 힘을 갖는다는 의미네. 그리고 자기 자신의 주인이 된다는 것은 무한한 선을 갖는 것이네. 잘 있게.

편지 76

늙어서도 배워야 하는 이유

자네는 내가 하는 세세한 모든 일을 들려주지 않는다면 나를 미워하겠다는 위협을 했네. 그렇지만 내가 자네에게 얼마나 솔직한지 보게. 나는 심지어 이런 사실조차 자네에게 털어놓을 테니 말일세. 나는 한 철학자의 강의를 들어 왔네. 두 시부터 시작하는 그 철학의 열변을 듣기 위해 그 학교에 가기 시작한 지 이미 나흘이 지났네. "그런 걸 듣기에 좋은 나이지!"라고 자네는 말하겠지. 좋지 않을 이유가 무엇이겠나? 단지 어떤 것을 배운 적이 없다는 이유에서 그것을 배우려 하지 않는 것보다 더 어리석은 일이 어디 있겠나? 자네는 "그게 무슨 말인가? 내가 멋쟁이나 젊은이들이 만든 유행을 따라야 한다는 건가?"라고 말하겠지. 그러나 이것이 쇠락해 가는 나의 세월을 폄하하는 유일한 것이라면, 나는 상당히 잘사는 걸세. 모든 나이대의 사람들이 이 수업에 입장할 수 있네. 자네는 "우리가 젊은이들을 따라 하기 위해 늙는다는 건가?"라고 반박하겠지. 그러나 늙은 내가 극장에 가고, 가마를 타고 곡마단을 보러 가고, 또한 검투사의 시합에 가도 된다면, 내가 철학자의 강의에 참석하는 것을 부끄러워해야 할까?

속담에서 말하듯이, 우리가 무지하다면 삶이 끝나는 순간까지 계속 배워야 하네. 그 속담은 다른 경우에도 그렇지만, 특히 이경우에 아주 잘 맞네. 우리가 살아 있는 동안 어떻게 살아야 할것인가에 대해 배워야 한다는 것이지. 그러나 나는 그곳에서 약간 가르치기도 하네. 내가 무엇을 가르치냐고 묻고 싶은가? 늙은이도 배울 필요가 있다는 것을 가르치네. 학교에 갈 때마다 매번인간에 대해 부끄러움을 느낀다는 것은 사실이네. 자네도 알듯이, 나는 나폴리 극장을 바로 지나서 갈 수밖에 없네. 그 건물은 사람들로 붐볐고, 사람들은 누가 훌륭한 피리 연주자로 불릴 수 있는가를 논의하고 있었지. 그리스인 연주자와 전령자도 구경꾼을 끌어들였네. 그러나 "선한 사람이란 무엇인가?"와 "어떻게 선한 사람이 되는가?"라는 질문들에 대해 논의하는 다른 곳에는 청중이 아주 적었고, 사람들은 그들이 특별히 할 일이 없는 사람들이라고 생각했기에 그들을 머리가 텅 빈 게으른 인간들이라고 불렀네. 나는 그런 조롱의 축복이 내게도 내려지기를 바랐네. 왜냐하면 우리는 무지한 자의 비난을 냉정한 마음으로 들어야 하기 때문이지. 명예라는 목표를 향해 행진할 때, 우리는 경멸 자체를 경멸해야 한다는 것이네.

그렇기 때문에 루킬리우스, 자네 자신이 나처럼 늙은 뒤에야배우게 되지 않으려면, 계속 나아가고, 또한 서둘러야 하네. 아니,

자네는 늙을 때까지도 완전하게 배우기가 거의 불가능한 그 주제를 오랫동안 다루지 않았으니 그보다 더 서둘러야 하네. 자네는 "내가 얼마나 많이 발전할까?"라고 묻겠지. 그에 대한 답은 "자네가 노력한 만큼"이네. 무얼 기다리는가? 우연히 현명해질 수 있는 사람은 아무도 없네. 돈은 자연히 따라올 것이고, 지위가 주어질 수도 있고, 아마도 영향력과 특권이 부여될 수도 있을 것이네. 그러나 덕은 우연히 주어지지 않는 것이네. 그것은 약간의 노력이나 약간의 고통으로 얻어지는 것이지만, 우리가 좋은 것들을 모두 한 번에 갖게 된다면, 고통은 그만큼의 가치가 있는 것이네. 왜냐하면 좋은 것, 즉 명예로운 것은 오직 하나만이 있기 때문이네. 자네는 일반적으로 인정하는 다른 모든 것들에서 진실하거나 믿을 만한 것을 전혀 찾을 수 없을 것이네. 그렇지만 나는 지금부터 오직 명예로운 것만이 좋은 것이라고 말하는 이유가 무엇인가를 설명하겠네. 이전 편지에서 자네가 판단할 수 있듯이, 나는 그에 대한 논의를 충분히 진행하지 않았고, 사실상 그것을 입증하지 않고 권하기만 했네. 먼저 나는 이전의 논의들을 짧게나마 요약할 것이네.

모든 것은 그 자체의 좋은 점을 기준으로 평가되네. 포도나무는 생산량과 포도주의 풍미로 평가되고, 수사슴은 속도로 평가되네. 짐을 나르는 짐승들과 관련하여, 우리는 그 짐승들의 등판이 얼마나 튼튼한가를 묻네. 왜냐하면 그 짐승들의 유일한 용도가 짐을 나르는 것이기 때문이지. 만약 개가 야생동물의 흔적을 찾으려면 냄새에 기민함이 가장 중요하고, 만약 사냥감을 잡으려면 발의 신속함이 가장 중요하고, 만약 그것을 물고 공격하려면 용기가 가장 중요하네. 모든 것에서 그런 성질이 그것의 가치를 평가하는 데 가장 중요한 것이지. 인간의 경우는 무엇이 가장 중요한가? 이성이네. 인간은 이 능력 때문에 동물보다 우월하고 신에 가까운 것이지. 따라서 완전한 이성이 인간의 특별한 선이고, 인간의 다른 모든 성질들은 동물이나 식물과 공유되네. 인간은 강하고, 사자도 그렇네. 인간은 잘 생겼고, 공작도 그렇네. 인간은 빠르고, 동물도 그렇네. 나는 이 모든 성질들에서 인간이 뒤떨어진다고 말하는 것은 아니네. 나는 인간이 가장 우월한 것을 찾고 있는 것이 아니라 그에게 특별한 것을 찾고 있네. 인간은 육체를 가졌고, 나무도 그렇네. 인간은 행동할 힘과 움직일 의지를 가졌고, 동물이나 벌레도 그렇네. 인간은 목소리를 가졌지만, 그것이 개의 소리보다 얼마나 더 크고, 독수리의 것보다 얼마나 더 날카롭고, 황소의 것보다 얼마나 더 깊이 있고, 나이팅게일의 것보다 얼마나 더 달콤하고 얼마나 더 듣기 좋은가! 그렇다면 인간에게 특별한 것은 무엇인가? 이성이네. 이것이 옳고 완전해질 때, 인간의 행복이 완전해질 것이네. 따라서 만약 모든 것이 그것의 특별한 목표를 완성했을 때, 그것이 칭찬할 만하고 본성에 의해 의도된 목표에 도달한 것이라면, 그리고 인간의 특별한 목표가 이성이라면, 그렇게 되면 만약 사람이 자신의 이성을 완성한다면, 그는 칭찬받을 만하고 그의 본성에 적합한 목표를 준비한 것이네. 이러한 완전한 이성이 덕이라고 불리며, 그와 마찬가지로 그것은 명예로운 것이지.

따라서 인간의 유일한 선은 인간에게만 속하는 하나의 유일한 것이네. 왜냐하면 지금 우리는 어떤 선이 무엇인가의 문제가 아니라 인간의 선이 무엇이냐의 문제를 탐구하는 것이기 때문이네. 만약 인간에게 특별한 것이 이성을 제외하고는 전혀 없다면, 그것이 그의 유일한 선이겠지만, 그것은 다른 모든 것과 비교되어야 하네. 만약 어떤 사람이 악하다면, 그는 비난받을 것이네. 그리고 만약 그가 선하다면, 그는 칭찬받을 것이네. 따라서 그 성질은 인간에게 우선적이고도 유일한 것이며, 그로 인해 인간은 칭찬받거나 비난받네. 자네는 이것이 선하다는 것을 의심하지 않겠지만, 다만 그것이 유일한 선인가에 대해서는 의심할 것이네. 만약 어떤 사람이 건강, 부, 가문, 많은 지인을 갖지만, 명백히 악한 사람이라면, 자네는 그를 비난할 것이네. 이와 마찬가지로, 만약 어떤 사람이 내가 언급했던 것들 가운데 어떤 것도 갖지 못할 뿐만 아니라 돈이나 지인도 없고, 훌륭한 가문이나 선조들도 없지만, 명백히 선한 사람이라면, 자네는 그를 칭찬할 것이네. 따라서 이것이 인간의 유일한 선이고, 만약 그가 그것을 갖는다면, 그가 다른 모든 것을 갖고 있지 않더라도, 그는 칭찬받을 자격이 있네.

하지만 만약 그가 그것을 갖지 못했다면, 다른 모든 것이 풍부할지라도 그는 비난받거나 거부되네. 사물들에게 적용되는 것이 사람에게도 적용되네.

자네가 어떤 선박을 좋다고 말하는 것은 그것이 값비싼 페인트로 칠해지거나, 선박의 부리가 금이나 은으로 만들어지거나, 선수의 조각상이 상아로 되어 있거나, 왕의 금고나 소유물을 싣고 있어서가 아니네. 그것은 물이 들어가지 못하게 하는 연결부위가 안정적이고 강하고 촘촘하고, 키의 움직임에 빠른 반응을 보이고, 신속하고, 바람에 의한 영향을 받지 않기 때문이네. 자네가 한 자루의 칼을 좋다고 말하는 이유는 그것이 매끄러운 칼의 혁대를 갖거나 보석이 촘촘히 박힌 칼집을 가졌기 때문이 아니라 자르기 위한 날카로운 칼날과 모든 방패를 뚫을 수 있는 칼끝을 가졌기 때문이네. 우리는 통치자가 얼마나 아름다운가를 묻지 않고, 얼마나 올바른가를 묻네. 이처럼 각각의 사물은 그것이 설계된 성질, 즉 그것에 특별한 어떤 것 때문에 칭찬받는 것이네.

따라서 인간에게도 그가 곡식이 자라는 땅을 얼마나 가졌는가, 얼마나 많은 돈을 빌려줬는가, 얼마나 많은 사람들이 그에게 인사하는가, 그가 기댄 침대가 얼마나 비싼가, 그가 마시는 컵이 얼마나 투명한가의 문제가 아니라 그가 얼마나 선한 사람인가의 문제가 관련되는 것이지. 그리고 그의 이성이 명료하고 올바르고 또한 본성에 잘 맞는다면, 그는 선한 것이네. 이것이 덕이라고 불리는 것이고, 이것이 우리가 의미하는 명예로운 것이고, 또한 이 것이 인간의 특별한 선이라네. 왜냐하면 이성만이 인간을 완벽하게 하는 것이고, 이성이 완벽해질 때 그것만이 인간을 행복하게 하기 때문이지. 더구나 이것이 인간의 유일한 선, 즉 인간을 행복하게 만드는 유일한 수단이네. 우리는 실제로 덕에 의해 발전되고 덕에 의해 모이는 것들, 즉 덕의 모든 결과들이 선이라고 말하네. 그러나 이런 이유 때문에 덕 자체는 선이 아니네. 덕이 없는 선은 있을 수 없기 때문이지. 만약 모든 선이 정신 안에 있다면, 그것을 강화하고 고양하고 확대하는 것이 모두 선이네. 왜냐하면 덕은 정신을 더 강하고 더 고상하고 더 넓게 만들기 때문이네. 그와 반대로, 우리의 욕구를 유발하는 다른 것들은 정신을 좌절하게 만들고 약하게 만들며, 또한 그것들이 정신에 희망을 주는 듯이 보이지만, 사실상 그것들은 다만 속이 비어있는 것으로 그것을 부풀리고 기만하는 것에 불과하네. 따라서 덕만이 정신을 우월하게 만드는 선이네.

삶의 모든 활동들을 전체적으로 볼 때, 그것들은 명예롭거나 비도덕적인 것을 고찰함으로써 조절되네. 그것은 우리의 이성이 특별한 것을 하거나 하지 않을 때 그것을 지배하는 이 두 가지 것들과 관련되네. 내가 의미하는 것은 다음과 같네. 선한 사람은 자신이 하기에 명예롭다고 생각하는 것이 고통을 가져올지라도, 그것을 할 것이네. 그는 그것이 자신에게 해를 가져올지라도, 그것을 할 것이네. 그는 그것이 위험을 초래하더라도, 그것을 할 것이네. 즉, 그는 비도덕적인 것이 자신에게 돈이나 쾌락이나 권력을 가져올지라도, 그것을 하지 않을 것이네. 그가 명예로운 일을 하지 못하게 만드는 것은 아무것도 없을 것이며, 그가 비도덕적인 것을 하게 만드는 것도 아무것도 없을 것이네. 그러므로 만약 그가 명예로운 것을 변함없이 따르고자 결심하고, 비도덕적인 것을 변함없이 피하고자 결심하고, 또한 명예로운 것을 제외한 그 어떤 것도 선하다고 여기지 않는 동시에 비도덕적인 것을 제외한 그 어떤 것도 악하다고 여기지 않으면서 삶의 모든 활동에서 이 두 가지 것들을 염두에 두고자 결심한다면, 그리고 만약 덕만이 사람에게서 정상적이고 그 자체만이 일정한 절차를 유지하는 것이라면, 그것이 그 사람의 유일한 선이며, 또한 그때부터는 그것을 선하지 않은 것으로 만드는 어떤 일도 발생하지 않을 것이네. 그것은 변화될 모든 위험성을 피하네. 어리석음이 지혜의 방향으로 기어오를 수도 있지만, 지혜가 어리석음으로 돌아가는 일은 결코 없을 것이네.

아마도 자네는 일반적으로 욕구와 두려움의 대상이었던 것들이 갑작스럽게 열정의 순간에 빠졌던 많은 사람들에 의해 짓밟혔다는 내 말을 기억할 것이네. 불 속에 자신들의 손을 집어넣은 사람들, 고문에도 중단되지 않은 미소를 가진 사람들, 자녀들의 장례식에서 눈물을 흘리지 않았던 사람들, 굴하지 않고 죽음을 대면한 사람들이 발견되었네. 위험에 맞섰던 것은 사랑, 분노, 갈망이었네. 어떤 자극으로 유발된 정신의 순간적인 인내심으로 획득될 수 있는 것을 덕은 훨씬 더 잘할 수 있네. 왜냐하면 그것은 그 힘을 충동적으로 얻거나 순간적으로 얻는 것이 아니며, 지속적인 힘에서 얻는 것이기 때문이네. 경솔한 사람들이 종종 경시하고, 현명한 사람들이 항상 경시하는 것들은 선하지도 않고 악하지도 않다는 결론이 나오네. 따라서 덕은 유일한 선이며, 극단적인 운명들을 각각 모두 강하게 경멸하면서 그 운명들의 사이를 자랑스럽게 행진하네.

그러나 만약 명예로운 것 외의 다른 어떤 선이 있다는 견해를 자네가 받아들인다면, 어떤 덕도 압박의 고통에서 벗어나지 못할 것이네. 왜냐하면 만약 그것이 그 자체의 외부에 있는 어떤 것을 기대한다면, 어떤 것도 유지될 수 없기 때문이지. 만약 그런 어떤 것이 있다면, 그것은 덕이 생성되어 나오는 이성과 상충할 것이고, 또한 이성이 없이는 존재할 수 없는 진리와도 상충할 것이네. 그러나 진리와 상충하는 어떤 의견이 있다는 것은 거짓이네. 자네도 인정하겠지만, 선한 사람은 신들을 향한 가장 고귀한 의무감을 가져야 하네. 따라서 그는 자신에게 어떤 일이 발생하든 변함없는 정신을 견딜 것이네. 왜냐하면 그는 그것이 모든 것들이 비롯된 신의 법칙에 의해 발생했다는 것을 알 것이기 때문이네. 만약 그렇다면, 그에게는 하나의 선, 즉 오직 하나의 선인 명예로운 것만이 있을 것이네. 왜냐하면 그것의 규칙들 가운데 하나는 우리가 예기치 않은 불행에 대한 분노로 불타오르거나 우리의 운명을 개탄하지 않고 신들에게 복종해야 하고, 또한 차분하게 운명을 받아들이고 그 운명의 명령에 복종해야 하기 때문이네. 만약 명예로운 것을 제외한 어떤 것이 선하다면, 우리는 삶에 대한 탐욕으로 인해, 그리고 삶에 필요한 것들을 제공해 주는 것들에 대한 탐욕으로 인해 괴로울 것이네. 이런 탐욕은 참을 수도 없고 한계도 없고 불안정한 상태기 때문이지. 그러므로 유일한 선은 명예로운 것, 즉 그것은 한계를 갖는 것이네.

나는 만약 신들이 필요로 하지 않는 것들이 돈이나 명예 같은 선들이라면, 인간의 삶이 신들의 삶보다 더 행복할 것이라고 주장했었네. 여기에는 추가적인 고려 사항이 있는데, 그것은 바로 육체에서 풀려난 우리의 영혼들이 여전히 생존한다면, 그것들이 육체 안에서 움직이는 동안 갖는 것보다 더 행복한 조건이 그것들을 기다리고 있다는 것이네. 그러나 그것들이 만약 우리가 육체들을 위해 이용하는 선들이라면, 영혼들이 자유롭게 풀려났을 때 더 불행할 것이네. 따라서 영혼이 자유롭고 우주로 갔을 때보다 좁고 제한되었을 때 더 행복하다고 말하는 것은 우리의 믿음과 정반대네. 또한 나는 만약 말을 못하는 짐승들이 인간과 마찬가지로 갖는 것들이 선들이라면, 말을 못하는 짐승들도 행복한 삶을 영위할 것이라고 말했지만, 물론 이것은 불가능하네. 우리는 명예로운 것을 지키기 위해 모든 것들을 견뎌야 하네. 그러나 만약 명예로운 것 외에 다른 어떤 선이 존재했다면, 이것은 필요하지 않았을 것이네.

비록 내가 이전 편지에서 이 문제를 상당히 포괄적으로 논의했지만, 여기에서는 논쟁 전체의 내용을 요약하면서 간단히 논의했네. 그러나 자네가 자신의 마음을 칭찬하고 나라를 위해 자신의 목숨을 바치고 또한 모든 동료 시민들의 안전을 위해 자신의 안전을 희생할 것인가, 즉 자네가 참을성 있게, 그리고 자신의 목숨을 기꺼이 바칠 것인가를 자네 자신에게 질문하지 않는다면, 이런 견해는 자네에게 전혀 와닿지 않을 것이네. 만약 자네가 그렇게 하겠다면, 자네의 눈에 다른 선은 없네. 왜냐하면 자네가 이 선을 갖기 위해 모든 것을 포기하는 것이기 때문이네.

명예로운 것의 힘이 얼마나 큰지 보게. 나라를 위해 죽어야 한다는 것을 알자마자 그렇게 해야 할지라도, 자네는 그렇게 할 것이네. 때로는 고귀한 행동의 결과로 우리는 아주 짧은 시간 동안 큰 즐거움을 가지며, 한 번 행동을 취하면 생명을 잃고 죽은 사람에게 아무런 혜택이 없음에도 불구하고, 미래의 행위에 대한 순수한 성찰이 기쁨을 주네. 또한 용감하고도 정의로운 그 사람이 죽음에 대한 보상, 나라의 자유, 자신의 영혼을 희생함으로써 구원하고자 했던 그 모든 사람들을 생각했을 때, 그는 가장 큰 즐거움을 경험하고 그 자신의 위험으로부터 혜택을 받을 것이네.

그러나 심지어 최후의 가장 좋은 행동을 생각함으로써 얻게 된 이런 즐거움을 빼앗긴 사람도 옳고도 경건하게 행동하는 데 만족하면서 주저 없이 죽음으로 뛰어들 것이네. 이제 그를 단념시킬 많은 논증들을 갖고서 그를 만나서 "자네의 행동은 동료 시민들로부터 금방 잊혀질 것이고, 또한 그에 대한 배은망덕한 평가가 뒤따를 것이네"라고 말해 보세. 그는 자네에게 "그 모든 것들은 내가 어떻게 할 수 있는 일이 아니고, 나는 그 행동만을 생각하고 있습니다. 나는 이것이 명예롭다는 것을 알고 있으며, 따라서 나는 그것이 나를 이끌고 부르는 곳으로 갈 것입니다"라고 말할 것이네.

그렇다면 이것이 유일한 선이고, 완전한 정신뿐만 아니라 본성적으로 귀하고 올바른 성품을 가진 사람이 인지하는 하나의 선이네. 다른 혜택들은 사소하고 가변적일 것이네. 따라서 그것들을 가질 때는 불안감도 함께하네. 비록 운명이 더 좋고, 그런 혜택들을 모두 한 사람 위에 쌓아 놓더라도, 그것들은 스승들을 무겁게 짓누르고, 항상 그들을 억압하며, 때로는 심지어 그들을 속이네. 자네가 보는 사람들, 예복을 입은 사람들 가운데 어느 누구도 무대에서 왕의 지팡이와 망토를 갖고 연기하는 배우들 가운데 한 사람보다도 더 행복하지 않을 것이네. 그들은 허세를 부리며 굽이 높은 신발을 신고 모여 있는 사람들 앞을 뽐내며 걸었지만, 그들이 퇴장하여 신발을 벗자 본래의 키로 돌아갔네. 부와 명예로

높은 위치까지 올려졌던 사람들 가운데 누구도 실제로 크지는 않았네. 그렇다면 그가 그렇게 크게 보였던 이유는 무엇일까? 그것은 자네가 받침대를 그 사람과 함께 측정했기 때문이네. 난쟁이는 산꼭대기에 서 있더라도 크지 않네. 거대한 조각상은 우물 속에 넣더라도 여전히 클 것이네. 이것이 우리가 겪게 되는 오류네. 이것이 우리에게 부과된 이유네. 우리는 누구도 그 사람 자체로 평가하지 않고, 그가 입은 사회적 요소들을 그에게 더하곤 하네. 그러나 자네가 사람의 참된 가치를 조사하고, 그가 어떤 사람인가를 알고자 한다면, 그가 벌거벗었을 때 그를 보게. 그가 물려받은 유산, 그의 지위, 그리고 운으로 치장된 다른 것들을 버리게 하고, 그의 옷도 벗겨 버려야 하네. 그의 마음, 그것의 기질, 그리고 그것의 크기를 고려하고, 그렇게 함으로써 그것의 크기가 빌려온 것인가, 또는 그 자체의 것인가를 알아야 하네.

만약 어떤 사람이 위축되지 않는 눈길로 칼의 번쩍임을 바라본다면, 만약 그가 자신의 영혼이 입을 통해 날아가든 또는 목구멍의 상처를 통해 날아가든 자신에게 아무런 차이가 없다는 것을 안다면, 자네는 그를 행복하다고 말할 수 있을 것이네. 만약 그가 우연의 결과든 또는 강력한 힘의 결과든 상관없이 육체의 고문으로 위협을 받을 때, 그가 사람들의 마음을 흔들어 놓을 수 있는 사슬이나 추방 또는 이유 없는 모든 공포에 관한 이야기를 별다른 걱정 없이 들을 수 있고, 또한 "오, 아가씨! 새롭고도 갑작스러운 어떤 형태의 고통도 내 눈앞에서 생겨나지 않는다오. 나는 내 마음속에서 그것들을 미리 보았고 생각했지요. 그대는 오늘 이런 위협을 하고 있지만, 나는 항상 나 자신을 위협하고, 나 자신을 고통받는 인간으로 준비하고 있다오."라고 말할 수 있다면, 자네는 또한 그를 행복하다고 말할 수 있을 것이네. 만약 하나의 악이 미리 생각된다면, 그것이 다가올 때 충격이 적을 것이네. 그러나 바보에게는, 그리고 운명을 믿는 사람에게는 각각의 사건이 다가올 때 그것은 "새롭고도 갑작스런 어떤 형태로 다가오며" 경험이 없는 사람에게는 악의 많은 부분이 그것의 특별함으로 구성되네. 이것은 사람들이 처음에 어려움이라고 간주했던 것에 한 번 익숙해지면, 그들은 큰 용기를 갖고 그것을 견뎌 낸다는 사실로 입증되기 때문이지. 이처럼 현명한 사람은 다른 사람들이 오랜 인내를 통해 가볍게 하는 악들을 오랜 성찰을 통해 가볍게 함으로써 자기 자신을 미래의 고통에 익숙하게 만드네. 우리는 때때로 경험이 없는 사람이 "나는 이것이 나를 기다리고 있다는 것을 안다!"라고 말하는 것을 듣네. 그러나 현명한 사람은 모든 것들이 자신을 기다리고 있다는 것을 알고 있네. 어떤 일이 생기든, 그는 "난 알고 있었지!"라고 말하네. 잘 있게.

편지 77

죽음을 맞는 자세

오늘 갑자기 '알렉산드리아'의 배들이 우리의 눈에 보였네. 대체로 함대가 들어온다는 것을 알리도록 미리 보냈던 배들 말일세. 그것들은 '우편 선박들'이라고 불리지. 캄파니아 사람들에게는 그것이 반가운 소식이었네. (캄파니아의 해안도시인) 푸테올리의 모든 사람들이 부두에 서서, 실질적인 항해 유형을 보고는 많은 수의 대규모 선박들 사이에서 알렉산드리아의 배들을 먼저 알아보았네. 왜냐하면 그 배들만이 모두 '주된 돛대 위에 있는 돛'을 날리는 것이 허용되었기 때문이네. 사실상 돛의 윗부분처럼 속도를 높일 수 있는 것은 없다네. 배는 그것의 저항을 통해 앞으로 가장 잘 항해한다네. 따라서 바람이 유익한 것 이상으로 강해지거나 더 커지면, 중간 돛을 낮추어야 하지. 돌풍은 수면 위 낮은 부분에서 약해지니 말일세. 따라서 그 배들이 카프리와 곶(바다 방향으로 뻗은 부리 모양의 육지)의 이쪽 부분으로 왔을 때, "커다란 팔라스는 폭풍우 꼭대기에서 바라보았다"라고 하네. 다른 모든 배들은 주돛(가운데 돛)에 만족하라고 말해졌고, '주된 돛대 위에 있는 돛'은 알렉산드리아인들의 특징이네.

　모두가 부둣가를 향해 분주하게 서두르는 한편, 나는 나의 게으름에 큰 즐거움을 느꼈다네. 왜냐하면 나와 관련된 문제의 상황과 그들이 갖고 오는 소식을 아는 것이 그리 급하지는 않았기 때문이네. 왜냐하면 한동안 나는 잃은 것도 없었고 또한 얻은 것도 없었기 때문이지. 내가 노인이 아니더라도 이런 것에서 즐거움을 느낄 수밖에 없었겠지만, 지금 나의 즐거움은 훨씬 더 크다네. 내 재산이 얼마나 적든, 내게는 여전히 여행보다 여행 자금이 더 남아 있을 것이네. 특히, 우리는 끝마치지 않아도 되는 여행을 하고 있으니 말일세. 우리가 중간에서 멈추거나 목적지에 도달하지 못하면 여행은 끝나지 않겠지만, 삶이 명예롭다면 그것은 끝나지 않은 것이 아니라네. 어디에서 떠나든 잘 떠난다면, 그것은 전체이자 완전한 것이네. 그러나 종종 우리는 단지 아주 긴급한 이유 때문이 아니라 그저 용감하게 떠나야 하네. 왜냐하면 우리를 삶에 머물게 하는 원인들도 그리 크지 않기 때문이네.

　자네가 아주 잘 알았던 차분한 성격의 마르켈리누스[65]는 갑자기 병이 들고 빨리 늙었지. 그의 병은 불치병은 아니었으나 오랫동안 지속된 고질적인 병이었고, 또한 많은 주의가 필요했네. 그러던 어느 날부터 그는 죽음을 생각하기 시작했고, 많은 친구

65　　신원 및 생존 연대 미상.

들을 함께 불러 모았네. 그들은 모두 각자 마르켈리누스에게 조언을 했지. 소심한 친구는 그에게 하려고 결심했던 것을 하라고 주장했고, 아첨하고 비위를 맞추길 좋아하는 친구는 마르켈리누스가 숙고할 때 그를 더 즐겁게 만들리라 생각되는 조언을 했네. 그러나 우리의 스토아 철학자이자 뛰어난 친구, 그리고 그에게 적합한 표현으로 그를 칭송하자면, 멋지고도 활력 있는 그 친구가 마르켈리누스에게 가장 좋은 조언을 했던 것으로 보이네.

그는 이렇게 시작했네. "친애하는 마르켈리누스, 자네가 마치 중요한 문제를 생각하는 것처럼 스스로 학대하지는 말게. 산다는 것은 중요한 문제가 아니네. 자네의 노예들도 모두 살아 있고, 모든 동물들도 그렇네. 그러나 명예롭고 현명하고 용감하게 죽는 것이 중요하네. 자네가 같은 것을 얼마나 오랫동안 해 왔는지 생각해 보게. 음식, 수면, 성욕 등이 우리의 일상적인 일이네. 죽고 싶다는 욕구를 느꼈을 수도 있지만, 현명한 사람이나 용감한 사람 또는 불행한 사람만이 아니라 단순히 술을 많이 마신 사람도 그렇게 느낄 것이네."

마르켈리누스는 자신을 설득하려는 사람보다 차라리 죽는 걸 도와줄 사람이 필요했네. 그러나 노예들은 복종하지 않았네. 따라서 그 스토아 철학자는 먼저 노예들의 두려움을 제거했고, 주인의 죽음이 자발적인지 아닌지가 불분명할 때를 제외하고는 그 집에 아무런 위험이 없다는 것을 보여 주었네. 게다가 스스로 죽으려 하는 주인을 강제로 막는 것이나 주인을 죽이는 것이나 모두 나쁜 관행이 될 것이었네. 그래서 그는 식사를 마친 뒤에 남은 음식을 종업원들에게 나누어 주듯이, 삶을 마친 뒤에 평생 함께했던 수행원들에게 약간의 선물을 하는 것이 친절한 행동이 될 것이라고 마르켈리누스에게 조언했네. 마르켈리누스는 자신의 재산에 대해서는 순응적이고도 관대한 성향을 지녔네. 그래서 그는 슬퍼하는 노예들에게 약간의 돈을 나누어 주고 그들을 위로했지. 그에게는 칼이나 피가 필요하지 않았네. 그는 사흘간 음식을 먹지 않고 침실에 장막을 치게 했네. 그런 뒤에 그는 욕조에 누워 있었고, 따뜻한 물이 채워지는 동안 그는 점차 의식을 잃어 가면서 약간의 쾌락이 없지는 않다고 말했네. 기절해 본 사람은 경험에서 알겠지만, 천천히 녹아 들어가는 듯한 그런 쾌락의 느낌 말일세.

약간은 빗나간 이 이야기가 자네에게 불쾌하게 들리지는 않았을 것이네. 자네의 친구가 힘들거나 고통스럽게 떠나지 않았다는 것을 알 수 있을 테니 말일세. 그는 자살했지만, 아주 천천히 삶에서 미끄러지면서 떠났네. 이 이야기가 약간의 쓸모가 있을지도 모르겠네. 왜냐하면 종종 위기가 그런 사례들을 요구하기 때문이지. 우리가 죽어야 하지만 그러고 싶지 않은 경우도 있고, 때로는 우리가 죽지만 그러고 싶지 않은 경우도 있네. 우리가 언젠가 분명히 죽는다는 것을 모를 정도로 무지한 사람은 없네. 그럼에도 불구하고 죽음이 다가올 때, 우리는 도망치거나 떨거나 탄식하지. 이런 사람은 자기가 수천 년 전에 살아 있지 않았다고 통곡을 하는 완전한 바보가 아닌가? 지금부터 수천 년 뒤에 자기가 살아 있지 않다고 통곡을 하는 사람도 그만큼이나 바보가 아닌가? 우리가 존재하지 않든, 또는 우리가 존재하지 않았든, 모두 마찬가지네. 이것들은 모두 자네에게 속하지 않는 시간이기 때문이지. 우리에게는 이 순간이라는 시간이 부여되었네. 우리가 그것을 길게 만들고 싶다면, 얼마나 길게 만들 수 있을까? 왜 통곡을 하는가? 왜 기도를 하는가? 그건 불필요한 데 힘을 쓰는 것이네.

그대의 기도가 신들이 운명 지은 결말을 바꿀 수 있다는 생각을 멈춰라.

모든 것이 결정되고 고정되며, 그것은 전능하고도 영원한 필연성에 의해 통제되네. 자네는 다른 모든 것들이 가는 곳으로 갈 것이네. 여기에 새로운 것이 있는가? 우리는 이런 법칙을 따르도록 태어났네. 이것은 모두 우리보다 앞에 왔던 우리의 아버지, 우리의 어머니, 우리의 조상들에게 닥쳤던 운명이고, 그것은 우리보다 뒤에 오는 모든 사람의 운명일 것이네. 어떤 힘으로도 깨지거나 바뀔 수 없는 결말이 모든 것들을 묶고 있으며, 모든 것들을 흘러가게 하고 있네. 우리보다 뒤에 죽을 운명을 지닌 많은 사람들을 생각하고, 우리와 함께 죽을 운명을 지닌 많은 사람들을 생각해 보게. 나는 수천 명이 동반해서 죽는 경우에 우리가 더 용감하게 죽을 것이라 생각하네. 그러나 우리가 죽음에 대해 결정을 내리지 못하고 있는 바로 이 순간에도 수천의 사람과 동물이 자신들의 방식으로 마지막 숨을 몰아쉬고 있네. 그러나 자네는 자네가 항상 여행하면서 목표로 했던 곳에 언젠가 도달하리라 생각하지 않았는가? 끝이 없는 여행이란 없다네. 자네는 내가 지금 위대한 인물들의 몇 가지 사례들을 인용해야 한다고 생각하겠지. 아니, 나는 한 소년의 경우를 인용할 것이네. 아직 어렸을 때 포로로 잡혔던 스파르타 소년에 대한 이야기가 전해지고 있네. 그는 "나는 노예가 되지 않겠어!"라고 도리스 방언(고대 그리스어의 방언 가운데 하나)으로 계속 소리를 질렀고, 자신의 말을 지켰네. 요강을 갖고 오라는 하찮고도 모멸적인 첫 번째 명령을 들었을 때, 그는 벽에 머리를 들이받음으로써 죽음을 맞이했네. 자유가 아주 가까이 있는데, 여전히 노예로 살고 싶은 사람이 있는가? 자네는 자네 자식이 허약하게 굴복하여 늙을 때까지 사는 것보다 차라리 이렇게 죽길 원하지 않겠는가? 심지어 어린아이가 이처럼 용감하게 죽는데, 자네는 왜 좌절하는가? 자네가 그를 따르길 거부하고, 끌려간다고 가정해 보세. 지금 다른 사람의 통제에 있는 것을 자네 것으로 만들게. 그 소년의 용기를 빌려 "나는 노예가 아니다!"라고 말하고 싶지 않은가? 불쌍한 친구, 자네는 사람들의 노예고, 일의 노예고, 삶의 노예네. 왜냐하면 자네에게 죽을 용기가 없다면, 삶은 노예나 다름없기 때문이네.

자네는 기다릴 가치가 있는 무언가를 갖고 있나? 자네를 지체시키고 방해하는 즐거움들은 이미 자네 자신에 의해 고갈되었네. 그 가운데 어떤 것도 자네에게 새롭지 않을 것이며, 그것에 너무 싫증이 나서 이미 지겨워지지 않은 것이 없을 것이네. 자네는 포도주와 과일주의 맛을 알 것이네. 수백 가지나 수천 가지로 자네의 방광을 검사해도 별다른 차이가 없네. 자네는 굴과 숭어 맛을 좋아하는 미식가지. 자네의 사치는 앞으로도 수년 동안 맛보지 않은 것이 없을 정도라네. 그러나 자네가 어쩔 수 없이 떨어질 수밖에 없는 것들이 있네. 자네가 뺏긴 것을 후회하는 다른 어떤 것이 있는가? 친구? 그러나 자네는 친구가 되는 방법을 알고 있나? 국가? 뭐라고? 저녁 식사를 늦출 정도로 자네의 국가를 깊이 생각하나? 태양 빛? 자네는 그 빛을 끌 수 있다면 끌 것이네. 자네는 태양 빛만큼 가치 있는 어떤 일을 해 보았나? 진실을 말해 보게. 자네가 죽음을 기꺼이 늦추는 이유는 오랫동안 원로원 회의실이나 심지어 자연 세계를 갈망했기 때문이 아니라 맛보지 않은 음식이 전혀 없음에도 불구하고 고깃집을 떠나기가 싫었기 때문이라는 것을 말일세.

자네는 죽음을 두려워하네. 그렇지만 자네가 버섯으로 저녁 식사를 하던 중에 그것을 무시할 수 있는가? 자네는 살고 싶어 하네. 그렇다면 자네는 사는 방법에 대해 아나? 자네는 죽음을 두려워하네. 그렇다면 자네의 삶은 단지 죽음에 불과한가? 카이사르가 비아 라티나를 지나고 있을 때, 회색 수염을 가슴까지 늘어뜨린 한 사람이 죄수들의 행렬에서 벗어나 죽여 달라고 간청하자, 카이사르는 "뭐라고, 자네는 지금 살아 있는 건가?"라고 말했네. 이것은 죽음이 위안이 되리라고 생각하는 사람들에게 주는 답변이네. "그대는 죽기를 두려워한다네. 뭐라고, 그대는 지금 살아 있는 건가?" 누군가는 "그렇지만 나는 살고 싶습니다. 왜냐하면 나는 많은 명예로운 일들에 참여했기 때문입니다. 나는 내가 성실과 열정으로 수행했던 삶의 의무들을 떠나기가 싫습니다"라고 말할 것이네. 분명히 자네는 죽음도 삶의 의무들 가운데 하나라는 것을 알고 있지 않나? 자네는 어떤 의무도 저버리는 것이 아니네. 왜냐하면 자네가 완수해야 하는 정확한 숫자가 정해져 있지 않기 때문이지. 짧지 않은 삶은 없네. 자연 세계에 비교할 때, 네스토르[66]의 삶도 짧은 삶이었고, 자신의 묘비에 99년을 살았다는 것을 새기라고 명령했던 여성인 사티아[67]의 삶도 짧은 삶이었지. 자네도 알듯이, 어떤 사람들은 자신들이 오래 사는 것을 자랑하네. 그러나 사티아가 백 번째 해를 완성할 운을 가졌더라

---

66   신원 및 생존 연대 미상.
67   신원 및 생존 연대 미상.

면, 누가 그녀를 견딜 수 있었을까? 연극처럼, 삶 자체도 그렇다네. 문제는 연기를 얼마나 오래 하느냐는 것보다 연기가 얼마나 좋았느냐는 것이네. 어느 지점에서 멈추는가 하는 것은 문제가 아니네. 원하는 곳에서 멈추게. 다만 마치는 지점이 잘 드러나도록 하게. 잘 있게.

편지 87

덕과 관련된 몇 가지 삼단논증

나는 배에 오르기도 전에 조난을 당했네. 자네가 이 말을 스토아 철학의 역설들 가운데 또 하나로 여길지도 모르니, 나는 이런 일이 어떻게 발생했는지 설명하지 않겠네. 그러나 나는 자네가 듣고자 한다면, 아니, 자네가 원하지 않을지라도, 이 표현이 결코 사실이 아니고, 또한 어떤 사람이 처음에 생각하듯이 그리 놀랄 일도 아니라는 것을 증명할 것이네. 그동안, 그 여행은 내게 우리가 불필요한 것을 얼마나 많이 가졌는가, 그리고 없어진 걸 느끼지도 못하는 것들이 제거되어야 할 때 우리가 얼마나 쉽게 그것들을 버리기로 결심할 수 있는가를 보여 주었네.

내 친구 막시무스[68]와 나는 몸에 걸친 옷을 제외한 다른 준비물이 없이 마차 하나에 탈 수 있는 몇 명의 노예들과 함께 가장 행복한 이틀의 시간을 보냈네. 두툼한 깔개를 땅 위에 깔고, 나는 그 깔개 위에 있었네. 두 장의 담요 가운데 하나는 우리 밑에 깔

---

68   생존 연대가 정확하지는 않으나, 세네카와 동시대인으로서 네로 황제의 암살에 가담했다가 유배된 인물들의 명단에 포함되어 있다.

고 하나는 우리를 덮었지. 점심에서 뺄 것은 아무것도 없었고, 그걸 준비하는 데 한 시간도 걸리지 않았네. 우리는 말린 무화과 열매가 없이는 어디도 가지 않았고, 결코 편지지 첩이 없이는 어디도 가지 않았네. 나는 빵이 있으면 이 무화과들을 과일소스로 사용했고, 빵이 없으면 그것들을 빵 대용으로 사용했네. 따라서 그것들은 내게 매일같이 신년 축제를 안겨 주었고, 또한 나는 좋은 생각과 정신의 관대함으로 신년을 행복하고도 번창하게 만들었네. 정신은 외부의 모든 것들을 버렸을 때가 가장 관대하며, 아무것도 두려워하지 않음으로써 그 자체의 평화를 확보하고, 어떤 부도 갈망하지 않음으로써 부를 확보했지. 내가 자리 잡은 마차는 농부의 마차였네. 노새들이 걷는 걸 보고서야 비로소 그것들이 살아 있음을 알 수 있었네. 마부는 맨발이었는데, 여름이라서 그랬던 것은 아니네. 나는 다른 사람들이 이 마차를 내 것으로 생각하길 소망할 수가 없었네. 진실에 대한 내 비뚤어진 겸손함은 여전히 남아 있지만, 우리가 호화로운 무리와 맞닥뜨리게 되면 무심결에 얼굴이 붉어지네. 이것은 내가 인정했고 환호했던 그 행위가 내 안에서 확고한 위치를 얻지 못했다는 증거지. 덜컥거리는 마차를 탔다고 해서 얼굴이 붉어지는 사람은 멋진 마차를 탔을 때는 자랑스러워하겠지.

따라서 나의 성숙함은 아직 불충분하네. 나는 아직 나의 검소함을 공개적으로 인정할 용기를 갖고 있지 않네. 그럼에도 나는 다른 여행자들이 나에 대해 어떻게 생각할까를 신경 쓰네. 그러나 그 대신에, 나는 사실상 사람들이 믿는 것과 반대되는 의견을 내보이네. "우리는 미쳤네, 우리는 잘못된 길을 갔네, 우리는 불필요한 것에 감탄하네. 우리는 사람의 진가를 측정하지 못하네. 재산을 고려할 때, 우리는 돈이나 이익을 빌려 줄 사람들을 이런 식으로 가장 세심하게 합산하네. 왜냐하면 지금까지 우리는 이익을 지불금으로 장부에 기입했기 때문이네. 우리는 이렇게 말하네. "'그의 토지는 광활하지만, 그의 빚은 많네' '그는 좋은 집을 갖고 있지만, 그것을 빌린 돈으로 지었네' '누구도 더 멋진 가정을 보여주지는 못하지만, 그것으로 빚을 갚지는 못하네' '그가 빚을 모두 갚으면, 그에게 남은 것은 아무것도 없을 것이네.' " 따라서 자네는 다른 모든 경우에도 그렇게 해야 한다고, 즉 각자가 어느 정도의 재산을 가졌는가를 조사해야 한다고 느낄 것이네.

우리는 어떤 사람이 단지 여행할 때도 금으로 만들 식기류를 갖고 다닌다는 이유에서, 모든 지역에 땅을 갖고 있다는 이유에서, 두꺼운 회계장부를 갖고 있다는 이유에서, 도시 근처에 아주 넓은 토지를 갖고 있어서 아풀리아의 황무지에 토지를 가진 사람들이 원한을 갖는다는 이유에서, 그를 부유하다고 말하네. 그러나 이 모든 사실들을 언급한 뒤에, 그는 가난하다고 말하네. 왜 그럴까? 그가 빚을 지고 있기 때문이네. "얼마나?"라고 자네는 묻겠지. 그가 가진 모든 것만큼. 아마도 자네는 다른 사람에게서 빌렸는가 또는 운명에게서 빌렸는가 하는 것이 문제가 된다고 생각하겠지. 그의 노새들이 모두 한 가지 휘장을 둘렀는가 하는 것이 무슨 문제가 되는가? 장식된 마차들은 어떤가?

보라색 천과 휘장,
그리고 목에 매달린 황금 마구로 장식된
말들이 황금 재갈을 씹고 있네.
이런 것들은 주인과 노새를 우월하게 만들지 않네.

스키피오와 마찬가지로 검열관 카토도 국가에 중요한 인물이었지만, 스키피오는 적에 대항해 싸웠던 반면에, 카토는 주인의 필수품이 담긴 안장주머니를 달고 다니는 당나귀를 타고 악덕에 대항해 싸웠네. 나는 카토가 오늘 도로에서 경호원들이나 누미디아 사람들과 더불어 자신의 부를 과시하는 어떤 한 사람을 만나고, 또한 그의 앞에 엄청난 먼지구름이 있는 걸 얼마나 보고 싶어 했던가! 이 사람은 분명히 카토에 비해 세련되고 가꾼 듯이 보일 것이네. 값비싼 장신구를 걸친 그는 손으로 검을 잡을 것인가 또는 사냥칼을 잡을 것인가를 주저하고 있네. 승리를 거둔 장군이자 검열관이지, 무엇보다도 카토라고 불리는 사람이 한 마리의 경주마, 그마저도 그 전체가 아닌 것에 만족하면서 살았던 그 시대는 얼마나 영광된 시대였던가! 왜냐하면 그 말의 일부로 채

위진 가방이 양쪽에 매달려 있었기 때문이네. 그 모든 통통한 조랑말들, 그리고 스페인의 순종 말들이나 경주마들보다 카토가 정성껏 돌본 한 마리의 말을 더 선호하지 않겠나? 내가 스스로 끝내지 않는 한, 그런 주제를 다루는 데 끝이 없으리라는 것을 아네. 따라서 나는 이제 이와 같이 불필요한 것들에 대해서는 침묵할 것이네. 그런 것들을 '방해물들'이라고 처음 불렀던 사람은 그것들이 지금 그런 것과 같은 종류일 것이라는 예언의 느낌을 가졌네. 지금 나는 우리 학파에 속하고, 행복한 삶에 충분하다고 우리가 주장하는 덕과 관련된 몇 가지 삼단논증들을 자네에게 전하고 싶네.

첫 번째 논증 "선한(좋은) 것은 인간을 선하게(좋게) 만든다. 예를 들어, 음악에서 선한 것은 음악가를 만든다. 그러나 우연적인 사건들은 선한 인간을 만들지 않는다. 그러므로 우연적인 사건들은 선한 것들이 아니다." 소요학파 사람들은 전제가 거짓이라고 말함으로써, 인간이 항상 선한 것을 통해 선하게 되지는 않는다고 말함으로써, 음악에는 노래에 동반되기 적합한 플루트, 하프, 또는 오르간처럼 선한 어떤 것이 있다고 말함으로써, 그러나 이 악기들 가운데 어떤 것도 음악가를 만들지는 않는다고 말함으로써, 이에 답변할 것이네. 그러면 우리는 "당신들은 우리가 '음악에서 선한 것'이란 표현을 어떤 의미로 사용하는지 알지 못한다고 답변할 것이네. 왜냐하면 우리는 음악가가 갖춘 것을 의미하는 것이 아니라 음악가를 만드는 것을 의미하기 때문이네. 그러나 자네는 연주하는 악기들을 언급하는 것이지 연주 자체를 언급하는 것이 아니네. 그러나 만약 음악 연주에서 어떤 것이 선하다면, 그것은 모든 경우에 음악가를 만들 것이네." 그리고 나는 이 견해를 더 명료하게 제시하고 싶네. 우리는 음악 연주에서의 선을 두 가지 방식으로 정의하네. 첫 번째는 음악가의 연주를 보조하는 것이고, 두 번째는 그의 연주를 보조하는 것이네. 자, 플루트, 오르간, 그리고 하프와 같은 악기들은 그의 연주와 관련되지만, 그것들은 음악가의 연주 자체와는 관계가 없네. 왜냐하면 그는 그것들이 없이도 예술가이기 때문이지. 그에게는 아마도 자신의 연주를 연습하는 능력이 없을 수도 있네. 그러나 그가 가진 선은 그와 동일한 방식으로 이중적이지는 않네. 왜냐하면 인간의 선과 삶의 선은 동일하지 않기 때문이네.

두 번째 논증 "어떤 사람이 얼마나 야비하거나 또는 경멸적이거나 상관없이, 사람의 무리에 속할 수 있는 것은 선이 아니다. 그러나 부는 검투사 중개자와 조련사 무리에 속한다. 그러므로 부는 선이 아니다." 사람들은 "자네가 제시한 것은 틀린 전제네. 왜냐하면 우리는 선들이 가장 낮은 종류의 사람들 무리에, 즉 학자의 기술뿐만 아니라 치료 기술이나 항해 기술에도 속하기 때문이네."라고 말하네. 그러나 이런 기술들은 정신의 위대함을 주장하지 않네. 즉, 그것들은 높은 곳에 오르지 않고 또한 행운이 가져오는 것을 못마땅해하지도 않네. 인간에게 희망을 주고 인간이 소중하게 여기는 곳에 올리는 것은 덕이네. 덕은 지나치게 갈망하지도 않고, 선이라고 불리거나 악이라고 불리는 것이 과도한 것도 두려워하지 않네. 클레오파트라[69]의 환관들 가운데 한 사람인 켈리돈[70]은 많은 부를 가졌고, 최근에는 더러운 만큼이나 파렴치한 혀를 가졌던 사람이자 가장 비도덕적인 권력을 휘둘렀던 입을 가졌던 나탈리스[71]는 많은 사람들의 상속자였고, 또한 많은 사람들을 자신의 상속자로 만들었네. 그런 뒤에는 어떻게 되었을까? 그를 불결하게 만든 것은 그의 돈이었을까, 아니면 그가 자신의 돈을 불결하게 만들었을까? 돈이 하수도에 굴러떨어지듯이, 돈은 어떤 사람들의 손에 굴러떨어지네. 덕은 그런 모든 것들 위에서 있지. 그것은 주조된 동전으로써 평가되는데, 무작위적이고 우연적인 것들은 선하다고 판단하지 않네. 약과 항해는 그 자체를 금지하지 않으며, 추종하는 사람들만이 그것들에 감탄하네. 그렇지만 선하지 않은 사람이 요리사가 될 수 있듯이, 의사나 항해사나 문법가가 될 수도 있네. 평범하지 않은 것을 가진 무리에 속한

기원전 51년~기원전 30년, 이집트의 마지막 여왕.

신원 및 생존 연대 미상.

신원 및 생존 연대 미상.

사람은 평범한 사람이라고 불릴 수 없네. 왜냐하면 그가 가진 것은 사람이기 때문이네. 금고는 그것이 포함한 것만큼의 가치가 있네. 또는 그것은 그것이 포함한 것의 부속품에 불과하네. 누가 지갑에 들어 있는 돈을 제외한 값을 지갑 전체의 가격으로 매기겠는가? 이것도 많은 재산을 가진 사람들에게도 적용되네. 그들은 단지 부속품들이며, 그 소유물들에 우연적인 사람들이지.

그렇다면 현명한 사람은 왜 위대한가? 그가 위대한 정신을 가졌기 때문이네. 가장 비열한 사람에게도 속할 수 있는 어떤 것은 선이 아니라고 말하는 것은 옳은 일이지. 따라서 나는 결코 게으름을 선이라고 생각하지 않네. 왜냐하면 매미와 벼룩도 게으름을 즐길 수 있기 때문이지. 나는 차분하거나 고민이 없는 것도 선이라고 생각하지 않네. 벌레보다 더 편안한 것은 없을 것이니 말일세. 자네는 현명한 사람을 만드는 것이 무엇이냐고 묻는 것인가? 신을 만드는 것이 현명한 사람도 만드네. 우리는 현명한 사람이 신성하고, 천국 같고, 장엄한 요소를 갖는다는 것을 인정해야 하네. 선은 모든 사람에게 오지 않으며, 또한 아무나 그것을 갖게 허용하지도 않네. 생각해 보게.

어떤 열매를 각 지역이 갖거나 갖지 않는가,

여기에 곡식이, 그리고 저기에 포도가 풍부하게 자라네.

그리고 다른 곳에는 나무의 싹과 잔디가 자라나네.

저절로 자라 나온 녹색 옷이 그들을 감싸네.

어떻게 트몰로스가 울금향의 향수를 운송하고,

인도에서 상아를 보내고,

부드러운 시바 사람들이 향을 보내고,

또한 벌거벗은 칼리베스 사람들이 철을 보내는지 생각해 보게.

사람들이 서로 수송하면서 각각 이웃에게서 다른 무언가를 받아 가게 하려고 이 물품을 개별적인 국가들에 할당했던 것이네. 따라서 최고선도 그 자체의 거주지가 있네. 그것은 상아나 철이 나오는 것에서는 나오지 않네. 자네는 최고선이 어디에 거주하느냐고 묻는가? 영혼 안에 거주하네. 그리고 영혼이 순수하고 경건하지 않으면, 그 안에는 신이 들어갈 자리가 없네.

세 번째 논증 "선은 악에서 나오지 않는다. 그러나 부는 탐욕에서 나온다. 그러므로 부는 선이 아니다." 사람들은 이렇게 말하네. "선이 악에서 나오지 않는다는 것은 사실이 아니네. 왜냐하면 돈은 신성모독과 절도에서 나오기 때문이지. 따라서 신성모독과 절도는 악이지만, 그것들이 악한 이유는 선보다 악을 더 유발하기 때문이네. 왜냐하면 그것들은 이익을 가져오지만, 그 이익은 몸과 마음의 두려움, 불안, 그리고 고문을 동반하기 때문이네." 이런 말을 한 사람은, 악을 많이 유발한다는 이유에서 악이라고 말해지는 신성모독이 어느 정도는 선을 완성한다는 점에서 부분적으로는 선이라는 것을 어쩔 수 없이 인정해야 하네. 이보다 더 말도 안 되는 것이 어디 있을까? 분명히 우리는 신성모독, 절도, 그리고 간통을 선으로 간주해야 한다고 세상을 설득했네. 얼마나 많은 사람들이 절도를 하고도 얼굴을 붉히지 않고, 얼마나 많은 사람들이 간통을 저지르고도 자랑스러워하겠는가! 사소한 신성모독은 처벌받지만, 대규모의 신성모독은 승리 축하의 행진을 통해 찬양되기 때문이네. 그 밖에도 신성모독이 어떤 면에서 전체적으로 선이라면, 그 또한 영광스럽고 올바른 행동이라 말해질 것이네. 왜냐하면 그것은 우리 자신들의 행동이기 때문이네. 그러나 진지하게 고찰할 때, 그 누구도 이런 생각을 인정하지 않을 것이네. 따라서 선은 악에서 나올 수 없네. 왜냐하면 자네가 말한 것처럼, 신성모독이 많은 악을 가져온다는 한 가지 이유에서 악이라면, 만약 처벌을 취소하고 면죄를 다짐한다면, 신성모독은 완전한 선이 될 것이기 때문이네. 그러나 죄에 대한 가장 강력한 처벌은 죄 자체에 있네.

내 생각에, 자네가 처벌을 늦춰서 사형집행인에게 보내거나 감옥에 보내는 것은 잘못이네. 죄는 저질러진 뒤에 즉시 처벌되어야 하기 때문이지. 그렇네. 저질러지는 순간에 말일세. 이처럼 무화과가 올리브 나무에서 나오지 않듯이, 선은 악에서 나오지 않네. 자라나는 것들은 그것들의 씨앗과 일치하며, 선들은 그것들의 근원에서 벗어나지 않네. 명예로운 것은 비열한 것에서 나오지 않고, 그와 마찬가지로 선은 악에서 나오지 않네. 왜냐하면 명예와 선은 같기 때문이지.

　우리 학파의 어떤 사람들은 다음과 같은 주장에 반대하네. "돈을 어떻게 벌었든 상관없이 모든 돈이 선이라고 가정해 보세. 그것을 신성모독 행위를 통해 벌었더라도, 그런 이유에서 그것이 신성모독에서 유래한 것은 아니네. 그대는 다음 설명을 통해 내가 의미하는 바를 이해할 것이네. 금 조각과 뱀이 같은 그릇에 있네. 자네가 그릇에서 금을 꺼낸다면 뱀도 그곳에 있기 때문에 자네가 금을 꺼낸 것이 아니네. 또한 그릇은 뱀을 '포함하기 때문에' 내게 금을 내놓은 것이 아니라 뱀을 '포함하고 있음에도 불구하고' 금을 내놓은 것이네. 이와 마찬가지로, 이익이 신성모독에서 나오는 것은 신성모독이 야비하고 저주스러운 행동이기 때문이 아니라 그것 또한 이익을 포함하기 때문이네. 그릇 속의 뱀 곁에 놓인 금이 아니라 그곳에 있는 뱀이 악이듯이, 그 이익이 아니라 그 죄가 신성모독의 행위에서 악이네." 이것이 그들의 주장이네. 그러나 나는 이 사람들과 다르네. 왜냐하면 각각의 경우에서 조건들은 전혀 같지 않기 때문이네. 한 가지 예에서, 나는 뱀이 없이 금을 잡을 수 있지만, 다른 예에서 나는 신성모독을 범하지 않고 이익을 얻을 수는 없네. 후자의 경우에 이익은 죄와 나란히 놓여 있는 것이 아니라 죄와 섞여 있기 때문이지.

네 번째 논증 "우리가 어떤 것을 얻으려 할 때, 우리를 많은 악에 빠지게 하는 것은 선한 것이 아니다. 그리고 우리가 부를 얻고자 할 때, 우리는 많은 악에 빠진다. 따라서 부는 선한 것이 아니다." 사람들은 이렇게 말할 것이네. "자네의 첫 번째 전제가 두 가지 의미를 갖네. 첫째는 우리가 부를 얻으려고 욕구하는 동안에 많은 악들에 관여하네. 그러나 우리는 덕을 얻으려고 욕구하는 동안에도 많은 악들에 관여한다네. 어떤 사람이 자신의 연구를 위해 여행하는 동안 배가 파손되었고, 다른 사람은 포로가 되었네. 두 번째 의미는 다음과 같네. 우리를 악에 관여하게 만든 것은 선이 아니네. 그리고 그것은 우리가 부를 통해 또는 쾌락을 통해 악에 관여하게 된다는 우리의 명제에서 논리적으로 도출되지 않네. 그와 달리, 만약 우리가 많은 악에 관여하는 것이 부를 통한 것이라면, 부는 선한 것이 아닐 뿐만 아니라 적극적인 악이네. 그러나 자네는 그것이 선이 아니라고만 주장하네. 더구나 반대자는 이렇게 말할 것이네." 우리는 부가 어느 정도의 쓸모가 있다는 것을 인정하네. 우리는 그것이 이익에 속하는 것으로 여기지만, 이런 토대 위에서 그것은 이익조차 될 수 없네. 왜냐하면 우리가 많은 불이익을 당하는 것은 부를 추구하기 때문이네. 부는 아무도 다치게 하지 않네. 칼 자체가 살해하는 것은 아니듯이, 각각의 경우에 인간에게 해를 입히는 것은 인간 자신의 어리석음이거나 또는 이웃의 사악함이네. 그것이 다만 살해자가 사용하는 무기라네. 우리가 부 때문에 해를 입는다고 할지라도, 부 자체가 우리를 해치는 것은 아니네. 내 생각에는 포시도니우스[72]의 논증이 더 낫네. 그는 부가 악의 원인이 되는 이유는 부 자체가 어떤 영향력을 갖기 때문이 아니라 그것이 해를 끼치게 다른 사람들을 자극하기 때문이라고 말하네. 반드시 해를 끼치게 만드는 실질적인 원인은 선행하는 원인과 다르네. 부는 이런 선행하는 원인을 포함하며, 그것은 사람의 정신을 부풀리고 거만함을 야기하고 시기심을 불러일으키며, 또한 그것은 정신을 어지럽혀 부에 대한 명성이 우리에게 해를 입히고 있을 때도 기쁨을 안겨 주네. 그러나 모든 선은 비난받아서는 안 되네. 선은 순수하고, 선은 정신을 오염시키지 않으며, 또한 선은 우리를 나쁜 일을 하도록 부추기지도 않네. 사실상 선은 정신을 발전시키며 부풀림이 없이 확장하네. 선은 자신감을 부여하지만, 부는 경솔함을 부여하네. 선은 정신의 탁월함을 안겨 주지만, 부는 무례함을 안겨 주네. 무례함은 탁월함의 거짓된 모습에 불과하지. 포시도니우스는 "그런 점에서 부는 악이며, 그것은 단지 선이 부족한 것이 아니다"라고 말했네. 그 자체가 해를 끼친다면 그것을 악일 것이네. 내가 말했듯이, 그것이 실질적인 원인을 포함한다면 말일세. 그러나 사실상 부는 선행하는 원인, 즉 정신을 선동하는 것이 아니라 그것을 끌어들이는 원

---

72   기원전 133년~기원전 49년, 스토아 철학자.

인을 갖네. 왜냐하면 그것은 대부분의 사람들이 믿는 선과 유사한 것을 그 앞에 펼쳐놓기 때문이네. 선행하는 원인은 덕에도 내재하네.

왜냐하면 많은 사람들이 지혜 때문에 부러움을 사고, 또한 많은 사람들이 정의 때문에 부러움을 사기 때문이네. 그러나 그 원인은 덕에서 나오지도 않고 또한 덕과 비슷하지도 않네. 그와 반대로, 덕이 인간의 정신에 나타나 그 덕을 사랑하고 그 덕에 감탄하게 한다고 말하는 것이 더 그럴듯하게 들리네.

다섯 번째 논증 포시도니우스는 그 삼단논증이 이렇게 제시되어야 한다고 생각하네. "정신에 탁월함이나 자신감이나 불안감 탈피를 부여하지 않는 것들은 선들이 아니다. 그런데 부와 건강 등과 같은 것들은 탁월함이나 자신감이나 불안감 탈피를 부여하는 것들이 아니다. 따라서 그것들은 선들이 아니다." 사실상 그는 그 삼단논증을 이런 방식으로 더 명료하게 표현하네. "정신에 탁월함이나 자신감이나 불안감 탈피를 부여하지 않지만, 무례함, 자긍심, 그리고 오만함을 산출하는 것들은 악들이다. 그런데 운명의 선물들이 우리에게 이런 잘못들을 저지르게 한다. 따라서 그것들은 선들이 아니다." 사실상 그는 이렇게 말했네. "이 원리에 따르면 그런 것들은 자산도 아니고 이익도 아니네. 왜냐하면 이익의 성질과 선의 성질은 다르기 때문이지. 이익은 문제보다 더 많은 이익을 포함하는 어떤 것이며, 선은 모든 점에서 순수하고 해가 없는 것이네. 더 많은 이익을 주지만 이익 외에는 아무것도 주지 않는 것은 선이 아니네. 더구나 이익은 동물과 불완전한 사람과 바보에게도 속하네. 따라서 이익은 그와 혼합된 손해라는 요소를 가질 수도 있지만, 이익이라는 단어는 지배적인 요소에 의해 판단되기 때문에 혼합된 것에 대해 사용되네. 그러나 선은 현명한 사람에게만 속하고, 그것은 섞이지 않아야 하는 것이지."

여섯 번째 논증 기운 내게. 이제 풀어야 할 매듭이 하나밖에 남지 않았으니 말이네. 비록 그것이 헤라클레스를 위한 매듭이긴 하지만 말일세. "선은 악에서 나오지 않는다. 그러나 부는 가난의 많은 사례들로부터 나온다. 따라서 부는 선이 아니다." 우리 학파에서는 이 삼단논증을 인정하지 않지만, 소요학파 사람들은 이것을 만들어 내고 해결했네. 그러나 포시도니우스는 안티파트로스[73]가 모든 변증론적 학파들의 입에 오르내렸던 이 오류를 다음과 같이 거부했다고 말했네. "'가난'이라는 단어는 어떤 것의 소유가 아니라 비소유 또는 고대 사람들이 표현했듯이 결핍을 가리키기 위해 사용되었다. 왜냐하면 그리스인들은 '결핍'을 '빈 것에 따르는'이라는 의미로 사용했기 때문이다. '가난'은 어떤 사람이 가

---

73   기원전 398년~기원전 319년, 마케도니아의 정치인.

진 것이 아니라 갖지 않은 것을 가리킨다"라고 말일세. 결과적으로, 다수의 빈 공간들로 채워지는 것은 있을 수 없네. 많은 결핍들이 아니라 많은 긍정적인 것들이 부를 만드는 것이지. 그는 이렇게 말하네. "우리는 가난이라는 단어를 잘못 이해하고 있다. 왜냐하면 가난은 약간의 것을 소유한다는 의미가 아니라 많은 것을 소유하지 않는다는 의미이기 때문이다. 그러므로 그 단어는 어떤 사람이 가진 것에 대해 사용되는 것이 아니라 결여하는 것에 대해 사용된다." 그리스어 '안휘라록시아(자원의 결여, 비소유)'를 의미하는 라틴어 단어가 있다면, 내가 의미하는 바를 더 쉽게 표현할 수 있을 것이네. 나는 가난이 약간의 것을 소유한다는 의미 외에 달리 표현할 수 없네. 만약 우리가 많은 여유를 갖는다면, 우리는 부의 본질이란 무엇이고, 가난의 본질이란 무엇인가를 문제를 탐구할 것이네. 그러나 그런 때가 온다면, 우리는 또한 마치 그 문제가 해결되기라도 한 것처럼 그 단어들에 대해 투덜거리는 것보다 가난을 줄이려고 노력하고 또한 부에서 오만함을 제거하려고 노력하는 것이 더 낫지 않은가를 고려할 것이네.

우리가 모임에 소집되어 부의 포기에 관한 법률을 논의한다고 가정해 보세. 만약 우리가 위와 같은 삼단논증들을 사용한다면, 우리는 그 강령을 찬성해야 할까 또는 반대해야 할까? 이 삼단논증들은 로마 사람들이 제국의 토대이자 근거인 가난을 요구하고 그것을 찬양하게 만드는 데 도움이 되고, 또한 자신들이 피

정복자에게서 부를 발견했다고 생각하면서 현재 가진 부를 두려워할 것이라는 결론으로 이어지는가? 그 삼단논증들은 부가 야심과 뇌물과 혁명이 가장 순결하고 절제된 이 도시를 침략하는 근원이라는 결론으로 이어지는가? 그 삼단논증들은 부로 인해 너무도 풍부한 전시물이 정복된 국가들의 전리품들도 만들어진다는 결론으로 이어지는가? 끝으로, 그 삼단논증들은 한 민족이 다른 모든 민족에게서 탈취한 것이 모든 민족이 하나의 민족에게서 훨씬 더 쉽게 탈취된다는 결론으로 이어지는가?

그게 아니라 이 법률을 논리를 통해 회피하는 것보다 우리의 행동을 통해 지지하고, 우리의 욕구를 직접적인 공격을 통해 억누르는 게 더 낫네. 만약 우리가 할 수 있다면 더 과감하게 이야기하고, 만약 그렇지 않다면 더 솔직하게 이야기하세. 잘 있게.

편지 90

현명한 사람이 사는 방식

내 친구, 루킬리우스, 삶은 죽지 않는 신들의 선물이지만, 잘 사는 것은 철학의 선물이라는 것을 누가 의심하겠는가? 이처럼 철학 자체가 신들이 우리에게 부여한 요긴한 것이 아니라면, 선한 삶이 단순한 삶보다 더 유익한 것과 마찬가지로 철학에 대한 우리의 빚이 신들에 대한 우리의 빚보다 크다는 생각은 옳은 것으로 간주될 것이네. 만약 그들이 지혜라는 인간의 선을 모두에게 공통된 것으로 만들고, 우리가 선견지명을 갖고 태어났다면, 지혜는 그것의 가장 좋은 속성, 즉 운명의 선물들 속에 존재하지 않는다는 속성을 잃어버렸을 것이네. 왜냐하면 지혜는 우리에게 다가오지 않고, 모든 사람이 스스로 빚을 지며, 또한 타인에게서 얻어지지 않는다는 소중하고도 고귀한 특징을 갖기 때문이네.

만약 그것이 호의적인 선물이라면, 존중할 만한 어떤 것이 철학에 있겠는가? 신의 세계와 인간의 세계에 관한 진리를 발견하는 것이 철학의 유일한 과제라네. 종교적 양심, 의무감, 정의, 그리고 서로 밀접하게 연결된 덕들에 수반하는 다른 모든 것들이 결코 지혜를 떠나지 않네. 철학은 신적인 것을 숭배하고, 인간적인 것을 사랑하라고 가르쳤고, 또한 신에게는 권위가 있고 인간에게는 동료애가 있다고 가르쳤네. 그리고 이러한 동료애는 탐욕이 사회를 분열시키기 전까지는 온전했으며, 그것이 가장 부유하게 만들었던 것도 가난하게 만들었네. 왜냐하면 사람들은 자신들을 위해 모든 것을 원하자마자 모든 것을 소유하길 중단하기 때문이지.

그러나 탈선하지 않고 대자연을 따랐던 최초의 인간들과 그들의 후손들은 탁월한 사람을 자신들의 지도자이자 법률로 삼고, 자신들을 그의 통제에 맡겼네. 왜냐하면 대자연은 약한 자들을 강한 자들에게 종속시키는 버릇이 있기 때문이지. 비이성적인 동물들 사이에서도 가장 크거나 가장 사나운 동물들이 지배하네. 무리를 이끄는 것은 허약한 황소가 아니라 힘과 근육으로 다른 수컷들을 물리친 황소라네. 코끼리들의 경우에는 가장 키가 큰 코끼리가 앞서가네. 사람들의 경우에는 가장 훌륭한 사람이 가장 높은 자리를 차지하며, 따라서 사람들은 성품을 보고 자신들의 지도자를 선발하네. 이처럼 가장 우월한 사람만이 가장 강력할 수 있는 사람들이 가장 큰 행복을 누리는 것이지. 왜냐하면 자신이 가져야 하는 만큼의 행동할 힘을 가졌다고 믿는 사람은 자신이 하고자 하는 것을 완성할 것이기 때문이지.

따라서 황금시대라고 생각되던 시대에, 포시도니우스는 정부가 현명한 사람들에 의해 통제된다고 생각했네. 그들이 사람들의 행동을 통제하고 약한 사람들을 강한 사람들로부터 보호한다는 것이지. 그리고 그들은 할 일과 하지 말아야 할 일에 대해 조언했고, 또한 쓸모가 있는 것과 없는 것을 보여 주었네. 그들의 선견지명은 국민들에게 부족한 것이 전혀 없도록 했으며, 그들의 용기는 위험을 물리쳤으며, 그들의 관대함은 국민들을 발전시키고 또한 부유하게 했네. 지휘한다는 것은 지배하는 것이 아니라 봉사하는 것이었네. 그 누구도 자신에게 힘을 부여해 준 사람들에게 자신이 얼마나 힘을 행사할 수 있는가를 시험하지 않았으며, 또한 그들에게 잘못을 저지를 의도나 변명거리를 갖지 않았네. 왜냐하면 잘 통치하는 사람들에게는 백성들이 그만큼이나 잘 복종했고, 불복종하는 신하들에 대한 왕의 가장 큰 위협은 자신이 왕위를 내려놓고 물러나겠다는 것이었기 때문이네.

그러나 악이 점차 커지고, 군주정치가 독재정치로 변질되면서 법률이 필요해졌고, 이 법률은 다시 현명한 사람들에 의해 제시되었지. 정의로운 법률들을 통해 아테네의 확고한 토대를 구축했던 솔론[74]은 지혜로 유명한 일곱 명의 현인들 가운데 한 사람이었네. 리쿠르구스[75]가 동시대에 살았더라면, 일곱이라는 신성한

---

74 기원전 638년경~558년경, 아테네의 입법가.

75 기원전 800년~730년경, 스파르타의 전설적인 입법가.

숫자가 여덟이라는 숫자가 될 수도 있었을 것이네. 잘레우쿠스[76]와 카론다스[77]의 법률들이 칭송되네. 이 두 사람이 당시에 번성했던 시칠리아와 고대 그리스의 이탈리아 식민지에 구축된 정의의 원리들에 대해 배운 것은 회의장이나 숙련된 참사관들의 집무실이 아니라 조용하고도 신성한 피타고라스[78]의 휴양지였네.

여기까지는 나도 포시도니우스에게 동의하네. 그러나 삶이 일상에서 이용하는 기술을 철학이 발견했다는 것은 받아들일 수 없네. 또한 나는 장인에게 속하는 명예를 철학에 부여하지 않을 것이네. 포시도니우스는 "사람들이 지상에서 흩어지고, 처마 끝이나 절벽의 대피소에서 또는 속이 빈 통나무 속에서 보호되었다고 할 때, 그들에게 집을 짓도록 가르친 것은 철학이었네"라고 말했지. 그러나 나로서는, 인간의 식욕을 위해 태풍의 위험을 무릅쓰지 않아도 되고, 바다가 얼마나 거칠든 귀한 물고기를 양식할 수 있는 양어장을 철학이 발명했다는 말을 믿지 않듯이, 층층이 쌓아 올린 주거 장치나 사람들이 붐비는 도시를 철학이 고안했다는 말도 믿지 않네. 자네는 어떻게 생각하나? 철학이 자물쇠와 열쇠 사용법을 가르쳤다고 생각하나? 이것이 탐욕의 신호가 아니고 무엇이겠나? 거주자들에게 아주 위험한 이 모든 주택

---

76   기원전 7세기경, 남부 이탈리아의 입법가.
77   기원전 650년경, 이탈리아의 입법가.
78   기원전 580년~기원전 504년, 그리스 철학자.

들을 세운 것이 철학인가? 사람들이 임의적인 거주지를 마련하고 자연적인 도피처를 어렵지 않게 찾는 것으로는 충분하지 않았나? 건축술이 시작되기 전의 시대, 건축가가 생기기 전의 시대가 행복한 시대였다는 것을 믿어도 좋네! 표시된 줄을 톱으로 자르듯이, 통나무를 사각으로 자르고, 기둥을 능숙하게 쪼개는 등의 모든 일은 사치가 생겨나기 전에 이미 발명되었던 것이네. 최초의 인간들은 쐐기로 나무를 잘랐다고 하네. 당시에 그들은 만찬을 위한 건물을 준비하는 것이 아니었고, 또한 그들은 거리를 흔드는 긴 행렬의 마차들로 소나무와 전나무를 그런 용도를 위해 옮기는 것도 아니었네. 그들은 다만 천장을 금으로 무겁게 장식하고 있었던 것이지. 양쪽 끝에 세운 두 갈래의 장대들이 집들을 받치고 있었네. 사람들은 빽빽한 가지들과 쌓아 올리고 경사지게 깔아 놓은 잎사귀들로 폭우에도 견딜 수 있는 배수구를 설치했네. 그들은 그런 집들 밑에서 평화롭게 살았네. 자유인들은 초가지붕 밑에서 살았고, 노예들은 대리석과 황금 밑에서 살았지.

나는 일상적인 도구들이 현명한 사람들의 발명이라는 포시도니우스의 주장에도 동의하지 않네. 그렇게 보게 되면, 우리는 '덫으로 동물을 잡고, 녹색 과일로 새를 속이고, 또한 넓은 숲을 개들을 데리고 포위하는' 기술을 가르친 것이 현명한 사람들이라고 주장해야 할 것이기 때문이지. 이 모든 것들을 발견했던 것은 인간의 지혜가 아니라 재주였네. 나는 '산불에 그을린 흙이 표면

242

가까이에 있는 광맥을 녹여서 금속이 분출되게 만들었을 때' 철
광산과 청동 광산을 발견했던 것이 현명한 사람들이었다는 주장
에도 동의하지 않네. 아니네, 그런 것들을 발견했던 사람들은 그
것들을 사용했던 사람들이었네. 또한 나는 처음 사용된 것이 망
치인가 또는 부젓가락인가라는 질문이 포시도니우스가 생각했던
것처럼 그렇게 어려운 질문이라고 생각하지 않네. 그것들은 모두
위대하거나 고귀한 사람이 아니라 영리하고도 열정적인 사람이
발명한 것이며, 또한 다른 것들도 몸을 굽혀 땅을 응시하는 사람
들에 의해 발명된 것이네.

　현명한 사람들은 삶의 방식을 고집하지 않네. 왜 그럴까? 오
늘날에도 현명한 사람들은 가능한 단순하게 살려고 하네. 그것
이 자네와 디오게네스[79]와 다이달로스[80]를 찬양하는 것과 어떤 일
관성이 있는가? 자네에게는 이들 가운데 누가 현명해 보이는가?
톱을 고안한 사람인가, 아니면 손으로 물을 떠먹는 소년을 보고
즉시 자신의 꾸러미에서 컵을 꺼내 깨뜨리고는 "내가 얼마나 바
보였던가! 내가 얼마나 오랫동안 불필요한 짐을 지고 다닌 것인
가!"라고 자신을 꾸짖고는 욕조에 몸을 담그고 누워 잠이 든 사
람인가? 자네는 지금 누가 더 현명하다고 생각하나? 숨겨진 관

에서 크로커스꽃의 향기를 높은 곳까지 뿌리는 과정을 발명한 사람인가, 갑작스럽고 세찬 물줄기로 운하를 채우거나 비우는 사람인가, 또는 천장이 움직이는 판으로 장식된 식당 방을 아주 솜씨 있게 만들어서 식사 순서에 따라 머리 위쪽의 둥근 천장의 형태가 하나씩 바뀌도록 만드는 사람인가? 또는 그렇지 않다면, 우리가 대리석 절단기와 목수가 없이도 살 수 있고, 우리가 비단을 교역하지 않고도 옷을 입을 수 있고, 또한 대지의 지표면에 놓인 것에 만족한다면 필요한 모든 것을 가질 수 있으리라고 대자연이 우리에게 말할 때, 대자연이 우리에게 냉혹하고 어려운 법칙을 부여했다는 것을 우리들 자신뿐만 아니라 다른 사람들에게도 입증하는 사람인가? 만약 사람들이 이러한 성인의 말을 기꺼이 듣는다면, 그들은 병사와 마찬가지로 요리사도 자신들에게 불필요하다는 것을 알 것이네. 그런 사람들은 육체를 보살피는 일이 쉽게 해결할 수 있는 문제라는 것을 알아낸 현명한 사람들이거나, 또는 최소한 현명한 사람들과 비슷한 사람들이네. 필수적인 것들을 그들이 획득하는 데 많은 노력이 필요하지는 않네. 그것은 다만 노동을 필요로 하는 사치에 불과하네. 대자연에 따르면, 우리는 어떤 숙련된 장인도 필요하지 않을 것이네.

대자연은 우리가 괴롭힘을 당하길 바라지 않았네. 대자연은 우리에게 강제하는 모든 것을 이미 우리에게 부여했네. 자네는 "그렇지만 벌거벗은 몸으로 추위를 견딜 수는 없네"라고 말할 것이네. 그래서 어떻다는 것인가? 추위로부터 우리를 충분히 보호해 줄 수 있는 야생동물과 다른 동물의 털가죽이 있지 않은가? 많은 종족들이 나무껍질로 자신들의 몸을 덮지 않는가? 새털을 짜서 옷을 만들지 않는가? 많은 스키타이 사람들은 오늘날까지도 부드럽고 바람이 통하지 않는 여우와 설치류의 털가죽을 입지 않는가? 일반 사람들은 고리버들가지를 손으로 짜서 싸구려 진흙으로 문지르며, 그런 뒤에 지붕 끝머리의 널빤지를 짚과 다른 삼림지대의 생산물로 덮고 비가 경사면을 따라 흐르기 때문에 아무런 근심 없이 겨울을 보내지 않았던가? "그렇지만 사람들은 한여름의 햇빛을 피하려면 털가죽보다 더 두꺼운 어떤 보호물이 있어야 하지." 그러면 어떤가? 고대에는 많은 거주지가 낡아 손상되거나 다른 어떤 사건으로 인해 비워져서 동굴에서 살 수밖에 없지 않았나? 그런 뒤에 어떻게 했냐고? 시르트 강가의 사람들과 사실상 메마른 땅 자체를 제외하고는 아주 강렬한 태양열을 피하기에 충분한 보호 장구를 갖추지 못한 모든 종족들은 흙을 파낸 집에서 살지 않았던가?

대자연은 그다지 불공평하지 않아서, 다른 모든 동물들은 쉽게 살아가도록 했지만, 인간들은 이 모든 도구가 없이는 홀로 살지 못하게 만들었네. 대자연은 우리에게 어떤 가혹한 명령을 하거나, 또는 삶을 유지하기 위해 어떤 것을 얻기가 힘들게 만들지 않았네, 이 모든 것들은 우리가 태어날 때 갖추어져 있었으나, 쉬운 것을 거부하고 모든 것을 어렵게 만든 것은 우리 자신이었네.
집, 주거지, 삶을 안락하게 하는 것, 음식, 그리고 오늘날 엄청난
문제의 근원이 된 모든 것은 곧바로 쓸 수 있고, 모두에게 무료이
며, 또한 작은 노력으로도 획득할 수 있는 것들이네. 왜냐하면 모
든 곳에서 한계는 욕구에 상응하기 때문이지. 그 모든 것들을 가
치 있게 만든 것은 우리였고, 그것들을 감탄하게 만든 것은 우리
였으며, 폭넓고도 다양한 장치들을 갖고 그것들을 추구하게 만든
것도 우리였다. 대자연은 그것이 요구하는 것을 충족시키네. 사치
는 대자연에 등을 돌렸네. 매일매일 사치는 스스로 커지고, 모든
시대에 그것은 강해지고 끼를 넘으로써 악을 늘려갔네.

처음에 사치는 대자연이 불필요하다고 여겼던 것을 갈망하
기 시작했고, 그런 뒤에 대자연과 반대되는 것을 갈망했으며, 마
침내 영혼을 육체에 의존하게 만들고 또한 완전히 육체의 노예로
만들었네. 공동체를 괴롭히고 방해했던 모든 도구들은 육체를 위
해 이용되었지. 그 시대에는 모든 것들이 육체의 노예로 제공되
었지만, 지금 그것들은 주인으로서 준비되어 있네. 따라서 여기에
는 방직공을 위한 작업장이 있고, 저기에는 목수를 위한 작업장
이 있으며, 또 여기에는 향수를 만드는 사람의 작업장이 있고, 또
한 저기에는 여성적인 춤과 노래를 가르치는 사람들의 작업장이
있네. 우리에게 필요한 자원을 제한함으로써 대자연이 처방해 준
절제는 무너졌네. 충분한 것만을 원하는 것은 천박하기도 하고

전적으로 궁색하기도 하다는 결론이 나오네.

내 친구, 루킬리우스, 위대한 사람들조차 어떤 주제에 대해 장황한 이야기를 늘어놓는 즐거움에 빠져 너무도 쉽게 진리에서 멀어진다는 것은 놀라운 일이네. 예를 들어, 철학에 가장 많이 공헌했던 사람들 가운데 한 사람이었다고 내가 평가하는 포시도니우스를 살펴보세. 직조 기술에 대한 설명에서, 그는 먼저 몇 가닥의 실을 어떻게 감고 어떻게 부드럽고 헐거운 실에서 뽑아내는가, 다음에 베틀이 무거운 것을 걸어 늘어뜨린 날실을 어떻게 유지하는가, 그런 뒤에 씨실의 양쪽을 고정하는 그물의 딱딱한 질감을 부드럽게 만들기 위해 부착된 씨실이 어떻게 널빤지를 이용하여 날줄과 촘촘하게 연결하는가를 설명했네. 그는 직조 기술도 현명한 사람들에 의해 발견되었다고 말하네. 하지만 그는 자신이 설명하는 더 복잡한 기술이 사실상 나중에 발명되었다는 것을 잊어버리고 있네. 그것은 "날실이 베틀에 연결되어 있고, 갈대는 실들을 나누며, 베틀의 날카로운 북들로 사이로 씨실을 넣고, 넓은 댓가지들로 그것을 조이는" 기술이네. 그가 아무것도 가리지 않는 옷, 몸을 보호하지도 않고 단정하지도 않은 옷을 생산하는 오늘날의 직조 기술을 살필 기회를 가졌다고 가정해 보세.

그런 뒤에 포시도니우스는 똑같은 말솜씨로 농부에 대해 이야기하면서, 식물들이 뿌리를 더 쉽게 내리게 땅에 쟁기질을 계속하고, 불필요한 것들이 자라서 작물을 망치지 않도록 손으로 씨를 뿌리고 잡초를 뽑는 것에 대해 설명했네. 그는 마치 오늘날에는 농부들이 토양의 생산성을 높이기 위한 수없이 많은 새로운 방법들을 찾으려는 노력을 전혀 하지 않듯이, 이것도 현명한 사람의 발명이었다고 주장했네. 더구나 이런 기술에 한정하지 않고, 그는 현명한 사람을 방앗간으로도 보내네. 왜냐하면 그는 현명한 사람이 어떤 방식으로 대자연을 모방해서 빵을 만들기 시작했는가를 설명하기 때문이네. 그는 "곡식이 입으로 들어갈 때, 단단한 치아들이 함께 그것을 깨뜨리고, 떨어진 것은 혀를 이용해서 치아로 돌려보내지. 그런 뒤에 그것은 수분과 함께 섞여 미끄러운 목구멍으로 쉽게 내려가네. 그것이 위에 도착하면 지속적인 열기로 소화가 되고, 마침내 몸에 보태지네. 어떤 사람이 이런 모형을 따라 거친 돌을 치아 같은 것 위에 올려놓으면 고정된 부분은 다른 것의 움직임을 기다리고, 두 개의 돌을 비벼서 곡식을 깨뜨리며, 곡식이 작은 크기로 될 때까지 가는 과정을 반복하지. 그렇게 하고서 가루에 물을 뿌리고 계속 치대서 부드럽게 하며, 뜨거운 재와 가열된 돌판에서 먼저 구워진 빵을 만드네. 그런 뒤에 서서히 화덕이 발명되었고, 또한 필요한 요리를 할 수 있는 다른 종류의 용기들도 발명되었네"라고 말했지. 포시도니우스는 심지어 신발 수선 방법도 현명한 사람들이 발견했다고 말하기에 이르렀네.

실제로 이성을 이용하여 이 모든 것들을 고안했지만, 그것은 올바른 이성을 통한 것은 아니었네. 강과 바다를 건너는 배들, 바람의 힘을 사로잡으며 항해하기에 적합한 배들, 방향을 이런저런 쪽으로 돌리기 위해 선미에 붙인 방향타를 가진 배들을 발명했듯이, 그것들을 발견한 것은 일반 사람들이지 현명한 사람들이 아니었네. 그들이 따라 했던 모형은 꼬리로 움직이고, 또한 이런저런 방향으로 가볍게 움직여 방향을 바꾸는 물고기였네. 포시도니우스는 "그러나 현명한 사람이 이 모든 것들을 발견했네. 그러나 그것들은 그 자신이 다루기는 너무 하찮다고 생각해서 비천한 하인들에게 맡겼던 것이지"라고 말했네. 그러나 그렇지 않네. 사실상 이것들은 오늘날 그것들을 책임지는 사람들과 같은 사람들이 발견했던 것이네. 빛이 통과하는 투명한 유리창이나, 또는 높거나 낮은 공간에서 같은 온도를 유지하기 위해 벽에 관을 뚫어 놓은 목욕탕처럼, 어떤 발명들은 우리의 기억에만 남아 있네. 사원이나 개인 저택을 눈부시게 만드는 대리석을 내가 언급할 필요가 있을까? 또는 우리가 돌기둥이나 주민들을 수용할 정도로 넓은 건물을 세우는 데 사용하는 둥글고 광택 나는 돌덩어리들을 언급할 필요가 있을까? 또는 얼마나 빨리 말하든 손의 속도에 버금가는 혀의 속도로 말해지는 이야기를 받아 적을 수 있게 해 주는 모든 단어의 기호들을 언급할 필요가 있을까? 이 모든 종류의 것이 낮은 계급의 노예들에 의해 고안되었네. 지혜는 더 고결한 자리를 차지하고 있으며, 우리의 손이 아니라 우리의 정신을 가르치네.

철학이 무엇을 찾았고, 철학이 무엇을 이루었는지 알고 싶은가? 그것은 육체의 우아한 움직임도 아니고, 숨을 들이쉬거나 내뱉어서 소리를 만들어 내는 피리나 플루트의 다양한 음도 아니네. 그것은 무기나 성벽이나 전쟁에 유용한 도구를 만들어 내지도 않네. 아니네, 철학의 목소리는 평화를 위한 것이고, 철학은 인류가 조화롭기를 원하네. 철학은 생활필수품을 위한 도구의 장인이나 발명가도 아니네.

자네는 왜 그처럼 하찮은 것에 그것을 부여하는가? 자네는 그 안에서 숙련된 장인의 삶을 볼 것이네. 철학이 다른 기술들을 조절한다는 것은 옳은 말이네. 왜냐하면 삶 자체가 어떤 것에 종속된다면, 삶의 장식품들도 그럴 것이기 때문이네. 그러나 그렇지 않으면, 철학은 행복한 상태를 목표로 하며, 또한 그것은 우리를 이끌고 나아갈 길을 알려 주네. 철학은 어떤 것들이 악인가, 그리고 어떤 것들이 악처럼 보이는가를 보여주네. 그것은 우리의 정신에서 헛된 망상을 벗겨내네. 철학은 우리에게 실질적인 위대함을 부여하지만, 공허하면서 과장되게 현란하기만 한 위대함은 억제하네. 그리고 그것은 무엇이 위대한 것이고 무엇이 과장된 것인가의 차이점에 대해 무지하도록 내버려 두지 않네. 그렇다네. 철학은 우리에게 자연 전체와 철학 자체에 대한 지식을 전해 주네. 그것은 신들이 무엇인가, 그리고 어떤 신들이 있는가, 낮은 신들과 가정의 신들과 수호 정령들이 누구인가, 그리고 영원한 삶을 부여받고 두 번째 부류의 신성이 허용된 영혼들이 누구인가,

그들의 거주지가 어디이고 그것들의 활동과 힘과 의지가 무엇인가를 보여 주네.

그런 것이 마을의 사당이 아니라 모든 신들의 웅장한 사원인 우주 자체의 문을 열어주는 철학의 통과 의식이네. 철학은 우리의 정신을 들여다보기 위해 우주의 참된 모습과 참된 관점을 제공하네. 왜냐하면 우리의 시력이 그처럼 거대한 것을 바라보기에는 너무나 흐리기 때문이네. 철학은 사물들의 기원으로, 전체에 부여된 영원한 이성으로, 그리고 모든 사물의 씨앗에 내재하는 힘으로 돌아가서, 각각의 것을 그 종류에 따라 형성할 힘을 그것들에 부여하네. 그리고 철학은 영혼에 관해 그것이 어디에서 왔는가, 어디에 거주하는가, 얼마나 오래 사는가, 얼마나 다양하게 구분되는가를 묻기 시작하네. 끝으로, 철학은 형체를 가진 것에서 형체를 갖지 않은 것으로 관심을 돌리고, 진리와 진리를 알게 해주는 특징들을 자세히 검토하며, 불분명한 것이 삶과 언어에서 진리와 어떻게 구분될 수 있는가를 묻네. 왜냐하면 이것들은 모두 참된 것과 섞인 거짓된 요소들이기 때문이네.

내 생각에, 현명한 사람은 포시도니우스가 생각했던 것처럼 우리가 논의하는 기술들에서 멀어진 것은 아니었지만, 그렇다고 해서 가까워진 것도 결코 아니었네. 왜냐하면 계속 사용할 가치가 있다고 그가 판단하지 않았더라면, 발견할 만한 가치가 있는 그 어떤 것도 발견하지 못했을 테니 말일세. 포시도니우스는 "아나카르시스[81]가 판을 돌려 꽃병의 형태를 만드는 도자기 돌림판을 발명했다"라고 말했고, 돌림판이 호메로스에게서 발견되기 때문에 그는 포시도니우스의 이야기보다 호메로스의 시가 거짓말이라고 믿었네. 그러나 나는 아나카르시스가 이 돌림판의 제작자라고 생각하지 않네. 그리고 현명한 사람들이 많은 것들을 현명한 사람으로서가 아니라 단지 사람으로서 하듯이, 비록 그가 제작자였다 할지라도, 그가 그것을 발견했을 때 현명한 사람이긴 했지만, '현명한 사람'으로서 발견했던 것은 아니었네. 예를 들어, 현명한 사람이 아주 빠르다고 가정해 보세. 그가 경주에서 다른 경주자들을 앞지르는 것은 그의 지혜 때문이 아니라 그가 빠르기 때문이네. 나는 입으로 바람을 불어 넣어 가장 숙련된 사람이 하는 것보다 다양한 형태로 유리를 주조하는 유리세공사를 포시도니우스에게 보여 주고 싶네. 그렇다네. 우리가 철학을 발견하길 중단한 뒤에야 이런 발견들을 하게 되었네.

그러나 포시도니우스는 또 "데모크리토스[82]는 점차 서로에게 기우는 돌들의 곡선을 쐐기돌이 잡아주는 둥그런 형태의 구조물을 발견했다고 말해지네"라고 말했지. 나는 이것이 거짓말이라고 말하겠네. 왜냐하면 데모크리토스 이전에 이미 표면들이 곡선인

---

81   기원전 6세기경, 스키타이의 왕자이자 철학자.
82   기원전 460년~기원전 370년, 그리스 철학자로서 모든 사물들이 더 이상 쪼갤 수
      없는 원자들로 이루어진다는 원자론의 대표적인 인물.

다리들과 현관들이 분명히 있었기 때문이네. 더구나 자네는 바로 그 데모크리토스가 상아를 부드럽게 만드는 방법과 조약돌을 달 궈서 에메랄드로 변환하는 방법(즉, 오늘날 돌을 채색하는 방법)을 발견했다고 말해진다는 사실을 잊어버린 것 같네. 현명한 사람이 그런 모든 것들을 발견했을 수도 있지만, 그가 현명한 사람이기 때문에 그것들을 발견했던 것은 아니네. 왜냐하면 현명함을 완전히 결여한 사람들이 우리가 보는 많은 것들을 그만큼 잘하거나, 또는 심지어 더 능란하고도 솜씨 있게 하기 때문이네.

그렇다면 자네는 현명한 사람이 무엇을 탐구했고, 또한 무엇을 발견했는지 묻고 싶은가? 먼저 그가 신적인 것들을 보기에 부족한 눈을 갖고 있기에 다른 동물들과 마찬가지로 따르지 않았던 진리와 자연이 있네. 둘째는 그가 우주의 원리와 일치하도록 만들었고, 또한 인간에게 신들을 알고 따르며 우연히 발생한 것들을 신의 명령처럼 받아들이도록 가르쳤던 삶의 규율이네. 그는 거짓된 의견들을 조심하라고 경고하며, 또한 올바른 평가 기준에 따라 각각의 것에 가치를 부여하네. 그는 후회가 섞인 쾌락들을 비난하며, 항상 만족할 만한 선들을 칭찬하네. 그리고 그는 행복이 필요하지 않은 사람이 가장 행복하며, 자신을 지배하는 사람이 가장 강하다는 진리를 분명히 했네.

나는 사람들을 나라 밖으로 쫓아내고 신들을 우주 밖으로 쫓아낸 철학, 쾌락에 덕을 부여한 철학에 대해 말하는 것이 아니라 오히려 명예로운 것을 제외한 어떤 것도 선으로 간주하지 않는 철학, 인간이나 운명의 선물로 회유될 수 없는 철학, 어떤 값으로도 살 수 없는 가치를 가진 철학에 대해 말하는 것이네. 이런 철학이 그처럼 원초적인 시대, 기술과 손재주가 아직 알려지지 않았고, 유용한 것들이 경험을 통해서만 배워질 수 있던 시대에 존재했다는 것, 이것을 내가 믿길 거부하는 것이네.

다음으로는 탐욕과 사치가 인간을 분열시키고 협력 관계를 포기하고 약탈하도록 만들기 전에, 대자연의 너그러움을 누구나 사용할 수 있던 축복받은 시대가 있네. 두 번째 시대의 사람들은 현명한 사람들이 해야 하는 것을 했으나, 그들은 현명한 사람들이 아니었네. 사실상 인간이 더 높이 평가할 만한 인간의 다른 조건은 없으며, 만약 신이 인간에게 지상의 생물들을 따르라고 요구하고 제도를 부여한다면, 인간은 그 시대 사람들이 획득했던 체계 외의 다른 체계를 인정하지 않을 것이네. 그 시대는 "어떤 농부도 밭을 갈지 않았고, 또한 땅에 경계선을 그리는 것이 옳지 않았고, 사람들이 수확물을 공유했고, 대지는 탐하지 않는 자녀들에게도 부를 나누어 주었던"시대였네. 이들보다 더 축복받은 사람들이 어디 있겠는가? 그들은 세상을 함께 즐겼네. 대지는 어머니처럼 그들 모두의 수호자네. 이 선물은 모두가 공공의 자원을 함께 소유하는 것이었네. 그들 가운데 가난한 사람을 찾을 수 없으므로, 그들을 가장 부유하다고 말할 수 있을 것이네.

그러나 그처럼 행복했던 상태에 탐욕이 끼어들고, 무언가를 분리하여 자신의 개인적인 용도로 바꾸어 놓음으로써, 모든 것들을 타인들의 재산으로 만들고 무한한 부를 유한한 물품으로 축소했네. 가난을 끌어들인 것은 탐욕이었고, 많은 것을 갈망함으로써 모든 것을 잃게 만들었던 것이지. 그렇기 때문에 탐욕이 잃어버린 것을 보충하려 노력하고, 이웃을 뇌물이나 강제로 쫓아내서 계속 재산을 불리고 지역 전체로까지 재산을 확장하며, 자신의 땅을 한 번이라도 밟지 않고는 해외로 여행을 갈 수 없을 정도로 넓은 땅을 소유했다고 말하지만, 우리를 출발점으로 돌아가게 해 줄 경계선의 확장이란 없는 것이네.

할 수 있는 모든 것을 할 때 우리가 아주 많은 것을 소유할 수 있겠지만, 사실상 우리는 한때 세계 전체를 소유했었네. 대지는 갈아엎지 않았을 때 더 비옥했으며, 사람들이 서로 약탈하지 않을 때 더 많은 것을 생산했네. 대자연이 무엇을 생산했든, 사람들은 그것을 발견하기 위해 그들이 했던 것만큼이나 그들이 발견했던 것을 다른 사람들에게 보여 주는 데서 기쁨을 느끼네. 아무도 다른 사람을 능가하지 않으며, 또한 다른 사람에 의해 능가되지도 않네. 완전한 조화 속에서 살아가는 사람들에게 모든 것이 동등하게 분배되었네. 강한 사람은 아직 약한 사람에게 손을 뻗기 시작하지 않았고, 탐욕스러운 사람은 아직 개인적인 용도로 비축하기 위해 이웃들이 생활필수품을 사용하지 못하게 물건들을 숨기기 시작하지 않았네. 다른 사람이나 자기 자신에 대한 똑같은 배려가 있었던 것이지.

전쟁 무기들은 사용되지 않았고, 사람의 피가 묻지 않은 손들은 모두 야생동물들에 대한 악의로 바뀌었네. 태양으로부터 촘촘한 숲의 보호를 받았고, 혹독한 겨울이나 폭풍우를 안전하게 피했던 당시 사람들은 나뭇잎 밑의 값싼 은신처에서나마 걱정 없이 조용한 밤을 보냈네. 불안감이 보라색 예복을 입은 우리의 고개를 쳐들게 했고, 아주 날카로운 자극이 우리를 침대에서 불러일으켰지만, 딱딱한 땅은 당시 사람들에게 아주 부드러운 잠을 안겨 주었네. 무늬나 장식이 있는 천장이 그들 위에 매달려 있지는 않았네. 그러나 그들이 야외에 눕자 별들이 그들 위로 조용히 미끄러지고, 밤하늘의 웅장한 행렬이 조용하고도 재빠르게 행진되었네. 이렇게 아름다운 집의 전경은 그들에게 밤낮으로 개방되어 있었고, 하늘의 중심에서 가라앉는 별들과 은밀한 곳에서 다시 떠오르는 별들을 지켜보는 것이 그들의 즐거움이었지. 멀고도 광대한 하늘을 수놓는 경이로움 사이에서 거니는 것이 즐거움이 아니고 무엇이겠는가? 그러나 우리는 지붕에서 나는 모든 소리에 겁을 내고, 장식들 가운데서 삐걱대는 소리가 나면 벼락을 맞은 듯 도망을 친다네. 그들은 도시 규모의 거주지를 갖지는 못했네. 그러나 그들은 산들바람, 열린 공간을 통해 자유롭게 불어오는 공기, 스쳐 지나는 바위나 나무의 그림자, 채굴이나 배수관이나 인위적인 도랑 등으로 망가짐이 없이 자유롭게 흐르는 맑은 샘물과 시냇물, 인위적인 것이 없이 멋진 목초지, 시골 사람의 손으로 청소한 시골집을 갖고 있었네. 이것은 살기 즐겁고, 집의 구조나 안전을 겁내지 않아도 되는 자연스러운 집이지. 하지만 요즘에 우리의 거주지는 우리가 갖는 두려움의 많은 부분을 차지한다네.

그러나 그 시대 사람들의 삶이 얼마나 탁월하고 정직했든 상관없이, 그들은 현명한 사람들이 아니었네. 왜냐하면 이 이름은 가장 큰 업적을 이룬 사람에게 적합하기 때문이네. 그럼에도 불구하고 그들은 고결한 정신을 가졌던 사람들이자 (그런 표현을 써도 된다면) 신들에게서 막 벗어난 사람들이었다는 것을 부정하지 않을 것이네. 왜냐하면 세상이 아직 지치기 전에 더 나은 자손을 낳았다는 것이 분명하기 때문이네. 그러나 모든 경우에 모두가 우리보다 더 튼튼한 힘을 타고났고 토양에 더 적합했으나, 그들이 모두 가장 완벽한 정신적 능력들을 부여받은 것은 아니었네. 대자연은 덕을 부여하지 않으며, 그것이 선해지기 위해서는 기술이 필요하네. 사실상 사람들은 대지의 깊은 곳에서 금이나 은이나 투명한 돌들을 찾아다니지 않았지만, 그들은 여전히 비이성적인 동물들과 경쟁했네. 지금까지 그들은 분노가 두려움에서가 아니라 단순히 경기 관람을 위해서 다른 사람을 죽였지. 그들은 아직도 수놓은 옷을 입지 않았고, 금은 아직도 직물에 섞이지 않았으며, 또한 당시에 아직 땅에서 채굴되지도 않았네.

그렇다면 이 문제의 결론은 무엇인가? 당시에 사람들이 순수했던 것은 그들이 세상사에 무지했기 때문이며, 어떤 사람이 죄를 저지르지 않으려 한다는 것과 죄를 저지르는 방법을 모른다는 것 사이에는 큰 차이가 있네. 그들은 정의가 무엇인지 몰랐고, 사려가 무엇인지 몰랐으며, 또한 자제력과 용기가 무엇인지도 몰랐지만, 그들의 원시적인 삶은 그 모든 덕과 유사한 어떤 성질들을 갖고 있었다는 것이네. 그러나 덕을 훈련하고 배우고 최상의 상태에 이르기 위해 지속적인 연습을 하지 않으면, 정신은 그것을 얻을 수 없네. 우리는 분명히 덕을 갖고 태어난 것이 아니라 덕을 획득하려는 목표를 갖고 태어났네. 그리고 그것이 없다면, 그리고 최고의 인간이라도 그것을 배우지 않으면, 덕 자체가 아니라 덕의 요소를 갖지 못할 것이네. 잘 있게.

편지 101

후회 없는 삶

모든 나날과 모든 시간은 우리가 얼마나 무가치한가를 보여주고, 우리가 자신의 연약함을 잊고 있다는 새로운 증거를 보여 주네. 그런 뒤에 그것은 우리가 영원을 계획하듯이, 어깨 너머의 죽음을 생각하게 만드네. 자네는 이게 무슨 말이냐고 묻고 싶은가? 자네도 알다시피, 훌륭하고 활동적이었던 로마의 기사 세네키오[83]가 있네. 그는 가난하게 시작해서 재산을 모았고, 나머지 길은 탄탄대로였지. 처음부터 품위 있게 사는 것이 쉽기 때문이지. 그리고 가난이 있는 곳에는 돈이 천천히 다가온다네. 가난에서 기어 나올 때까지 돈은 바닥에 바짝 붙어 있다네. 사실상 하나만 가져도 부자가 될 수 있음에도, 세네키오는 가장 효과적인 두 가지 재주, 즉 돈 버는 재주와 재산을 유지하는 재주로 인해 이미 부자의 경계선에 도달해 있었네. 가장 단순하고, 건강과 부에 주의하면서 살았던 사람이 있었다. 늘 그렇듯이, 그는 아침 일찍 나

---

[83]   서기 1세기경, 로마 원로원 의원.

를 방문했고, 종일 심각하고도 절망적으로 병든 친구의 침대 곁에서 저녁때까지 종일 시간을 보냈네. 편안한 저녁 식사를 한 뒤에, 그는 갑자기 후두염이 발병했고, 목구멍이 부어올라 겨우겨우 숨을 쉬면서 새벽이 올 때까지 겨우 목숨이 붙어 있었네. 건강한 사람의 모든 의무를 수행했던 시간이 지나고 얼마 되지 않아 그는 세상을 떠났네. 육지와 바다를 통해 사업을 하고, 공적 생활에 참여도 했고, 안 해본 사업이 없었던 그가 마침내 경제적 성공을 이루고 금고에 돈을 빠르게 쌓고 있는 순간에, 그를 세상에서 낚아채 간 것이네.

배나무를 접목하게, 멜리보이오스,[84]
그리고 포도나무를 정리하게!

그러나 우리가 내일의 주인도 아닌데, 우리의 삶을 정리하는 것은 어리석지 않은가! 먼 훗날을 계획하는 것은 너무 심한 망상이 아닌가? 예를 들어, "나는 이걸 살 거야, 저걸 지을 거야, 돈을 빌려 줄 거야, 돈을 돌려받을 거야, 명예를 얻을 거야, 지치고 가득한 늙음을 벗어날 거야"라는 말이 그렇다는 것이네. 나를 믿게. 성공한 사람들의 경우도 모든 것이 불확실하네. 그 누구도 미

---

84   기원전 460년~기원전 370년, 그리스 철학자로서 모든 사물들이 더 이상 쪼갤 수 없는 원자들로 이루어진다는 원자론의 대표적인 인물.

래의 어떤 것을 약속할 수는 없네. 우리가 이미 가진 것도 손에서 빠져나가고, 기회는 우리가 움켜잡으려 하는 시간조차 도려내니 말일세. 시간은 고정된 법칙에 따라 흐르지만, 우리의 이해를 넘어서네. 사실상 나의 과정이 불확실할 때, 대자연의 과정이 확실하든 또는 그렇지 않든 내게 무슨 차이가 있겠는가?

우리는 외국의 해안들을 여기저기 배회한 뒤에 긴 항해와 오랫동안 미루어졌던 귀환을 계획하고, 힘겨웠던 군대 생활과 군사 작전에 대한 차분한 보상을 계획하고, 전쟁과 여러 업무를 거친 뒤의 승진을 계획하네. 그리고 그동안 죽음은 항상 우리 곁에 있었네. 그렇지만 그것이 우리의 이웃에 영향을 주는 경우를 제외하고는 그것에 대해 전혀 생각하지 않으므로, 우리는 우리 위에 쌓여 가는 죽음의 사례들을 계속 갖고 있지만, 그 가운데 우리가 놀랐던 시간을 제외하고는 우리의 마음에 남아 있지 않네.

그런데 매일 발생할 수도 있는 무엇이 어느 날 발생했는가를 궁금해하는 것보다 더 어리석은 것은 없지 않나? 후회 없는 운명의 법칙이 고정된 한계를 설정했던 바로 그곳에 우리에게 고정된 한계가 있네. 그러나 우리는 그가 이 한계에 얼마나 가까이 있는지 알지 못하네. 그러므로 마치 우리가 그 끝에 도달한 것처럼 우리의 마음을 정리해 보세. 아무것도 미루지 말고, 매일매일 목숨을 걸고 싸움에 참여하세. 삶에서 가장 큰 잘못은 그것이 항상 끝나지 않는다는 것, 즉 무언가가 미루어지고 있다는 것이네. 자신의 삶을 매일같이 손질하는 사람은 결코 시간이 부족하다고 느끼지 않네. 그러나 이런 부족함에서 두려움이 생기고, 또한 정신을 침식하는 미래를 향한 갈망이 생기네. 미래에 발생한 사건들과 그 결과를 미리 걱정하는 것보다 더 불쌍한 일은 없네. 우리의 정신은 남는 시간의 양이나 성질에 대한 끝없는 두려움으로 불안해하네.

그렇다면 우리는 이런 흔들림을 어떻게 피할 수 있을까? 만약 우리의 삶이 앞으로 뻗어나가지 못하고 그 안으로 움츠러든다면, 오직 한 가지 방법이 있네. 왜냐하면 현재의 삶이 이롭지 않은 사람만이 미래에 대해 불안해 하기 때문이네. 그러나 내가 자신에게 빚진 것을 갚았을 때, 균형 잡힌 정신이 하루와 영원함이 아무런 차이가 없다는 것을 알 때, 미래가 어떤 날이나 어떤 문제를 가져오든 상관없이 정신은 높은 곳에서 내려다보며 나이의 끊임없는 이어짐에 대해 생각하면서 한껏 웃네. 만약 우리가 불확실한 것에 대해 확신한다면, 운명의 변화와 불안정함에서 어떤 소동이 뒤따를까?

따라서 내 친구, 루킬리우스, 즉시 살기 시작하고 매일매일 새로운 삶을 산다고 생각하게. 이렇게 자신을 준비한 사람, 매일같이 완벽한 삶을 사는 사람은 별다른 걱정이 없네. 그러나 희망만을 위해 사는 사람들은 직면한 미래를 항상 손에서 놓치고, 또한 탐욕이 그 자리에 슬그머니 다가오고, 죽음에 대한 두려움이 다른 모든 것에 저주를 내리는 저주가 되네. 이처럼 마에케나스는 많은 고통 속에서도 생명의 호흡을 연장할 수만 있다면, 허약함과 기형, 그리고 마침내 십자가에 못 박혔던 것과 같은 고통도 마다하지 않겠다는 비굴한 기도를 하네.

> 내 손을 약하게 만드시고,
>
> 약한 발을 가진 절름발이로 만드시고,
>
> 곱사등이의 혹을 내려주시고,
>
> 이가 덜커덕거릴 때까지 흔드소서.
>
> 십자가에 못 박히고 날카로운 말뚝에 앉을지라도,
>
> 생명이 있기만 하면 좋으니,
>
> 계속 살아 있게 하소서.

그는 자신에게 부여되었을 때 가장 비참할 수도 있는 것을 기도하고, 고통이 마치 삶이라도 되는 듯이 자신의 고통을 연장해 달라고 요청하네. 만약 그가 십자가에 꽂히는 순간까지 살길 원했다면, 나는 그를 가장 비굴하다고 여겨야 할 것이네. 그는 이렇게 말했네. "부서지고 쓸모없는 육체 안에서라도 숨이 유지된다면, 당신은 나를 약하게 해도 좋습니다. 역겹고도 기형적인 내 삶에 조금의 시간이라도 더해진다면, 나를 불구로 만들어도 좋습니다. 나를 십자가에 못 박고 날카로운 말뚝에 앉게 해도 좋으니다." 고통의 위안, 즉 고통의 끝이 될 어떤 것을 단지 늦추기 위해 어떤 사람의 상처를 짓누르고, 교수대에 매달려 있을 가치가 있는 것인가? 결국 포기하게 될 생명의 호흡을 위해 이 모든 것이 가치가 있는 것인가? 하늘의 관용 외에 마에케나스에게 무엇을 요구할 것인가? 이처럼 비굴하고 남자답지 못한 구절을 말하는 의미가 무엇인가? 공포스러운 두려움과 타협하는 의미가 무엇인가? 그는 베르길리우스가 이런 말을 하는 것을 결코 듣지 못했을 것이네. "말해 주게, 죽음이 그처럼 비참한 것인가?" 그는 고통의 절정, 그리고 훨씬 더 참기 어려운 것인 고통의 연장과 범위를 묻고 있네. 그렇게 함으로써 그는 무엇을 얻는가? 단지 더 오래 산다는 것 아닌가. 그러나 어떤 종류의 삶이 질질 끄는 죽음인가? 한 번에 완전히 끝나는 것이 아니라 고통 속에서 쇠약해지거나 팔다리가 하나씩 기능을 멈추거나, 생명이 한 방울씩 빠져나가는 것을 선호하는 사람이 있을까? 저주받은 나무에 매달리고, 오랫동안 병에 걸리고, 이미 기형적이고, 가슴과 어깨가 종양으로 부풀고, 또한 오래 지속된 고통 속에서 생명의 호흡을 기꺼이 끌어내고자 하는 사람이 있을까? 그는 십자가에 오르기도 전에 죽기 위한 많은 변명들을 갖고 있으리라 생각하네.

대자연의 관대함이 죽음을 피할 수 없는 것으로 만든다는 내 말을 부정할 수 있으면 부정하게. 많은 사람들은 여전히 더 부끄러운 거래를 하려고 하네. 즉, 자신들이 더 오래 살기 위해 친구들을 배신하거나, 또는 자신들의 모든 죄악을 목격할 한낮의 빛을 즐기기 위해 의도적으로 자식들을 비참하게 만들기도 한다는 것이네. 우리는 삶에 대한 이런 욕망을 제거하고, 고통이 도래했을 때 아무런 차이가 없다는 것을 배워야 하네. 왜냐하면 우리가 언젠가 겪을 수밖에 없기 때문이네. 중요한 것은 얼마나 오래 사느냐가 아니라 얼마나 떳떳하게 사느냐 하는 것이네. 그리고 종종 떳떳한 삶을 산다는 것은 우리가 오래 살지 못한다는 것을 의미하기도 하네. 잘 있게.

편지 115

거짓된 것의 즐거움

내 친구, 루킬리우스, 나는 자네가 단어들과 그 단어들의 배열을 너무 특별한 것으로 생각하지 않길 바라네. 나는 자네의 관심을 권할 더 중요한 문제들을 갖고 있기 때문이네. 자네는 어떻게 쓰느냐의 문제보다 무엇을 쓰느냐의 문제를 추구해야 하네. 그렇게 한다는 것은 글을 쓰기 위한 것이 아니라 그것을 느끼기 위한 것이네. 따라서 자네는 이처럼 자네가 느낀 것을 더욱더 자네 자신의 것으로 만들어야 한다는 것, 말하자면 그것을 봉인해야 한다는 것이지. 자네가 지나치게 조심스럽고 지나치게 세련된 형식에 주목할 때마다, 자네는 정신도 사소한 것들에 신경을 더 쓴다는 것을 확신할 것이네. 정말로 위대한 사람은 비형식적이고 쉽게 말하네. 그가 무슨 말을 하든, 그는 고통스럽게 말하는 것이 아니라 자신 있게 말한다는 것이지.

자네는 수염과 머리카락이 말쑥하고, 옷차림이 아주 단정한 젊은 멋쟁이들을 잘 알 것이네. 자네는 그들에게서 격렬함이나 단호함을 기대하지는 않을 것이네. 형식은 사고의 의복이지. 그것이 손질되거나 염색되거나 달리 처리되었다는 것은 말하는 사람이 건강하지 못할 뿐만 아니라 몇 가지 결함을 갖고 있다는 것을 보여 주는 것이네. 무늬는 남자들의 장식이 아니네. 만약 우리가 훌륭한 사람의 영혼을 조사할 수 있다면, 우리는 얼마나 고결하고, 순수하고, 장엄하고, 우아하고 빛나는 얼굴을 우리가 바라보고 있는 것인가를 알 것이네. 즉, 한쪽에서는 정의와 절제로, 다른 한쪽에서는 용기와 지혜로 빛나는 얼굴을 바라보고 있다는 것이지. 그리고 이것들 외에, 절약, 절제, 인내, 정제, 상냥함, (믿기 어렵지만) 동료애, 인간에게 드물게 나타나는 좋은 성질 등은 그에게 빛을 비출 것이네. 그의 예지력과 우아함, 그리고 이 모든 것에서 나오는 정신의 가장 탁월한 것(모든 덕 가운데 가장 고결한 것)은 어떤 아름다움, 오 하늘이여, 어떤 권위와 위엄을 부여할 것인가! 모두가 그것을 사랑과 존경의 가치가 있다고 말할 것이네.

만약 어떤 사람이 인간사에서 흔히 보는 것보다 더 행복하고도 빛나는 이 사람의 얼굴을 본다면, 그는 마치 신을 맞닥뜨리기라도 한 것처럼 놀라서 말을 못 하고 다만 그를 만났던 것이 합법적이었기를 조용히 기도하지 않겠나? 그런 뒤에 그는 신적 특징들의 순전한 친절함에 대해 머리를 조아리고 기도하지 않겠나? 유순하면서도 생명을 부여하는 불꽃으로 반짝이는 눈처럼, 우리가 우러러보곤 하는 것들을 능가하는 훨씬 우월한 얼굴에 대해 많은 성찰을 한 뒤에, 우리는 존경심과 경외심을 갖고 시인 베르길리우스의 유명한 시구를 읊조릴 것이네.

> 오, 아가씨, 그대를 무어라 불러야 할까요.
> 그대의 모습은 인간의 것이 아니고,
> 그대의 목소리는 인간의 소리가 아니며…
> 그대가 누구시든, 우리에게 축복을 내리시고,
> 우리의 고난을 감해주소서.

우리가 숭배하길 원하면, 이 신적인 존재자는 가까이서 우리를 구제할 것이네. 그러나 이 숭배는 살찐 황소들을 도살하거나, 또는 금이나 은의 제공을 중단하거나, 또는 사원의 보물함에 동전을 쏟아 넣는 것을 뜻하는 것이 아니네. 그것은 오히려 신성하고 강직한 의지를 뜻하네.

우리 가운데 누군가 이런 존재자를 바라보는 특권을 가졌다면, 그 덕에 대한 사랑으로 타오르지 않는 사람은 아마도 없을 것이라고 감히 선언하네. 왜냐하면 지금 많은 것들이 방해하며, 과도한 반짝임으로 우리의 눈을 현혹하거나 어둠으로 잡아 놓기 때문이네. 그러나 시력이 약물을 통해 좋아지거나 맑아질 수 있듯이, 우리의 정신에서 장애물을 없애려 한다면, 덕이 육체에 묻혀 있더라도 우리는 그 덕을 볼 수 있을 것이네. 가난이 그 앞에 놓여 있거나, 또는 심지어 비천함과 수치스러움이 그 길을 막고 있을지라도 말일세. 이와 반대로, 온 사방을 비추는 부의 광범위한 빛, 그리고 공직과 권력이라는 거짓된 빛이 우리가 응시하는 곳을 비추고 있음에도 불구하고, 우리는 고통을 당하는 정신의 사악함과 나태함을 볼 수 있네.

그렇다면 모든 장난감을 가치 있는 것으로 여기고, 푼돈을 주고 산 목걸이를 부모나 형제보다 더 소중하게 여기는 어린아이들처럼, 우리가 감탄하는 것들이 얼마나 경멸스러운 것들인가를 이해하는 힘은 우리에게 있을 것이네. 그리고 아리스토[85]가 말하듯이, 우리 어른들이 그림과 조각에 열광한다는 점과 우리의 어리석음이 더 비싼 값을 치른다는 점을 제외하고, 우리 자신과 그 어린아이들의 차이점은 무엇인가? 어린아이들은 자기들이 해변에서 주운 부드럽고 얼룩덜룩한 조약돌을 좋아하지만, 우리 어른들은 지붕을 떠받치는 돌기둥이나 도시 사람들이 모두 들어갈 정도로 큰 주방을 세우기 위해 이집트 모래사장이나 아프리카 사막에서 가져온 줄무늬 있는 대리석으로 된 기다란 기둥들을 좋아하지. 그리고 우리는 대리석이 사이에 어떤 결함이 숨겨져 있는지 알면서도, 얇은 대리석층들을 붙인 벽에 감탄한다네. 우리는 우리 자신의 눈을 속이며, 천장을 금으로 도금할 때, 우리가 거짓된 것에 즐거워하는 것이 아니고 무엇이겠는가? 왜냐하면 우리는 이

모든 도금 밑에 거친 목재가 있다는 것을 알고 있으니 말일세.

또한 그런 피상적인 장식은 벽과 천장에만 펼쳐져 있는 것이 아니네. 결코 그렇지 않네. 우리가 보듯이, 잘난 체하면서 어깨를 으쓱거리며 걷는 모든 유명한 사람들은 금박 장식을 한 것이네. 아래쪽을 보면, 지위라는 얇은 도금 밑에 어떤 사악함이 놓여 있는지 알 수 있을 것이네. 그처럼 많은 행정 장관들과 그처럼 많은 재판관들의 주목을 받고 있고, 행정 장관들과 재판관들을 만들어 낸 바로 그것, 즉 그때부터 존경받기 시작했던 돈은 진정한 명예를 망쳤다네. 대신에 우리는 상인과 상품이 되었고, 우리는 상품의 품질을 묻지 않고 상품의 가격을 묻는다네.

우리는 돈이 지급되어야 의무를 수행하거나 경시하고, 이익을 얻을 가능성이 있는 경우에만 명예로운 목적을 따르고, 만약 범죄 행위가 더 많은 이익을 보장하는 경우에는 같은 편을 버리거나 다른 편으로 갈아타네. 우리의 부모들이 금과 은에 대한 욕심을 우리에게 주입했던 것이지. 우리가 어렸을 때, 우리 안에 탐욕이 심어졌고, 깊은 곳에 정착했으며, 또한 우리가 성장하면서 성장했네. 그런 뒤에, 다른 문제에 대해서는 의견이 다르기도 하지만, 나라 전체가 그것에 동의했지. 이것이 그들이 관심을 갖는 것이고, 이것이 그들이 자기 아이들에게 요구하는 것이고, 이것이 그들이 감사를 표하고자 할 때, 신들에게 바치는 것이네. 마치 그것이 모든 사람의 소유물 가운데 가장 좋은 것이라도 되는 듯이 말일세. 그리고 끝으로, 대중이 가난을 경멸의 대상이자 비난의 대상으로 보는 지경에 이르렀네. 부유한 사람은 가난을 경멸하고, 가난한 사람은 가난을 혐오한다는 것이지.

우리의 감정에 불을 붙이는 시인들의 시를 위의 설명에 더할 수 있을 것이네. 그들은 재물을 삶의 유일한 영예로움이자 장신구처럼 칭송한다네. 사람들은 신들이 재물보다 더 나은 것을 선물할 수 없고, 심지어 더 나은 것을 가질 수도 없다고 생각하는 것처럼 보이네.

기다란 기둥들을 갖추고,
금으로 밝게 빛나는 태양신의 궁전.

그리고 그들은 태양의 마차를 이렇게 묘사하네.

그 바퀴 축은 금으로 만들어지고,
그 멍에 손잡이는 금으로 만들어지고,
그 바퀴 테두리는 금으로 만들어지고,
그 바큇살은 은으로 만들어졌네.

그런 뒤에 그들이 가장 좋은 것으로 보는 나이를 그들은 '황금시대'라고 부르네. 심지어 그리스 비극 시인들 가운데는 순수함, 안전, 또는 좋은 평판보다 재물을 더 좋은 것으로 보았던 사람들이 있네.

그들이 나를 부자라고 부른다면, 나를 악당이라고 불러도 좋네.

우리는 모두 그가 부자냐고 묻지, 선하냐고 묻지 않네.

그들은 내 재산의 총계를 묻지, 수단이나 근원을 묻지 않네.

모든 곳에서 사람은 자신이 소유한 것만큼의 가치가 있네.

무엇을 소유하는 것이 부끄러운가를 묻는가?

아무것도 부끄럽지 않네.

나는 부유하게 살거나 가난하게 죽는 것 가운데

하나를 선택해야 하네.

이익을 남기고 죽는 사람은 훌륭한 죽음을 갖는 것이네.

인간의 축복인 돈은

엄마의 사랑이나

아이의 재롱이나

아빠가 받는 존경과

비교될 수 없네.

만약 연인이 바라보는 눈길의 달콤함이

그것의 절반만큼 매력적이라도,

사랑은 신들과 남자들의 사랑을

올바로 휘저어 놓을 것이네.

이 글의 끝부분이 에우리피데스[86]의 비극을 공연하는 자리에서 언급되자, 모든 청중이 한꺼번에 일어나 야유를 보내면서 배우와 연극을 무대에서 내쫓았네. 그러나 에우리피데스는 펄쩍 뛰면서 해명할 기회를 요구했고, 그들에게 결론까지 기다려서 금을 욕심내는 이 사람의 운명이 어떻게 되는가를 보라고 요청했네. 그 연극에서, 벨레로폰[87]은 모든 사람들에게 요구되는 벌금을 지불하게 되어 있었네. 왜냐하면 사람들은 모든 탐욕스런 행동들에 대해 벌금을 지불해야 했기 때문이지. 돈은 우리에게서 얼마나 많은 눈물과 고통을 뜯어내는가! 부자의 재물은 부의 획득보다 더 큰 정신의 불안을 의미하네. 그리고 우리는 손해를 입은 것에 대해 얼마나 슬퍼하는가! 그것은 우리에게 큰 부담으로 다가오지만, 여전히 더 무겁게 느껴지네. 끝으로, 운명이 우리의 재산을 온전하게 남겨 줄 수도 있지만, 그에 더해 우리가 얻을 수 없는 것은 완전한 손해네!

자네는 이렇게 말하겠지. "그러나 사람들은 저기 있는 사람을 행복하고 부유하다고 말하는 것이지. 그들은 언젠가 자신들

---

[86] 기원전 480년~기원전 406년, 그리스 비극 시인.
[87] 그리스 신화에 나오는 벨레로폰 이야기를 토대로 쓴 에우리피데스의 비극 작품인 《벨레로폰》의 등장인물.

이 그가 가진 만큼의 재산을 가질 수 있길 기도한다네." 이건 옳은 말이네. 그런데, 그래서 어떻다는 건가? 자네는 불만과 증오 또한 갖는 삶보다 더 비참한 삶이 있다고 생각하나? 부를 갈망할 사람들이 부유한 사람과 의견을 교환할 수도 있겠지. 정치적 지위를 추구할 사람들이 가장 인기 있는 명예를 획득한 야심 찬 사람들과 협의를 할 수도 있겠지. 그러면 그들은 분명히 이러한 고위층들이 항상 새로운 이익을 욕심내는 것을 보고는 이미 자신들보다 뒤에 있는 것을 비난하는 기도문으로 자신들의 기도문을 바꿀 것이네. 왜냐하면 비록 자신이 도망치는 삶을 살게 될지라도, 세상에는 자신의 성공에 만족하는 사람이 없기 때문이네. 사람들은 자신들의 계획과 그 계획의 결과에 대해 불평을 하네. 그들은 항상 자신들이 이기지 못한 것을 선호하기 때문이지.

따라서 철학은 자네를 위해 이 문제를 해결해 주고, 자네 자신의 행위를 후회함이 없도록 존재하는 가장 좋은 것을 자네에게 제공해 줄 수 있으리라 생각하네. 이것은 분명히 행복이고, 어떤 폭풍우도 그것을 흐트러뜨리지 못할 것이네. 그러나 자네는 정교하게 짜인 말들이나 부드럽게 흐르는 언어를 통해서도 안전하게 조종되지 않을 것이네. 자네의 정신이 정상적인 상태라면, 무슨 말이 나가든 그대로 내버려 두게. 그런 정신은 좋은 것이며, 다른 사람들의 의견에 신경 쓰지 않고, 다른 사람들이 불쾌하게 생각하는 것들도 만족스러워하네. 그런 정신은 삶을 통해 자신의 발

전을 평가하며, 욕구나 두려움에 영향받지 않는 지식만을 갖는다

고 믿어지네. 잘 있게.

편지 116

감정의 조절

감정을 적당하게 갖는 것이 좋은가 또는 전혀 갖지 않는 것이 좋은가에 대한 질문이 종종 제기되곤 하네. 우리 학파의 철학자들은 감정을 부정하지만, 소요학파 철학자들은 그걸 통제하네. 그러나 나는 절반쯤 질병인 것이 어떻게 건강허가나 유용할 수 있는지 모르겠네. 두려워하지 말게. 나는 자네가 잃고 싶어 하지 않는 감정을 자네에게서 빼앗지는 않을 것이니 말이네. 나는 자네가 얻으려고 노력하는 것들, 즉 우리의 존재에 필요하거나 유용하거나 적합하다고 자네가 생각하는 것들에 대해 친절하고도 관대할 것이네. 나는 단지 문제가 되는 것만을 제거할 것이네. 몇몇 욕구들을 금지한 뒤에도 나는 그것들을 자네에게 계속 허용할 것이며, 그렇게 함으로써 자네는 그 즐거움들을 더 잘 인지할 것이네. 자네가 그것들의 노예가 되지 않고 통제한다면, 그것들이 자네에게는 더 효과적일 것이네.

그렇지만 자네는 이에 반대할 것이네. "친구와 사별할 때, 내가 고통을 겪는 것은 당연하네. 흘러내릴 정당한 권리를 눈물에 허용하게. 사람들의 의견에 영향받고, 부정적인 판단에 좌절하는 것은 당연하네. 이런 나쁜 견해에 대한 나의 두려움을 인정해 주지 않겠나?" 누군가가 지지하지 않는 잘못이란 없네. 모든 잘못은 처음에는 약하고 치유될 수 있지만, 여기에서부터 넓게 퍼져 나가네. 일단 시작하면, 끝내지 못할 것이네. 모든 감정은 처음에는 약하지만, 시간이 흐르면서 커지고 강해지네. 그것은 없애기보다 예방하기가 쉽네. 모든 감정이 자연적으로 시작된다는 것을 누가 부정하겠나? 대자연은 우리의 이익을 위해 자신을 우리에게 맡겼지만, 그것에 너무 빠지게 되면 그것도 잘못이네. 대자연이 필요한 것들에 즐거움을 섞어 놓은 것은 우리가 그것을 추구하게 만들기 위한 것이 아니라 우리가 갖지 않고는 살 수 없는 것들을 더 즐겁게 만들기 위한 것이네. 그것이 그 자체의 권리를 주장한다면, 그것은 사치네.

따라서 이런 잘못이 들어오려 할 때, 그것을 거부하세. 왜냐하면 이미 말했듯이, 그것들을 떠나게 하는 것보다 들어오지 못하게 하는 것이 더 쉽기 때문이네. 만약 자네가 "사람들에게는 얼마간의 슬픔과 얼마간의 두려움이 허용되어야 하네"라고 주장한다면, 나는 '얼마간'이라는 표현이 너무 길어질 수도 있고, 또한 자네가 원할 때 그것이 끝나지 않을 수도 있다고 답변하겠네. 현명한 사람은 불안해 하지 않고도 자신을 안전하게 통제할 수 있네. 그는 자신의 의지대로 눈물과 즐거움을 중단할 수 있지만, 우리의 경우에는 우리의 발걸음을 되돌리기가 쉽지 않기 때문에 진행 자체를 안 하는 것이 가장 좋네.

나는 파나이티오스[88]가 현명한 사람도 연인이 될 수 있느냐고 물었던 어떤 청년에게 상당히 깔끔한 답변을 했다고 생각하네. 그의 답변은 이랬네. "현명한 사람에 대한 것은 나중에 살펴야겠지만, 지혜와 거리가 먼 자네와 나 같은 사람들은 무질서하고, 통제되지 않고, 다른 사람의 노예가 되는 상태, 즉 그 자체로서 경멸할 상태에 빠지지 않도록 조심해야 하네. 만약 우리의 사랑이 거부되지 않는다면 우리는 그 친절함에 들뜰 것이고, 만약 그것이 무시된다면 우리의 자존심에 불이 붙을 것이네. 쉽게 얻은 사랑은 어렵게 얻은 사랑과 마찬가지로 우리를 아프게 하지. 우리는 순응하는 것에 사로잡히고, 또한 우리는 어려운 것에 대해 고심하네. 우리가 허약하다는 것을 안다면, 우리는 조용히 있어야 하네. 이처럼 불안전한 마음을 술이나 아름다움이나 아첨, 또는 달래고 유혹하는 모든 것에 노출되지 않게 해야 하네."

나는 사랑과 관련된 질문에 대한 파나이티오스의 답변이 모든 감정에 적용될 수 있으리라 믿네. 우리가 할 수 있는 한, 우리는 미끄러운 곳에서 물러나야 하네. 마른 곳에서도 흔들림이 없이 서 있는 것은 매우 어려운 일이지. 나는 자네가 여기에서 스토

---

88   기원전 185년~기원전 110/109년, 그리스 스토아 철학자.

아 철학자들에 대한 일반적인 불만을 제기하리라는 것을 아네. "자네의 약속들은 너무나 크고, 자네의 조언들은 너무나 힘겹네. 우리는 난쟁이들에 불과해서, 우리에게 모든 것을 부정하지 못하니 말일세. 우리는 슬퍼하겠지만 너무 많이 슬퍼하지는 않을 것이고, 우리는 욕구를 느끼겠지만 적당히 느낄 것이며, 우리는 분노하겠지만 억누를 것이네." 그런데 자네는 우리가 이런 걸 하지 못하는 이유를 알고 있나? 그것은 우리가 할 수 있다고 믿지 않기 때문이네. 분명히, 믿지 않네. 다른 어떤 중요한 요소가 있네. 그것은 우리가 우리의 잘못을 사랑하기 때문이네. 우리는 그것들을 지지하며, 그것들을 떨쳐버리지 않고 그것들을 위한 변명을 하네. 우리는 본성적으로 충분한 힘을 갖고 태어났기에, 우리가 그 힘을 사용하려고만 한다면, 그리고 우리가 우리 자신을 돕거나 최소한 방해하지 않기 위해 우리의 힘을 집중하고 그것을 불러일으키려고만 한다면, 우리는 할 수 있네. 진정한 문제는 우리가 그것을 사용하려 하지 않는다는 것이네. 우리가 할 힘을 갖고 있지 않다는 것은 거짓이네. 잘 있게.

편지 121

인간과 동물의 본성

내가 한동안 고민했던 작은 문제를 자네에게 오늘 제시하면, 자네는 분명히 나와 논쟁하고 싶을 것이네. 자네는 "이게 도덕적 행위와 무슨 관련이 있다는 건가?"라고 소리치고 싶을 것이네. 그러고 싶다면 그렇게 하게. 소리치고 싶다면 소리치게. 그동안 나는 포세이도니오스[89]와 아르키데무스[90]와 같은 다른 반대자들을 먼저 소개하겠네. 이 사람들은 소송을 제기할 것이고, 이에 대해 나는 관습과 훈련이 반드시 좋은 성품을 산출하는 것은 아니라고 주장할 것이네. 어떤 것은 음식에 필요하고 다른 것은 운동에 필요하며, 어떤 것은 의복에 필요하고 다른 것은 교육에 필요하며, 또한 다른 것은 쾌락에 필요하네. 이 모든 것들이 사람을 더 나은 사람으로 만들지는 않지만, 모두 사람의 욕구와 관련되네. 성품은 다양한 것들에 의해 다양한 방식들로 영향받네. 어떤

---

[89]   기원전 135년~기원전 51년, 그리스 정치인, 천문학자, 점성술사, 역사가, 수학자.
[90]   신원 및 생존 연대 미상.

것들은 성품을 교정하고 규제하는 데 필요하고, 다른 것들은 그 것의 성질과 근원을 탐구하는 데 필요하네. 그리고 대자연이 인 간을 만들어낸 이유와 대자연이 인간을 다른 동물들 위에 놓은 이유를 내가 물을 때, 자네는 내가 도덕에 관한 문제를 뒤에 남겨 두었다고 생각하나? 그렇지 않네. 왜냐하면 어떤 사람에게 가장 좋은 것이 무엇인지 알지 못한다면, 그리고 그의 본성을 탐구하 지 않는다면, 어떤 행동이 바람직한지 어떻게 알겠는가? 자네가 자네 본성에 무엇을 빚졌는지 알게 된 뒤에야, 자네가 무엇을 해 야 하고 무엇을 피해야 하는지 알 수 있을 것이네.

자네는 "어떻게 해야 내가 덜 갈망하고, 덜 두려워하게 될 것 인지 알고 싶네. 불합리한 나의 믿음들을 제거해 주게. 이른바 행 복이란 것이 변덕스럽고 공허하다는 것을, 그리고 그 단어가 불 행이라는 단어로 쉽게 바뀔 수 있다는 것을 내게 증명하게"라고 말하겠지. 나는 미덕을 권장하고 악덕을 채찍질함으로써 자네의 요구를 충족시킬 것이네. 사람들은 내가 이 문제에 대해 너무 열 광적이고도 무모하다고 생각하겠지만, 나는 악을 추적하고, 가장 무분별한 감정을 점검하고, 고통으로 끝날 쾌락의 강도를 누그러 뜨리고, 또한 사람들의 기도를 방해하는 일을 중단하지 않을 것 이네. 물론 나는 그렇게 할 것이네. 왜냐하면 그것이 우리가 소망 할 수 있는 가장 나쁜 악이고, 또한 위안을 요구하는 모든 것이 그것에서 오기 때문이네.

이제 지금 다루고 있는 문제와 다소 멀어 보이는 문제들을 살펴보세. 한때 우리는 모든 동물이 자신의 상태에 대해 어떤 감정을 갖는가에 대해 논의했었네. 동물들이 그렇다는 것은 그것들이 마치 그런 목적을 위해 훈련을 받은 것처럼 팔다리를 적절한 방식으로 빠르게 움직인다는 점에서 아주 명백해 보이네. 모든 동물은 자신의 방식대로 하는 재주를 갖고 있지. 숙련된 노동자는 경험에서 나온 익숙함으로 자신의 도구를 다루네. 항해사는 배를 숙련되게 조종할 줄 알고, 예술가는 비슷하게 만들기 위해 다양하게 준비한 색깔들을 빨리 칠할 수 있고, 준비된 눈과 손을 이용해 물감을 화폭으로 옮기네. 이와 마찬가지로, 동물이 날쌘 것은 모두 몸을 이용하는 것과 관련되지.

우리는 숙련된 무용수들의 동작에 놀라곤 하는데, 그들의 손은 모든 사건과 감정을 제대로 표현할 뿐만 아니라 그들의 몸짓은 말의 속도를 맞추기 때문이네. 예술이 장인에게 부여하는 것을 대자연은 동물에게 부여하네. 다리를 움직이는 것을 어려워하는 동물도 없고, 몸을 이용하는 방법을 몰라서 당황하는 동물도 없네. 동물들이 수행하는 이 기능은 태어나면서 갖는 기능이네. 동물들은 이 지식을 갖고 세상에 태어나네. 그리고 동물들은 태어나면서부터 훈련되어 있네.

그러나 사람들은 이렇게 말하네. "동물들이 다리를 움직이는 솜씨가 좋은 것은 다리를 비정상적으로 움직일 때 고통을 느끼기 때문이네. 자네의 학파에 따르면, 그것들은 어쩔 수 없이 그렇게 하는 것이며, 다리를 올바른 방향으로 움직이는 것은 의지보다는 두려움이네." 그러나 이런 생각은 틀린 것이네. 강제적으로 움직여지는 몸들은 느리게 움직이지만, 자발적으로 움직이는 것들은 기민하네. 그것들을 그렇게 촉발하는 것이 고통에 대한 두려움이 아니라는 증거는 고통이 그것들을 제어할 때 그것들은 자연적인 운동들을 수행하는 데 어려움을 느낀다는 것이네. 따라서 일어서려고 애쓰는 어린아이는 자신의 무게를 옮기는 데 익숙해지며, 자신의 힘을 시험하기 시작하는 과정에서 어린아이는 대자연의 요구에 따라 고통스러운 노력을 통해 눈물과 함께 넘어지고 일어나기를 자신이 완전히 훈련될 때까지 반복하네. 그리고 단단한 껍질을 가진 어떤 동물들이 뒤집혀 있을 때, 그것들은 발로 돌리고 더듬으며, 적절한 위치를 회복할 때까지 옆쪽으로 움직이네. 뒤집힌 거북이는 고통을 느끼지 못하지만, 그것은 자연적인 조건을 찾기 위해 쉬지 않으며, 발로 서게 될 때까지 스스로 흔들기를 멈추지 않네. 따라서 이런 동물들은 모두 자신들의 육체적 구조에 대한 의식을 가지며, 그렇기 때문에 그것들이 지금처럼 다리를 움직일 수 있네. 몸을 움직이는 데 숙련되지 않은 동물이 없다는 것보다 동물들이 이런 지식을 갖추고 있다는 것을 입증하는 더 좋은 증거는 없네.

그러나 다음과 같은 반론이 있네. "그대의 설명에 따르면, 동물의 구조는 육체와 어떤 관련을 갖는 것은 정신 속에 있는 지배하는 힘으로 이루어집니다. 그러나 내가 자네에게 설명하기조차 어려운 이처럼 복잡하고 미묘한 원리를 어린아이가 어떻게 이해할 수 있습니까? 모든 생물들이 대부분의 로마 시민들에게 불명료한 정의를 이해하기 위해 논증 능력을 갖고 태어난다는 것인가요?" 만약 내가 생물들이 '그것들의 실질적인 구조'가 아니라 '구조에 대한 정의'를 이해한다고 말한다면, 자네의 반론이 참일 것이네. 대자연은 설명되기보다 이해되기가 쉽네. 이처럼 우리가 말하는 어린아이는 '구조'가 무엇인가를 이해하는 것이 아니라 그 자체의 구조를 이해하는 것이네. 그는 '동물'이 무엇인가를 이해하지 못하지만, 자신이 동물이라는 것은 느끼네. 더구나 그는 그 자신의 구조 자체를 단지 혼란스럽게, 피상적으로, 그리고 희미하게 이해할 뿐이네.

우리는 우리가 정신을 갖고 있다는 것도 알지만, 정신의 본질, 장소, 성질, 또는 근원은 알지 못하네. 이런 것이 우리가 갖고 있는 정신들에 대한 의식이며, 그것들의 본성이나 위치에 대해 무지하지만, 그럼에도 모든 동물들이 그것들 자체의 구조들에 대한 의식을 갖고 있네. 그것들은 이것을 분명히 느끼네. 왜냐하면 그것은 그것들이 다른 것들을 느끼는 것과 동일한 기관이기 때문이네. 우리 가운데 그의 충동들을 촉발하는 어떤 것이 있다는 것을 모르는 사람은 없지만, 그는 그것이 무엇인지는 알지 못하네.

그는 자신이 충동을 갖는다는 것은 알지만, 그것이 무엇이고 그것의 근원이 무엇인지는 알지 못하네. 따라서 어린아이들과 동물들은 자신들의 우선적인 요소에 대한 의식을 갖지만, 그것을 아주 명료하게 정리하거나 그리지는 못하네.

이 말에 반대하는 사람은 "그대는 모든 동물이 처음부터 자신의 구조에 적응되어 있지만, 사람의 구조가 이성적인 것이기 때문에 사람이 단순히 생물로서가 아니라 이성적인 존재자로서의 자기 자신에 적응되어 있다고 주장하는 겁니까? 왜냐하면 인간은 그 자신을 인간으로 만드는 부분을 갖는다는 점에서 그 자신에게 소중하기 때문입니다. 그렇다면 아직 이성이 주어지지 않은 어린아이가 이성적인 구조에 어떻게 적응될 수 있습니까?"라고 말할 것이네. 그러나 각각의 나이대에 있는 사람들은 그 자체의 구조를 갖네.

즉, 어린아이의 경우에 다른 구조를 갖고, 청년의 경우에 다른 구조를 갖고, 또한 노인의 경우에도 각각 다른 구조를 갖네. 그들은 모두 그들이 자신들을 발견하는 구조에 적용되어있는 것이지. 이가 없는 어린아이는 그런 조건에 적응하네. 그리고 이가 자라면, 그 새로운 조건에도 적응하는 것이지. 곡식과 과일로 성장할 식물이 아직 어려서 주름진 윗부분을 들여다보지 못할 때는 하나의 특별한 구조를 가지며, 그것이 튼튼해져서 부드럽고도 무게를 견딜 만큼 강한 줄기에 서 있을 때는 또 다른 구조를, 그리고 노란색으로 색깔이 변해서 타작 시기가 다가오고 이삭이 단단해질 때는 또 다른 구조를 갖네. 식물이 이루고, 유지하고, 부합하는 구조가 무엇이든 상관없네. 유년기, 소년기, 청년기, 그리고 노년기는 모두 다르지만, 유아였고 소년이었고 청년이었던 나는 여전히 같은 나인 것이네. 따라서 각자가 서로 다른 시기에 서로 다른 구조를 갖지만, 그 구조에 각자 적용하는 것은 같네. 왜냐하면 대자연은 나를 소년으로서의 나, 청년으로서의 나, 노인으로서의 내게 맡기는 것이 아니라 나 자신으로서의 나를 내게 맡기는 것이기 때문이지. 따라서 어린아이는 그런 구조, 즉 소년 시절의 현재 순간에 해당하는 그의 구조에 적용되네. 그것은 청년 시절의 그의 구조에 해당할 그런 구조가 아니라네. 왜냐하면 그가 변화되어갈 어떤 윗 단계가 그를 위해 준비되어 있을지라도, 그가 태어난 상태는 또한 대자연에 따른 것이기 때문이지.

먼저 동물은 자기 자신에게 적용되네. 왜냐하면 다른 모든 것들이 관련될 하나의 형식이 있어야 하기 때문이지. 나는 쾌락을 추구하네. 누구를 위해서? 나 자신을 위해서. 따라서 나는 나 자신을 찾아 헤매네. 나는 고통 때문에 주춤하네. 누구를 위해서. 나 자신을 위해서. 그러므로 나는 나 자신을 찾아 헤매네. 나는 나의 모든 행동들을 나 자신의 복지와 관련하여 측정하므로, 나는 다른 무엇보다 나 자신을 찾아 헤매네. 모든 동물들이 이런 성질을 가지며, 그것은 다른 것에서 이식된 것이 아니라 타고난 것이네.

대자연은 그 자체의 산물들을 양육하며 제거하지 않네. 왜냐 하면 가장 확실한 안전은 가장 가까이 있기 때문에, 모든 사람은 자신의 자아에 맡겨지기 때문이지. 그러므로 이전의 서신들에서 언급했듯이, 암컷의 자궁이나 알에서 나온 어린 동물들도 자신들 에게 무엇이 해로운지 저절로 즉시 알며, 치명적인 것들을 피하 네. 그것들은 머리 위에서 날아다니는 야생 조류의 그림자를 의 식하면 피하기도 하네.

어떤 동물도 죽음에 대한 두려움이 없이 태어나지는 않네. 사 람들은 "동물이 태어났을 때, 유익하거나 치명적인 것들을 이해 할 수 있는가?"라고 질문하지. 그러나 첫 번째 질문은 그것이 그 런 것들을 이해하는가에 대한 것이지, 그것이 어떻게 이해할 수 있는가에 대한 것이 아니네. 그리고 우리가 이해 능력을 더하더 라도, 동물이 처음에 했던 것보다 더 적절하게 행동하지 않을 것 이라는 사실로부터 그것이 그런 것들을 이해한다는 것은 분명해 지네.

왜 암탉은 공작이나 거위를 겁내지 않으면서도, 그것들보다 훨씬 더 작으면서 그다지 알려지지 않은 동물인 매에게서는 도망 갈까? 왜 병아리들은 고양이를 무서워하면서 개는 무서워하지 않을까? 병아리들은 분명히 무엇이 자신들에게 해를 끼칠 것인 가를 알지만, 실질적인 경험에 근거한 것은 아니네. 왜냐하면 그 것들은 그것을 경험하기도 전에 미리 경계하기 때문이네. 더구나 자네가 이것을 우연의 결과라고 생각하지 않으려면, 그것들이 겁내야 하는 것 외의 다른 것은 무서워하지 않고, 또한 그것들은 이런 것에 대한 경계와 보호를 잊지 않아야 하네. 그것들은 모두 치명적인 것을 피하는 능력을 똑같이 갖고 있네. 게다가 그것들이 오래 산다고 해서 두려움이 커지는 것은 아니네.

따라서 사실상 이 동물들이 경험을 통해서 그런 조건에 도달한 것은 아니라는 점이 분명하네. 그것은 자기 보존에 대한 타고난 욕구 때문이네. 경험의 가르침은 느리고도 비일관적이지만, 대자연이 전해 주는 것은 즉각적이고도 일관적이네. 그러나 원한다면, 모든 동물이 치명적인 것을 어떻게 이해하게 되는가를 설명하겠네. 그러나 만약 자네가 설명을 원한다면, 모든 동물이 해로운 것을 이해하려고 노력한다는 것이 무슨 의미인가를 말해 줘야 할까? 동물은 자신이 살로 구성되어 있음을 느끼며, 그로 인해 어떤 도구가 살을 베거나 불태우거나 짓이길 수 있는가, 그리고 어떤 동물들이 살에 해를 끼칠 수 있는가를 깨닫고 있네. 그래서 동물은 손상 입히는 것들을 해롭고 적대적인 것이라 여기네. 이런 성향들은 서로 밀접하게 연결되어 있네. 왜냐하면 각각의 동물은 생존을 위해 노력하며, 자기에게 해를 끼치는 것을 피하는 동시에 도움이 되는 것을 추구하기 때문이네. 유용한 대상들을 향한 충동과 그 반대되는 것에 대한 거부는 본성적이네. 대자연이 처방했던 것이 이런 생각을 자극하기 위한 어떤 성찰이 없고, 아무런 조언도 없이 실현된 것이네.

벌들이 얼마나 숙련되게 벌집을 짓는지 모르는가? 얼마나 완벽하게 고통을 나누고 견디는가? 거미가 인간의 손으로 모방하지 못할 정도로 얼마나 정교하게 거미줄을 치는지 모르는가? 거미줄을 단단하게 만들기 위해 일부 거미줄을 중심 방향으로 똑바로 배치하고, 또한 거미가 거미줄을 펼쳐 잡으려 하는 작은 곤충들을 일종의 그물에서 얽어매고 잡아 두기 위해 다른 거미줄을 원형으로 만들고 두께를 줄이는 것이 얼마나 대단한 일인가? 예술은 가르쳐서 되는 것이 아니라 타고나는 것이네. 그런 이유에서 어떤 동물이 다른 동물보다 더 숙련되었다고 말할 수는 없네. 자네는 모든 거미줄이 똑같이 미세하며, 또한 모든 꿀벌의 방이 같은 형태라는 것을 알 것이네. 예술이 주는 것은 불확실하고 불공평하지만, 대자연이 할당하는 것은 항상 균일하네. 대자연은 자신들을 보살피는 의무와 그렇게 하는 기술을 제외한 아무것도 주지 않네. 그것이 생명과 배움이 동시에 시작되는 이유네.

동물이 하나의 재능을 갖고 태어난다는 것이 놀라운 일은 아니네. 이 재능은 갖고 있지 않으면 동물의 탄생 자체가 쓸모없을 그런 것이네. 대자연은 적응성과 자기애라는 이 재능을 존재 유지를 위해 동물에게 처음으로 허용했던 것이네. 동물은 욕구하지 않고는 생존할 수 없네. 또한 욕구가 홀로 동물을 번성하게 만들지는 못하지만, 그것이 없이는 아무것도 번성할 수 없네. 자신을 낮게 평가하는 어떤 동물도 없고, 또한 자신에 대해 무관심한 동물도 없네. 모든 활동에서 느리고 비이성적인 동물들도 자신들의 삶과 관련해서는 기민하다는 것이지. 자네는 다른 것들에게는 쓸모없어 보이는 동물도 자신을 보존하는 데는 기민한 경우를 볼 수 있을 것이네. 잘 있게.

편지 124

이성이라는 선을 가진 우리

나는 자네에게 고대 사람들의 많은 가르침을 전해 줄 수 있네.
그대가 머뭇거리지 않고, 사소한 것들도 알고자 한다면 말일세.[91]

지금 자네는 움츠리지도 않고, 또한 세세한 부분들을 공부하는 것도 단념하지 않네. 왜냐하면 자네의 세련된 정신은 그처럼 중요한 주제들을 공짜로 쉽게 탐색하진 않기 때문이네. 나는 자네가 어느 정도 발전을 위해 모든 것을 고려한다는 점에서, 그리고 가장 정교한 예리함으로 아무것도 완성될 수 없을 때 자네가 불만을 품는다는 점에서, 자네의 방법을 인정하네. 그리고 나는 이것이 지금 그런 경우라는 것도 보이기 위해 노력할 것이네. 우리의 질문은 선善이 감각을 통해 파악되는가 또는 이해력을 통해 파악되는가에 대한 것이네. 그리고 이에 대한 당연한 결론은 선이 비이성적인 동물들이나 어린아이들에게는 존재하지 않는다는 것이네.

---

91   기원전 29년경 출간된 라틴 시인 베르길리우스의 시 《농사에 관하여(Georgics)》
      I. 176~177쪽.

쾌락을 가장 이상적인 것으로 평가하는 사람들은 선이 감각의 문제라고 주장하지만, 우리 스토아 철학자들은 그것이 이해력의 문제라고 주장하면서 선을 정신의 일부로 생각하네. 만약 감각이 선한 것을 판단하려 한다면, 우리는 결코 어떤 쾌락도 거부해서는 안 되네. 왜냐하면 매력적이지 않은 쾌락이란 없으며, 쾌락적이지 않은 쾌락이란 없기 때문이네. 그와 반대로, 우리는 어떤 고통도 자발적으로 경험하지 말아야 하네. 왜냐하면 감각과 충돌하지 않는 고통이란 없기 때문이네. 게다가 쾌락을 너무 좋아하는 사람들과 고통을 극도로 두려워하는 사람들을 비난할 필요는 없네. 그러나 우리는 욕망과 성욕의 노예가 된 사람들을 비난하며, 고통에 대한 두려움으로 인해 남성적인 행동을 하지 않는 사람들을 비난하네. 그러나 그런 사람들이 선과 악의 심판자로 감각만을 바라본다면, 그들이 어떤 잘못을 저지르겠는가? 왜냐하면 자네는 찾을 것인가 또는 피할 것인가에 대한 판단을 그들에게 양도했기 때문이네.

그러나 이성은 분명히 이와 같은 문제를 지배하는 요소네. 이성이 행복한 삶을 결정하고 덕과 명예를 결정하듯이, 그것은 선과 악도 결정하네. 그것들과 함께, 정신의 가장 낮은 부분이 더 우월한 것에 대해 판결하도록 허용되었고, 따라서 지루하고 무디고 심지어 다른 동물들보다 인간에게서 더 느린 감각들이 선을 판단하네. 어떤 사람이 눈보다 촉감으로 작은 것들을 구분하려고 한다고 가정해 보세. 우리가 선과 악을 구분하는 데 눈보다 더 예리하고 정확한 특수 능력은 없네. 그러므로 그가 만약 촉감이 최고선과 최고악의 성질을 판단할 수 있다고 생각한다면, 진리에 대한 어떤 무지에서 사람들은 하루하루를 보내고, 얼마나 비굴하게 고귀하고도 신성한 이념들을 무너뜨렸는가를 자네는 알 수 있을 것이네. 그는 이렇게 말할 것이네. "모든 학문과 모든 예술이 감각과 그것의 근원과 성장을 통해 감지될 수 있고 파악될 수 있는 요소를 갖는다면, 그렇다 하더라도 행복한 삶은 그것의 토대와 그것의 시작을 감지될 수 있는 것에서, 그리고 감각의 영역에 속하는 것에서 나올 것이다. 분명히 우리는 행복한 삶이 감각에 감지될 수 있는 것들로부터 출발한다는 것을 분명히 인정한다."

그러나 우리는 '행복'을 대자연에 따르는 것으로 정의하네. 그리고 완벽한 것만큼 쉽게, 대자연에 따르는 것은 명백하고 즉각적으로 볼 수 있네. 대자연에 따르는 것, 즉 우리가 태어날 때 즉각적으로 선물로 주어진 것은 선이 아니라 선의 시작이라고 나는 생각하네. 그러나 우리는 최고선인 쾌락을 유아들에게도 허용하며, 따라서 유아가 태어날 때 완전한 사람이 도달한 곳에서 시작할 수 있는 것이네. 우리는 뿌리가 있어야 하는 곳에 나무의 꼭대기를 위치시키는 것이지. 만약 누군가가 모체의 자궁에 숨어 있고, 성별도 모르고, 여리고, 아직 제대로 발달하지 않고, 형태도 갖추어지지 않은 어린아이가 이미 선을 갖고 있다고 말한다면,

그는 분명히 잘못 생각하고 있는 것이네. 그러나 생명이라는 선물을 막 받은 유아와 아직 모체에 숨겨진 짐인 태아 사이에는 거의 아무런 차이가 없네. 선과 악에 대한 그들의 이해력은 비슷한 정도로 발달되어 있으며, 사실상 유아는 나무나 비이성적인 동물이나 마찬가지로 선을 제대로 이해하지 못하네.

그렇다면 선이 나무나 비이성적인 동물에게 존재하지 않는 이유는 무엇일까? 그것들은 이성을 갖지 않기 때문이네. 같은 이유에서, 유아도 이성이 없기 때문에 유아에게도 선이 없는 것이네. 유아는 이성이 발달한 뒤에야 선을 갖게 되는 것이지. 이성이 없는 동물이 있고, 아직 이성이 부여되지 않은 동물이 있고, 또한 오직 불완전하게 이성을 가진 동물이 있지만, 이것들 속에는 선이 존재하지 않네. 왜냐하면 이성이 선을 가져오는 것이기 때문이네. 그렇다면 내가 말했던 부류들 사이에는 어떤 차이가 있을까? 이성을 갖지 않는 동물의 경우는 선이 결코 존재하지 않을 것이네. 이성이 아직 부여되지 않은 동물의 경우는 선이 그 순간에는 존재할 수 없네. 그리고 이성을 오직 불완전하게 갖는 동물의 경우에는 선이 존재할 수는 있지만, 아직 존재하지 않네. 이것이 내가 의미하는 바네.

루킬리우스. 선은 어떤 임의적인 사람이나 어떤 임의적인 나이에 발견되는 것이 아니며, 최후의 것이 최초의 것에서 멀리 떨어져 있거나, 또는 완전한 것이 막 생겨난 것에서 멀리 떨어져 있듯이, 그것은 유아에서 멀리 떨어져 있네. 그러므로 그것은 작은 구조가 이제야 막 결합하기 시작한 연약한 육체 속에는 존재할 수 없네. 물론 그렇지 않네. 씨앗에 존재할 수 없듯이 말이네. 이 설명이 옳다면, 우리는 나무나 식물에 일종의 선이 있다는 것을 알 수 있지만, 이것은 식물이 땅에서 막 생성되기 시작한 최초의 순간에는 적용되지 않네. 밀도 어떤 선을 갖고 있네. 그러나 그것은 부풀어 오른 줄기에 아직 존재하지 않고, 부드러운 이삭이 겉껍질을 밀고 나올 때도 존재하지 않지만, 여름과 적절한 숙성으로 인해 곡식이 익었을 때 존재하는 것이지. 대체로 대자연이 완전해질 때까지 선을 산출하지 않듯이, 인간의 선도 그의 이성이 완전해질 때까지 존재하지 않네. 그러면 이 선이 무엇일까? 나는 이렇게 말하겠네. 그것은 다른 것들이 그것에 종속되지도 않고, 다른 것들이 그것에 종속되지도 않는 자유로운 정신, 즉 올바른 정신이네. 유아가 이런 선을 받아들이기에는 너무 멀 듯이, 어린아이에게도 선에 대한 희망이 없고, 청년도 다만 희망할 뿐이네. 노인이 길고도 집중적인 공부를 한 뒤에 이런 선에 도달했다면, 그조차도 아주 운이 좋은 것이네. 만약 이런 것이 선이라면, 그것은 이해의 문제라는 것이지.

그걸 반대하는 사람은 이렇게 말할 것이네. "그렇지만 그대는 나무나 풀에도 어떤 선이 있다고 인정했습니다. 그렇다면 분명히 어린아이에게도 어떤 선이 있어야겠지요." 그러나 참된 선은 나무나 비이성적인 동물에서 발견되지 않네. 그것들에 존재하는 선을 선이라고 부르는 것은 다만 비유적으로 말하는 것이지. 자네는 "그렇다면 그것은 무엇인가?"라고 물을 것이네. 그것은 다만 각자의 본성에 따른 것을 말하는 것이라네. 진정한 선은 결코 비이성적인 동물 속에서 자리를 찾지 못하네. 그것은 더 신성하고 더 높은 부류에 속하네. 그리고 이성의 여지가 없다면, 선은 존재하지 않는 것이지. 우리가 여기에서 언급할 네 종류의 본성이 있는데, 그것들은 나무, 동물, 인간, 그리고 신의 본성이네. 이성적인 힘을 갖는 인간과 신의 본성은 같은 본성이고, 하나는 사멸하는 반면에 다른 것은 불멸한다는 점에서만 다르네. 이 가운데 하나, 즉 정확히 말해서 신의 본성은 선을 완성하는 본성이네. 그리고 다른 하나, 즉 정확히 말해서 인간의 본성은 노력을 통해 완성되는 본성이네. 다른 모든 것들은 그것들 자체의 본성에 따라 완성되지만, 그것들은 이성을 결여하기 때문에 진정한 의미에서 완성되는 것은 아니네.

정리하자면, 사실상 보편적인 대자연에 따르는 것만이 완성된 것이고, 보편적인 대자연은 이성을 갖네. 다른 것들은 오직 그것들의 종류에 따라 완성될 수 있네. 행복한 삶을 포함할 수 없는 것은 행복한 삶을 산출하는 것을 포함할 수 없으며, 행복한 삶은 선에 의해서만 산출되는 것이네. 비이성적인 동물은 감각을 통해 현재 상황을 파악하네. 이런 동물은 감각을 상기시키는 어떤 것을 만남으로써 과거를 기억하네. 예를 들어, 말은 출발점에 위치할 때 바른길을 기억하네. 그러나 말이 그 길을 따라 얼마나 자주 걸었는가와 상관없이 마구간 안에서는 그 길에 대한 기억을 갖지 못하네. 세 번째 상태, 즉 미래는 비이성적인 동물들의 이해력 안으로 들어오지 못한다는 것이지.

그렇다면 우리는 완성된 시간에 대한 경험을 갖지 못한 동물들의 본성이 어떻게 해서 완성된 것처럼 보이나? 그것은 시간이 과거, 현재, 그리고 미래라는 세 가지 측면을 갖기 때문이지. 동물들은 자신들에게 가장 중요한 순간, 즉 현재만을 지각하네. 그것들은 과거를 거의 상기하지 못하며, 단지 현재 상황과 직면했을 때만 상기하네. 따라서 완전한 대자연의 선은 불완전한 대자연 속에 존재할 수 없네. 왜냐하면 불완전한 대자연이 선을 갖는다면, 단순한 식물도 그럴 것이기 때문이네. 나는 사실상 비이성적인 동물들이 대자연에 따르는 것처럼 보이는 행동에 대한 강하고 신속한 충동을 갖는다는 것을 부정하지는 않지만, 그런 충동은 혼란스럽고 무질서하네. 그러나 선은 결코 혼란스럽거나 무질서하지 않네.

자네는 "뭐라고, 비이성적인 동물들이 혼란스럽고 무질서한 방식으로 운동한다고?"라고 말하겠지. 나는 그 동물들의 본성이 질서를 가질 수 있는 것이라면, 그것들이 혼란스럽고 무질서한 방식으로 운동한다고 말하겠네. 그러나 그것들은 본성에 따라 움직이네. 그런데 어떤 것이 무질서하다는 것은 그것이 무질서하지 않은 때도 있다는 것이고, 어떤 것이 혼란한 상태에 있다는 것은 그것이 평화로운 상태에 있을 때도 있다는 것이네. 상응하는 미덕을 가질 수 없다면, 누구도 악덕을 저지르지 않는다네. 비이성적인 동물들의 운동은 그것들의 본성에 따른 것이네. 그러나 자네를 지루하게 하지 않기 위해 말하자면, 비이성적인 동물에게도 어떤 선이 있고 어떤 완성이 있겠지만, 그것이 절대적인 의미에서 선이나 덕의 완성은 아니네. 왜냐하면 이것은 '왜, 얼마나, 그리고 어떤 방식으로'를 아는 힘을 갖는 이성적인 동물들만의 특권이기 때문이지. 따라서 선은 이성을 가진 동물에게만 존재할 수 있네.

자네는 우리의 논의가 어디로 향하는가, 자네의 마음에 어떤 도움을 주는가를 묻고 싶은가? 나는 이렇게 답하겠네. "그것은 정신을 훈련하고 예리하게 만들며, 또한 그것을 명예롭게 차지함으로써 일종의 선을 완성하도록 만든다"라고 말일세. 그리고 사람들이 급히 약해질 때 그것을 늦추는 것도 도움이 되네. 그러나 나는 또한 이렇게 말하겠네. "내가 자네에게 선을 보여 주고, 자네를 비이성적인 동물들에게서 분리하고, 자네를 신의 곁에 놓음으로써 돕는 방법 외에는 다른 방법이 없네"라고. 나는 우리가 육체에 영양분을 공급하고 그것을 훈련하는 이유는 무엇이냐고 묻고 싶네. 대자연은 소와 야생동물에게 더 많은 힘을 부여하네. 그런데 우리가 외모를 가꾸는 이유는 무엇인가? 그런 노력을 기울여도 비이성적인 동물들이 우리보다 더 나은 용모를 갖고 있지 않은가? 끊임없이 머리치장을 하는 이유는 무엇인가? 우리는 머리카락을 파르티아 방식으로 늘어뜨리거나, 독일 방식으로 묶거나, 스키타이 사람들이 하듯이 멋대로 흘러내리게 하지만, 말의 두꺼운 갈기나 사자의 아름다운 갈기를 볼 수 있을 것이네. 그리고 스스로 속도 훈련을 한 뒤에도 우리는 토끼의 상대가 되지 않네. 우리는 우리 자신의 것이 아닌 어떤 것을 얻으려고 노력하고 진정으로 우리의 것인 선으로 돌아와서 패배를 자인할 수밖에 없는 이 모든 것들을 포기하지 않을 것인가?

그리고 이 선은 무엇인가? 그것은 명료하고도 오류가 없는 정신이며, 인간의 문제들을 넘어서고, 외부에 그 자체의 문제들을 전혀 갖지 않는 신의 정신과 경쟁하는 정신이네. 우리는 이성적인 동물이네. 그렇다면 어떤 선이 우리 안에 놓여 있는가? 완전한 이성이네. 자네는 이것을 가장 먼 한계까지, 즉 최대한도로 발전시키고 싶은가? 모든 즐거움들이 이성을 타고날 때, 그리고 사람들이 움켜쥐고 기도하고 지켜보는 모든 대상들에 표시했음에도 우리가 욕구하는 어떤 것도 발견하지 못할 때, 오직 그런 때만 자신이 행복하다고 생각해 보게. 나는 이것을 자네가 좋아한다고 말하는 것이 아니라, 자네가 원하는 것이 결코 아니라고 말하는 것이네. 여기에 자네 자신을 측정할 수 있고, 또한 자네가 완성되었다고 느끼는 것을 시험할 작은 규칙이 있네. "세상이 행운이라고 부르는 것들이 사실은 가장 불행한 것임을 이해할 때, 자네는 자네 자신의 선을 가질 것이네." 잘 있게.

이 책은 로마 제국의 정치가이자 스토아 철학자로 알려진 세네카(기원전 4년~서기 65년)가 자신의 절친한 친구 루킬리우스에게 보냈던 편지들의 일부를 번역한 것이다. 그의 편지들을 모아 정리한 묶음의 원제는《루킬리우스에게 보내는 도덕적 편지들(Epistulae Morales ad Lucilium, Moral Letters to Lucilius)》로서, 여기에는 124통의 편지들이 포함되어 있다. 국내에서 이 편지들이 별도로 번역된 적은 없으나, 간혹 그 묶음은 우리말로는 세네카의《도덕에 관한 서한집》또는《도덕적 편지들》이란 제목으로, 영어로는《도덕적 편지들(Moral Letters)》이나《어느 스토아 철학자의 편지들(Letters from a Stoic)》이란 제목으로 언급되곤 한다. 이 묶음은 오늘날 우리에게 전해지는 124통 외에 (수적으로 많지는 않지만) 분실된 편지들이 더 있으리라 추측되는데,[92] 무엇

---

92   Setaioli(2014), 198쪽과 각주 60 참조.

보다도 이 묶음은 두 사람이 서로 주고받은 편지들이 아니라 세네카의 편지들만 담고 있다는 점을 기억할 필요가 있다.

세네카는 네로 황제(서기 37~68년)의 스승이었다. 네로는 54년에 황제가 되고 5년간은 선정을 베풀었으나 자신의 어머니 아그리피나를 살해한 뒤부터 폭군이 되었고, 아마도 이러한 폭군에게 동의할 수 없었기에 세네카는 62년에 정계에서 물러났다. 그러나 정치와 무관하게 야인으로 살던 세네카는 네로의 암살 음모에 연루되었고, 당시에 왕들이 정적을 처벌하는 방식들 가운데 하나인 자결하라는 명령을 받아 결국 65년에 죽게 되었다. 루킬리우스에게 보낸 편지들은 정계에서 물러난 뒤부터 죽기 전까지의 기간, 즉 62년 봄에서 65년 봄 사이에 작성되었던 것으로 보인다.[93]

세네카의 생애

세네카의 전체 이름은 루키우스 안나이우스 세네카(Lucius Annaeus Seneca)로서, 그는 로마의 정치가이자 웅변가이자 비극작가였으며, 또한 스토아 학파라는 철학 학파의 대표적인 인물 가운데 한 사람으로도 알려져 있다. 웅변가이자 수사학자, 그리고 대중 강연술과 논쟁술 등으로 유명했던 그의 아버지 이름도 루키

---

93   Setaioli(2014), 191~192쪽

우스(또는 마르쿠스) 안나이우스 세네카(Lucius Annaeus Seneca 또는 Marcus Annaeus Seneca, 기원전 54년경~서기 39년)였기 때문에, 아버지와 아들을 구분하기 위해 아버지는 '노인 세네카(Seneca the Elder, 대 세네카)'로 부르고, 아들은 '청년 세네카(Seneca the Younger, 소 세네카)'로 부르기도 한다. 르네상스 시대에는 아버지 세네카가 작품을 남겼으리라 생각하지 못하고 두 사람의 작품을 모두 아들 세네카의 작품이라고 생각했으나, 16세기 초에 이르러서야 비로소 두 사람의 작품을 구분했다.[94]

세네카는 로마 제국에 속했던 에스파냐(현재 스페인)의 코르도바 지역에서 부유한 집안의 3형제 가운데 둘째 아들로 태어났다. 철학과 교양의 지성을 갖춘 어머니 헬비아는 아마도 넷째의 임신으로 에스파냐에 머물렀고, 이모를 따라 로마로 이주하여 스토아 철학자인 아탈루스, 그리고 스토아주의 사상과 피타고라스주의 사상을 결합한 새로운 철학 학파의 창시자인 섹스투스(기원전 50년경 활동) 학파에 속한 소티온(서기 1세기경)과 파비아누스(서기 1세기경)에게서 수사학과 철학을 배웠다.

그러다가 그를 평생 괴롭혔던 천식과 기관지염, 그리고 20대 중반에 발병했던 결핵으로 인해 건강이 더욱 악화되었고, 그를 헌신적으로 돌봐주던 이모의 보살핌을 받으면서 요양할 목적으

---

[94]   Sussman(1978), 19쪽

로, 식민지 총독으로 부임한 이모부를 따라 이집트로 갔다. 사실상 그의 질환은 자살을 고려할 정도로 너무도 고통스럽고 심각했지만, 자식을 잃은 상실감을 견디지 못할 아버지에 대한 걱정 때문에 실행하지는 않았다고 한다. 세네카는 이집트에서 행정과 재정에 대한 경험을 쌓고 31년에 로마로 돌아갔고, 33년에는 이모의 영향력을 통해 재무관으로 정계에 발을 디밀고 36년 또는 37년에는 감찰관이나 호민관이 되었다.[95]

세네카는 정치적으로도 성공했고, 또한 철학자와 작가로서도 명성을 쌓고 있었다. 칼리굴라 황제가 통치하던 37~41년 사이에, 세네카는 종종 황제를 괴물로 묘사했고, 이에 분개한 황제는 세네카에게 자살할 것을 명령했다. 그러나 그가 심각할 정도로 아프다는 것을 알았던 황제는 그가 언제 죽어도 죽을 것이라 생각하여 그 명령을 취소했다. 그러나 또다시 41년에 즉위한 클라우디스 황제는 조카 리빌라 공주와 세네카가 간통했다는 죄목으로 세네카를 코르시카로 유배 보냈다. 이것이 사실이 아니라 모함이었다는 의견이 지배적인데, 그 모함은 클라우디스 황제의 세 번째 아내인 메살리나가 리빌라 공주를 정치적으로 제거하려 했던 데서 비롯되었다고 한다.[96]

---

95   Motto(ed.)(2001), xii.
96   Campbell(tr)(1969), 8쪽은 리빌라가 아니라 세네카를 경계했기 때문이라고 말한다.

세네카는 그 후 9년 정도를 로마에서 멀리 떨어진 코르시카에서 지내야 했으며, 그러다가 클라우디스 황제와 결혼했던 아그리피나는 자신과 친밀했던 세네카를 훗날 황제가 된 네로의 가정교사로 지목하여 불러들였던 것이 49년이었다. 아그리피나는 클라우디스의 친자식이 아니었던 네로를 황위 계승자 명단에 넣었고, 다양한 영향력을 발휘하여 마침내 54년에 그를 황제 자리에 오르게 했다. 네로 황제는 집권한 뒤 5년 동안은 선정을 베풀었고, 세네카도 자연스럽게 높은 지위와 강력한 권력을 차지하면서 황제의 통치를 도왔다.

그러나 황제는 특히 56~58년 사이에 자기를 강하게 비판했던 어머니 아그리피나와 적대적인 관계가 되었고, 결국 59년에 아그리피나를 죽이기로 결심했다. 아그리피나가 탔던 배가 침몰하도록 만들었으나, 그녀는 해안으로 헤엄쳐 나와 살아남았다. 그러자 이번에는 무장한 병사들을 보내 아그리피나의 침실을 포위했고, 마지막까지 남아 있던 하녀가 도망치자 아그리피나는 "너마저 나를 버리느냐?"고 묻고는 병사들에게 자궁을 들이대면서 "내 배를 찔러라!"라고 소리쳤고 결국 치명적인 부상으로 인해 사망했다. 하녀 이야기는 믿었던 심복인 브루투스가 칼을 들이대자 "브루투스, 너마저!"라고 외쳤던 율리우스 카이사르 황제를 연상하게 하며, 자궁을 들이댄 것은 자신을 죽이려는 매정한 자

식에 대한 원망을 드러내는 상징적인 행동이었다.[97]

세네카가 정계에서 떠나고자 마음먹은 이유 가운데 하나가 아마도 이 사건이었을 것이다. 사실상 황제를 제외하고는 최고의 권력을 가진 세네카와 부루스를 경계와 의심의 눈초리로 바라본 것은 그들의 정적들이나 황제의 새로운 연인만이 아니었다. 네로 황제도 그들을 어머니 아그리피나만큼 성가신 존재들로 여겼던 것으로 보인다. 더구나 로마를 함께 이끌어가던 부루스가 62년에 사망하자 반대파의 모든 공격이 세네카에게 집중되었고, 사실상 그의 조언을 받아들이지 않던 황제의 곁에 더 이상 남아 있어야 할 이유를 찾지 못했던 것으로 보인다. 세네카는 황제가 자신에게 부여했던 모든 재산을 반납하고 떠나겠다고 제안했으나, 어떤 이유에서인지 황제는 그 제안을 거절했고 세네카는 이에 불복해 결국에는 스스로 관직을 내려놓고 사람들로 시끄럽고 붐비는 도시와 궁전을 떠나 조용하고 한적한 시골로 떠났다. 하지만 네로 황제는 결코 그의 사직을 공식적으로 인정하지 않았다. 65년에 황제를 암살하려는 음모가 발각되었고 이와 관련하여 세네카는 결국 죽음을 맞이하게 되었다.

네로 황제를 암살하려던 계획은 '피소의 음모(Pisonian Conspiracy)'라고 불리는데, 로마 정치가이자 웅변가였던 피소

---

97   아그리피나에 대한 위 이야기는 https://en.wikipedia.org/wiki/Agrippina_
      the_Younger 참조.

가 이 음모의 주동자는 아니었으나 네로가 암살되면 왕위를 계승하기로 되어 있었기 때문에 그런 명칭이 붙은 것으로 보인다. 비록 이 음모는 실패로 끝나긴 했으나 네로의 몰락을 가져온 중요한 계기가 되었다.[98] 타키투스에 따르면, 이 음모가 실패로 돌아간 이유는, 음모 실행 전날에 공모자들 가운데 한 사람이었던 스카이비누스가 집안의 노예들에게 칼을 날카롭게 갈고 부상과 출혈에 대비한 붕대를 준비하라고 지시하는 한편, 정성 들인 저녁 식사를 제공하고 돈을 나눠주기도 했는데, 이를 이상하게 여긴 한 자유민 노예가 자기 아내의 권고에 따라 이 모든 사실을 신고했기 때문이다. 세네카가 이 음모에 직접적으로 관여했거나 참여했다는 증거는 없다. 그러나 공모자들을 찾는 과정에서 스카이비누스는 물론이고 그와 친밀했던 나탈리스 등이 고문의 위협을 받았고, 이 과정에서 나탈리스는 평소에 세네카를 경계하고 싫어하던 네로 황제의 비위를 맞추기 위해 세네카의 이름을 언급했던 것으로 보인다.

암살 계획의 공모자들은 사형당하거나, 유배되거나, 또는 자결할 것을 명받았는데, 세네카에게는 자결하라는 명령이 내려졌다. 자결 또는 자살은 고귀한 사람이 다른 사람에 의해 처형되어서는 안 된다는 믿음에서 비롯되었다고 한다. 이런 명령을 내린

---

98   https://historycollection.com/pisonian-conspiracy-beginning-end-emperor-nero/.

네로 황제에 대한 세네카의 감정, 즉 오랜 제자였을 뿐만 아니라 한동안 정치적 이념을 같이 했던 황제에 대한 세네카의 감정이 어땠는가에 대해서는 알려진 바 없다.

그러나 아래에서 좀 더 자세히 살펴 보겠지만, 세네카 자신은 죽음에 대해 아무런 두려움도 없었고 그로부터 도망칠 생각도 없었다. 세네카는 손목의 동맥을 끊는 전통적인 방식으로 자결하려 했으나, 69세의 노인이었고 상당히 수척했기 때문에 피가 너무 천천히 흘러나와서 발목과 무릎 뒤(오금)의 동맥까지 끊어 물에 담갔다.[99] 그러나 그렇게 했음에도 죽음의 기미는 보이지 않고 고통이 길어지자, 세네카는 의학적 지식을 가진 스타티우스라는 친구에게 독약을 달라고 하여 마셨다. 어떤 학자는 이것이 그가 독약을 마시고 죽은 소크라테스를 평소에 흠모했기 때문이라고도 말하지만, 그 진위는 정확히 알 수 없다.[100] 독을 마시자 팔다리가 차가워지면서 떨리기 시작했고 혈관들이 닫히기 시작했다. 그는 따뜻한 욕조에 몸을 담그길 원했고, 원하는 대로 해 주자 노예들에게 물을 뿌리면서 "이렇게 나는 인도자 주피터(제우스) 신께 신주(신에게 바치는 술)를 바친다"라고 말하고는 곧 숨을 거두었

---

99   로마의 역사가이자 원로원 의원이었던 타키투스(56~117)는 14~68년까지의 역사를 기록한《연대기(The Annals)》라는 16권으로 이루어진 역사서를 썼는데, 15권 94에서 그는 세네카의 자살에 대해 기록하고 있다[Murphy(tr.)(1908), 501~502쪽].

100   비교 : Graver and Long(tr.)(2005), ix.

다.[101] 세네카는 거창한 장례식을 원하지 않는다는 유언을 남겼고, 그의 뜻에 따라 장례식이 없이 장작에 올려 화장했다. 이러한 "세네카의 죽음은 종종 스토아적인 자결의 표본으로 간주된다."[102]

세네카의 편지

이제 세네카의 편지 묶음인《루킬리우스에게 보내는 도덕적 편지들》의 내용을 살펴보자. 세네카의 모든 편지는 "세네카가 친구 루킬리우스에게 인사를 전하네!"라는 말로 시작하고, "잘 있게!"라는 말로 끝맺는다. 이 묶음은 세네카가 대략 서기 62년 봄부터 65년 봄까지 3년간 썼던 편지들을 모은 것이다. 분실된 편지도 있다고 하지만, 현재 전해지는 세네카의 편지가 124통이라는 점을 고려하면, 매주 최소한 한 통 정도의 편지를 보냈던 것으로 보인다.[103] 그 편지들의 순서는 세네카가 보낸 순서대로 되어 있는데[104] 이미 언급했듯이, 이 편지 묶음은 세네카와 루킬리우

---

[101] 한편, 세네카가 50년에 결혼했던 두 번째 아내 파울리나도 남편과 함께 자살하길 원했고 함께 동맥을 끊었으나, 그녀를 살리라는 네로 황제의 명령에 따라 의식을 잃은 그녀를 치료하여 살렸다고 한다.

[102] https://ethicsofsuicide.lib.utah.edu/selections/tacitus/.

[103] Fantham(tr)(2010), xxi은 편지를 주고받은 기간을 '2년이 좀 넘는(just over 2 years)' 것으로 추정한다. 그리고 Stetaioli(2014), 191쪽에는 우리가 정확한 시기를 있는 것은 세네카가 (이 책에 포함되지 않은) 편지 91에서 언급하는 루그두눔(오늘날 프랑스 리용)의 화재가 64년 여름에 발생했다는 것이며, 그 외에 봄이나 겨울이라는 시기는 알지만, 어느 해의 봄인지 또는 어느 해의 겨울인지는 다만 추정할 뿐이다.

[104] Stetaioli(2014), 193쪽.

스가 서로 주고받은 편지들이 아니라 세네카가 보낸 편지들만을 포함한다. 그러나 세네카의 편지는 대체로 루킬리우스의 편지에서 언급되거나 문의한 내용에 대한 답변의 형식을 취하고 있음을 볼 때, 세네카가 일방적으로 편지를 썼던 것이 아니라 그들이 최소한 일주일에 한 통 정도의 편지를 계속해서 주고받았다는 것을 알 수 있다.[105] 이는 마치 세네카가 인생의 후반기에 일기를 써나가듯이 일상의 사건들과 그에 대한 자신의 소회를 적는 듯이 보이기도 한다.[106]

팬탐은 세네카가 자신의 편지에서 말해 주는 것 외에는 우리가 루킬리우스에 대해 아는 것이 없다고 말하는데,[107] 실제로 세네카와 편지 교환을 했던 루킬리우스가 누구인가에 대해서는 알려진 바가 많지 않다. 그는 이탈리아 남부 캄파니아 지역의 도시인 폼페이 출신으로, 세네카와 편지를 주고받던 시기에 시칠리아의 행정 장관 또는 총독을 지냈다. 세네카와 루킬리우스는 동년배는 아니고, 세네카가 루킬리우스보다 연상으로 보이지만, 그들의 나이 차이가 크지는 않았던 것으로 보인다. 팬탐은 그들의 편

---

105   그러나 Fantham(tr)(2010), xxi은 그들의 편지가 주기적으로 주고받는 형식을 취하지 않았고, 세네카가 할 말이 있거나 전에 했던 이야기를 수정하고자 하는 등의 경우에는 루킬리우스의 편지를 기다리지 않고 한 번에 여러 통의 편지를 보내는 경우도 있었을 것이고, 계속 수정하느라 상당히 오랫동안 보내지 않는 경우도 있었을 것이며, 또한 한편으로는 일종의 배송사고가 나서 몇 달 만에 편지를 받는 경우도 있었을 것이라고 말한다.

106   비교 : Stetaioli(2014), 192쪽.

107   Fantham(tr.)(2010), xix.

지 묶음이 《도덕적 편지들》이란 제목이 붙은 이유를 이렇게 설명
한다.

그 편지들은 왜 '도덕적(Morales)'이라 불릴까? 그 이유는 그것
들의 목적과 주요 주제가 세속적인 감정들, 욕구와 두려움, 그리
고 다른 사람들에 대한 분노와 시기하는 태도들에 의해 영향받지
않는 사람의 지혜와 평정심을 강화하는 것이기 때문이다. 많은
편지들이 세네카의 일상적인 경험에 대한 생생한 짧은 설명으로
시작되고 문학 비평이나 사회 논평으로 확장되지만, 그 편지들은
루킬리우스의 진실성을 유지하도록 고안된 이른바 도덕적 치료
과정이다.[108]

다시 말해서, 세네카의 편지들은 대체로 어떤 삶을 살아야 하
는가 또는 어떤 선택을 해야 하는가 등에 관한 루킬리우스의 문
의나 의견에 대해 조언을 주는 형식을 취한다는 것이다. 이것은
의사들이 환자들의 이야기를 듣고 질병에 대해 적절한 처방을 내
려주는 것과 비슷하다. 실제로 세네카의 편지들은 교훈적이고 도
덕적으로 보이며, 또한 그의 조언들은 대체로 스토아 철학자로서
의 그의 견해를 반영하고 있다.

---

[108]   Fantham(tr.)(2010), xx.

그러나 세네카는 특히 초기의 편지들 속에서 종종 에피쿠로스 학파의 설립자인 에피쿠로스의 글을 격언으로 인용하거나 언급한다. 이는 세네카가 반드시 스토아 철학만을 고집하기보다 삶의 태도를 설정하는 데 필요하고 바람직한 요소들은 출처와 관계없이 수용하고 있음을 보여준다. 세타이올리는 이 편지들의 주제를 다음과 같이 정리한다.

이 편지들의 주제는 미덕(또는 도덕적 선)이 유일한 선이며, 악덕이 유일한 악이라는 것이다. 흔히 '선'과 '악'으로 간주되는 것이 실제로는 '무관심'이다. 따라서 예를 들어, 죽음은 악이 아니다. 사실상 자결은 현명한 사람의 자유를 보장하는 것이다. 모든 사람들은 '올바른 이성'의 획득에 참여해야 한다. 이것은 우주의 질서를 자유롭고 자발적으로 수용한다는 것을 의미한다. 운명은 신의 섭리와 완전히 같다. 만약 우리가 그렇게 산다면, 우리가 덕을 얻는 것을 아무것도 방해할 수 없을 것이다. 인간의 의지는 이런 점에서 중요하다.[109]

루킬리우스에게 보내는 편지 속에서 세네카는 "독자에게 충고하고, 계속 공부하라고 권하며, 자신의 철학적 견해를 밝히고,

---

109   Stetaioli(2014), 192쪽.

스토아 철학을 옹호하고, 철학적 삶을 묘사하는 등의 내용으로 이루어진다. 또한 세네카는 동료 로마인들의 사회적 관행과 가치를 비판한다. 그는 무엇보다도 죽음이 악이고, 부가 선이고, 정치적 권력이 소중하며, 분노가 정당화된다는 생각을 거부하고 또한 비판한다."[110]

죽음만큼이나 고통스러웠던 장기간의 질병, 유배되기 20일 전에 겪은 아들의 죽음,[111] 당장 죽임을 당할 수도 있었던 모함과 9년의 유배 생활, 오랜 정치적 동지였던 또는 어쨌든 오랫동안 섬겼던 네로 황제의 선정과 폭정, 그리고 황제를 비롯하여 정치에 관여했던 시절의 정적들에 의한 지속적인 살해 위협 등은 아마도 개인이 겪을 수 있는 흔한 경험은 아니었을 수도 있으나, 그렇다고 전혀 상상할 수 없는 삶도 아니었을 것이다. 우리가 세네카에게 관심을 갖는 것은 그가 단순히 이런 경험을 겪는 데서 그치지 않고 그 경험에 대해 반성적인 성찰을 했기 때문이다. 세네카는 자신의 견해를 받아들이라고 일방적으로 강요하는 것이 아니라 논의되는 문제에 대해 스스로 생각해보도록 권유하는 형식[112]을 취하면서 편지를 마무리하곤 한다.

---

110   https://iep.utm.edu/seneca/.
111   세네카는 자신의 유배를 슬퍼하는 어머니를 위안하기 위해 보낸 글,《어머니 헬비아를 위한 위안》2권에서 유배를 떠나기 20일 전에 아들을 잃었다고 말한다.
112   Kenny(2004), 106쪽.

세네카의 스토아 철학

스토아 철학은 제논(기원전 335년~기원전 263년경)이 기원전 313년 창시한 철학의 한 유파로서, 시기적으로는 그리스 시대로 부터 로마 시대, 즉 기원전 4세기부터 서기 2세기까지 이어졌다. '스토아'란 용어는 '색칠한 기둥을 줄지어 세우고 그 위에 지붕을 덮은 건축물'인 '채색된 주랑(柱廊, 기둥 '주'+사랑채 '랑')'을 의미 하는데, 당시에 제논이 그런 곳에 모여 강의했던 데서 유래한다. 스토아 철학은 초기(기원전 4~기원전 2세기), 중기(기원전 1세기), 후기(서기 1~3세기)로 구분하거나, 그리스 시기(기원전 4~기원전 1세기)와 로마 시기(서기 1~3세기)로도 구분할 수 있다.

스토아 철학은 플라톤(기원전 428/427년 또는 기원전 424/423 년~기원전 348/347년)의 아카데메이아(아카데미)를 비롯하여, 소 크라테스(기원전 470년~기원전 399년)의 제자들로 알려진 에우클 레이데스(기원전 400년경)의 (이성을 강조하고 선의 절대성을 주장 했던) 메가라 학파와 안티스테네스(기원전 445년~기원전 365년) 의 (제도나 규칙에 의해 만들어진 모든 것을 거부하고 자연적으로 주 어진 것에 만족하는 삶을 추구했던) 견유학파 등의 영향을 받고,[113] 그 학설들을 수용하고 종합한 절충주의적 철학으로 알려져 있다.

---

[113]   https://www.britannica.com/topic/Stoicism/Ancient-Stoicism. 특히, 메가 라 학파에서는 변증론과 논리적 형식과 역설에 대해, 그리고 견유학파에서는 단 순한 삶과 자유로운 감정적 참여에 대해 배웠다.

쾌락을 인간의 목표로 보는 에피쿠로스주의, 절대적인 지식의 가능성을 부정하는 회의주의, 그리고 신앙을 통한 개인의 구원을 강조하는 기독교가 모두 스토아 철학과 경쟁적인 이론들이라고 말해지지만,[114] 세네카는 124통의 편지 가운데 특히 처음 30통의 편지와 후반부의 일부 편지에서 에피쿠로스의 말을 인용한다. 이는 '그 두 철학 학파들이 상당히 많은 공통점을 갖고 있고, 따라서 경쟁 학파와의 비교를 통해 스토아의 핵심적인 윤리 이론들에 접근하는 데 도움이 되기 때문'[115]일 것이다. 여기에서 우리는 스토아 철학이 다양한 철학적 이론들을 반박하거나 변경하는 성향보다는 수용할 것은 수용하고 확장하는 성향을 갖고 있었음을 알 수 있다.[116]

스토아 철학은 논리학, 자연학, 윤리학의 세 영역에 특히 초점을 맞추는데, 세네카는 이 가운데 특히 윤리학(또는 도덕철학) 문제에 관심을 가졌다.[117] 스토아 학파 관련 저작물은 로마 시대의 것만 남아 있으며, 또한 시대와 인물에 따라 이념과 사상이 달

---

[114]   https://www.britannica.com/topic/Stoicism.
[115]   Fantham(tr.)(2010), xxiii-xxv. 그는 각주 23에서 구체적인 편지 번호를 언급하는데, 전반부는 2, 7, 8, 9, 11, 14, 21, 24, 27, 28이며, 후반부는 33, 57, 79, 89, 97이다.
[116]   https://plato.stanford.edu/entries/seneca/, "세네카는 철학 이론을 밑바닥에서부터 만들어 내거나 설명하는 철학자로서 글을 쓰지는 않는다. 오히려 그는 자신이 전반적으로 동의하는 기존 체계의 노선 내에서 글을 쓴다." https://iep.utm.edu/seneca/, "세네카는 스토아주의적이 아니라 '절충주의적'이라 기술하는 것이 가장 적절하다."
[117]   비교: https://iep.utm.edu/stoicism/.

라지기 때문에 하나의 이론으로 특정하기 어렵다는 지적도 있지만, 다양한 이론들에 공통된 점들이 분명히 있다. 그 가운데 특히 특징적인 점은 '자기조절과 독립성을 강조'하며, '개인이 통제할 수 없는 것에 대한 무관심을 의미하는 아파테이아를 통해 자기조절을 획득'하고 '세상의 좋거나 나쁜 운에 직면해서 평정심을 유지'하고, 또한 '우리가 예방하지 못할 것에 대한 불필요한 불안감과 우리가 의존할 수 없는 것에 대한 불필요한 갈망을 회피'하겠다는 목표다.[118] 다른 한편으로, 스토아 철학은 기본적으로 덕의 실천이 행복 획득의 필요충분조건이라고 보는 행복주의적 덕 윤리의 한 형태로서, 기본적으로 마음의 평정과 도덕적인 삶을 목표로 한다고 말할 수도 있다. 무엇보다 삶과 밀접하게 관련된 스토아 철학은 기독교를 비롯하여 다양한 철학적 이론들에도 영향을 미쳤으며, 오늘날 심리 치료에도 활용되고 있다.[119]

세네카의 조언은 삶에서 시작하여 죽음에서 끝난다. 삶과 죽음은 결국 시간의 문제인데, 편지 묶음의 첫 번째 편지가 바로 '시간의 가치'에 대한 것이다. 세네카는 우리가 알지 못하는 사이에, 그리고 부적절한 짓을 하는 사이에, 많은 시간을 잃는다고 경고한다(편지 1). 와고너가 지적하듯이, 이러한 시간의 문제는 라틴

---

118   돈 마리에타(2015), 288쪽.

119   Anderson(tr.)(2015), xviii.

문학의 공통된 주제이다. (베르길리우스가 말한) '시간은 날아간다(tempus fugit, 시간은 유수와 같다)'와 (호라티우스가 말한) '현재를 잡아라(carpe diem, 매 순간을 즐겨라)'와 같은 유명한 문구들이 이런 사실을 말해 준다.[120] 세네카는 루킬리우스에게 "할 일을 미루면, 인생은 덧없이 지나 버린다"(편지 1)라고 말하면서, 헛되이 낭비했던 지난 시간을 아쉬워하는 것보다 남은 시간이 얼마가 되든 그것을 잘 활용하는 것이 더 중요하다고 언급한다. 사실 이것은 대단한 철학적인 이론을 제시하는 것이라기보다 인생의 경험이 많은 선배가 후배에게 하는 애정 어린 조언처럼 보인다.

세네카는 삶에서 '현명한 사람(편지 9, 14, 26, 68, 73, 90 등)'[121] 또는 '철학자(편지 5, 9, 40, 48, 73, 76 등)'를 언급하고, 그들의 삶을 따르라고 권한다. 그들의 삶이란 결국 이성적인 삶(편지 36, 37, 57 등)으로서, 감정(편지 116)이나 고통(편지 4, 14, 19 등)은 물론이고 심지어 친구나 지인의 죽음에 대한 슬픔(편지 4, 26, 49, 63, 77 등)도 조절하는 삶이며,[122] 이런 삶은 독서(편지 2)와 철학 공부(편지 14, 15, 36, 37 등)를 통해 획득된다. 특히, 모든 일에서 손을 떼고 은둔하여 사는 삶을 선호하고, 외적이고 육체적인 삶보다 내적이

---

120   https://iep.utm.edu/seneca/.
121   Campbell(tr.)(1969, 19쪽)은 편지 90에서 '현명한 사람'이 '철학자'를 가리킨다고 말하는데, 내용상으로 볼 때 다른 편지도 마찬가지로 볼 수 있다.
122   핵심적인 주제들이 다루어지는 편지들에 대해서는 아래 '용어 찾아보기' 참조.

고 이성적 성찰을 하는 삶에서 얻어지는 기쁨을 소망하고, 죽음이나 가난 자체가 악이 아니며, 선과 악은 그것을 우리가 어떻게 바라보는가에 달려 있다고 역설하는 그의 모습은 스토아 철학의 분위기를 잘 보여 주고 있다.

이미 언급했듯이, 세네카의 마지막 순간은 자결로 마무리되었다. 일부 스토아 철학자들은 자살은 현명한 사람이 취해야 하는 '올바른 행동'이나 '의무'라고도 생각했고, 심지어 '자신의 국가나 친구들을 위한 경우, 또는 아주 심각한 고통이나 신체 손상, 또는 불치병의 희생자가 되는 경우'에도 허용되어야 하는 행동이라고 생각했는데, 이와 비슷하게 세네카도 '질환'이나 '정신력의 상실'로 인해 정상적인 삶을 살기가 어려운 경우에 자살을 허용할 수 있다고 생각했다.[123]

세네카는 어렸을 때부터 천식을 비롯한 몇 가지 만성질환을 겪었고 그가 받은 고통은 자살을 진지하게 생각할 정도로 심각했다고 한다. 이처럼 고통스러운 질환으로 인해 그가 자살했던 것이라면, 그의 죽음은 스토아 철학의 이념에 따른 것이라 할 수 있다. 정확한 의미상의 분류는 아니지만, 타인의 강요에 의해 스스로 죽는 것을 '자결'이라 규정하고, 자신의 의지로 스스로 죽는 것을 '자살'이라 규정한다면, 황제의 명령으로 인한 그의 죽음은 분

---

123   돈 마리에타(2015), 294쪽. 그는 이것이 모든 스토아 철학자들의 견해도 아니고, 또한 그들이 자결을 '전면적으로 승인'한 것도 아니라는 점을 강조한다.

명 '자살'보다는 '자결'이었다. 그럼에도 불구하고 그의 죽음이 '국가를 위한 것'으로 분류된다면, 그 또한 스토아 철학의 이념에 따른 행위로 볼 수 있다.

세네카는 상당한 부와 권력을 누렸음에도 항상 행복한 삶을 살았던 사람은 아니었다. 무엇보다도 우여곡절을 겪은 그의 삶에서 비롯된 조언과 그가 신뢰했던 스토아적 삶의 방식을 담고 있는 이 편지들은 우리가 살아온 삶을 되돌아보고 앞으로 나아가야 할 삶의 방향을 제시해 준다는 점에서 가치를 찾아볼 수 있다.

루키우스 안나이우스 세네카 연보

기원전 4년   에스파냐(현재 스페인)의 코르도바에서 출생.

서기 1년경   이모와 함께 로마로 이주.

20년경   결핵 발병, 이모와 함께 이집트로 이주.

31년   이모와 함께 로마로 귀환.

33년경   재정을 담당하는 재무관으로 공직 시작.

36년   감찰관 또는 호민관으로 활동.

37년경   원로원 의원으로 활동.

40년   수필 형식의 《마르시아를 위한 위안》, 《분노에 관하여》 집필.

41년   세네카의 아들 사망.

   황제의 여조카 리빌라와의 간통 죄목으로 코르시카로 유배.

42~43년   수필 형식의 《어머니 헬비아를 위한 위안》 집필.

43~44년   수필 형식의 《폴리비우스를 위한 위안》 집필.

49년   네로의 가정교사로 지명되어 로마로 귀환.

   수필 형식의 《인생의 짧음에 관하여》 집필.

50년   파울리나와 결혼, 집정관으로 재직.

50년경   1,027줄의 비극 《메데아》 집필.

54년경   1,287줄의 비극 《파이드라》 집필.

55년   수필 형식의 《관용에 관하여》 집필.

   수필 형식의 《현명한 사람의 확고함에 관하여》 집필.

56~62년   수필 형식의 《편익에 관하여》 집필.

58년경   수필 형식의 《행복에 관하여》 집필.

60년경   대화록 《마음의 평화에 관하여》 집필.

62년   공직 사퇴 및 은둔 생활 시작.

62년경   1,112줄의 비극 《튜에스테스》, 수필 형식의 《휴식에 관하여》 집필.

62~65년   《루킬리우스에게 보내는 도덕적 편지들》 집필.

65년   69세의 나이로 자결.

참고자료

돈 마리에타 (2015), 《쉽게 쓴 서양 고대 철학사》, 유원기 옮김, 서광사.

Anderson, P.J. (tr.) (2015) Seneca: Selected Dialogues and Consolations. Hackett Publishing Company.

Campbell, R. (tr.) (1969) Seneca: Letters from a Stoic, Epistulae Morales ad Lucilium. Penguin Books.

Fantham, E. (tr.) (2010) Seneca: Selected Letters. Oxford University Press.

Graver, M. and Long, A.A. (tr.) (2005) Seneca: Letters on Ethics To Lucilius. Chicago and London: The University of Chicago press.

Gummere, R.M. (tr.) (1918~1925) Seneca: Ad Lucilium Epistulae Morales. vols. 1~3, London: William Heinemann and New York: G.P. Putnam's Sons.

Gummere, R.M. (tr.) (2022) Seneca: Letters to Lucilius, Letters from a Stoic. Tradition.

Inwood, B. (tr.) (2007) Seneca: Selected Philosophical Letters. Oxford University Press.

Kenny, A. (2004) Ancient Philosophy. Oxford: Clarendon Press.

Motto, A.L. (ed.) (2001) Seneca's Moral Epistles. Bolchazy-Carducci Publishers.

Setaioli, A. (2014) 'Epistulae Morales', in A. Heil and G. Damschen (eds.) Brill's Companion to Seneca: Philosopher and Dramatist, Brill, pp. 191~200.

Sussman, L.A. (1978) The Elder Seneca. Brill.

Murphy, A. (tr.) (1908) Tacitus: The Annals, Book XV, 60-64. Vol. 1, New York: E.P. Dutton and London: J.M. Dent & Sons.

https://www.britannica.com/topic/Stoicism

https://www.britannica.com/topic/Stoicism/Ancient-Stoicism

https://www.encyclopedia.com/arts/culture-magazines/moral-letters-lucilius

https://ethicsofsuicide.lib.utah.edu/selections/tacitus/

https://historycollection.com/pisonian-conspiracy-beginning-end-emperor-nero/

https://iep.utm.edu/seneca/

https://iep.utm.edu/stoicism/

https://plato.stanford.edu/entries/seneca/

325

인명 찾아보기 (가나다순)

스토아 철학자의 편지

초판 1쇄 발행 2024년 12월 20일

지은이 루키우스 안나이우스 세네카
옮긴이 유원기

주간 이동은
편집 김주현 성스레
미술 임현아 김숙희
마케팅 사공성 김상권 장기석
제작 박장혁 전우석

발행처 북커스
발행인 정의선
이사 전수현

출판등록 2018년 5월 16일 제406-2018-000054호
주소 서울시 종로구 평창30길 10 (03004)
전화 02-394-5981~2(편집) 031-955-6980(마케팅)
팩스 031-955-6988

ISBN 979-11-90118-86-6 (04080)
    979-11-90118-84-2 (04080) (세트)

• 북커스(BOOKERS)는 (주)음악세계의 임프린트입니다.
• 값은 뒤표지에 있습니다.
• 파본이나 잘못된 책은 구입하신 서점에서 교환해 드립니다.